HERMANN FRANK, HERBERT NEUBAUER
und DIETMAR RÖSSL (Hrsg.)

Beiträge zur Betriebswirtschaftslehre der Klein- und Mittelbetriebe

Zeitschrift für KMU & Entrepreneurship
(vormals IGA – Zeitschrift für Klein- und Mittelunternehmen)

Begründet von Prof. Dr. Alfred Gutersohn, St. Gallen

Herausgegeben vom
Schweizerischen Institut für Klein- und Mittelunternehmen
an der Universität St. Gallen

Zeitschrift mit Referenzsystem

Schriftleitung: Prof. Dr. Thierry Volery, Prof. Dr. Urs Fueglistaller
und Dr. Heiko Bergmann, St. Gallen
Redaktionelle Bearbeitung dieses Sonderheftes: Mag. Christiane Schopf, Wien

Dufourstrasse 40a, CH-9000 St. Gallen
Tel. +41 (0) 71 224 71 00, Fax +41 (0) 71 224 71 01
e-mail: heiko.bergmann@unisg.ch

Sonderheft 7

Beiträge zur Betriebswirtschaftslehre der Klein- und Mittelbetriebe

Festschrift für Josef Mugler zum 60. Geburtstag

Herausgegeben von

Hermann Frank, Herbert Neubauer und Dietmar Rößl

Duncker & Humblot / Berlin · St. Gallen

Schriftleitung: Prof. Dr. Thierry Volery, Prof. Dr. Urs Fueglistaller
und Dr. Heiko Bergmann, St. Gallen
Redaktion dieses Sonderheftes: Mag. Christiane Schopf, Wien

Bibliografische Information der Deutschen Nationalbibliothek

Die Deutsche Nationalbibliothek verzeichnet diese Publikation in
der Deutschen Nationalbibliografie; detaillierte bibliografische Daten
sind im Internet über http://dnb.d-nb.de abrufbar.

Fotoprint: Berliner Buchdruckerei Union GmbH, Berlin
Printed in Germany

ISSN 1865-9098
ISBN 978-3-428-12721-4

Gedruckt auf alterungsbeständigem (säurefreiem) Papier
entsprechend ISO 9706 ♾

Internet: http://www.duncker-humblot.de

Vorwort der Herausgeber

o.Univ.-Prof. Dr. Josef Mugler vollendete im Jänner 2008 sein 60. Lebensjahr. Die aus diesem Anlass vorgelegte Festschrift soll sowohl den Wissenschaftler als auch den Menschen Josef Mugler ehren. Seine Freunde, Kollegen und Schüler möchten ihm hiermit ihren herzlichen Dank und ihre Anerkennung ausdrücken.

Eine Festschrift zu Ehren des Jubilars könnte viele Themen behandeln und aufgrund seiner internationalen Vernetzung und vielfältigen Aktivitäten eine große Zahl an Autoren versammeln. Die vorliegende Auswahl geht von den verschiedenen Wirkungsfeldern von Josef Mugler aus. Zu nennen sind beispielsweise das von Josef Mugler in den 80er Jahren initiierte Wiener Internationale Gewerbeforum, die Gründung des European Council for Small Business, sein Engagement im Präsidium des Förderkreises Gründungsforschung in Köln, seine tragende Rolle im Rahmen der traditionsreichen Rencontres de St Gall, sein wissenschaftliches Engagement für betriebswirtschaftliche Forschungsstätten in den MOEL und die Organisation mehrerer großer internationaler Entrepreneurship und Small Business Konferenzen. Durch diese Aktivitäten auf der Ebene des Wissenschaftsmanagement wie durch eine Vielzahl von Veröffentlichungen hat er sowohl die Forschungslandschaft mit ihren Forschungsnetzwerken, Publikations- und Diskussionsforen als auch das Fach Betriebswirtschaftslehre der Klein- und Mittelbetriebe entscheidend und nachhaltig geprägt.

Es konnte nur eine begrenzte Anzahl der Wegbegleiter des Jubilars eingeladen werden, zu den vier von den Herausgebern definierten Schwerpunkten beizutragen. Diese Schwerpunkte stellen Themenfelder dar, die den wissenschaftlichen Zugang von Josef Mugler zum Fach Betriebswirtschaftslehre der Klein- und Mittelbetriebe zum Ausdruck bringen sollen.

Das erste Themenfeld „Ausgangspunkte und Entwicklungen des Faches" spiegelt das Interesse des Jubilars an den historischen Bezügen der Disziplin wider.

Die drei anschließenden Abschnitte bilden die Elemente eines integrativen Zugangs zur BWL der KMB, wie er von Josef Mugler vertreten wird, was sich auch an seinen Bemühungen, den Konfigurationsansatz für das Fach nutzbar zu machen, zeigt: Das zweite Themenfeld „Person: Ausbildung zum Unternehmertum" thematisiert die Probleme und Möglichkeiten einer Unternehmerausbildung auf akademischer Ebene. Diese Fragen sind Josef Mugler nicht nur im Bereich des Lehrprogramms BWL der KMB ein Anliegen, sondern auch auf der europäischen Ebene im Rahmen des European Doctoral Programme, das er seit seiner Gründung durch sein aktives Engagement in der Lehre mitträgt. Das dritte Themenfeld „Management: Erfolgssteuerung – Innovation – Netzwerke" beschäftigt sich mit den Managementaufgaben im Klein- und Mittelbetrieb und dem Managementhandeln des Unternehmers. Diese Dimension stellt das die anderen Analysefelder verbindende Element dar. Josef Mugler ist es ein besonderes Anliegen, dass die dynamischen wechselseitigen Beziehungen nicht durch eine isolierte Betrachtung einzelner Dimensionen verloren gehen. Das vierte Themenfeld „Rahmenbedingungen: Umwelt & Ressourcen" diskutiert den Einfluss des Kontexts auf Erfolg, Entwicklung und Agieren von Klein- und Mittelbetrieben. Der in diesem Schwerpunkt versammelte Autorenkreis drückt die Verknüpfung dieser Fragestellung mit wirtschaftspolitischen Themen aus. Angesichts der Bedeutung der Rahmenbedingungen für die Entwicklungschancen von KMB hat Josef Mugler immer den intensiven Meinungsaustausch mit führenden Trägern der Wirtschaftspolitik gesucht.

Wir danken allen Autoren und Autorinnen für die gute Zusammenarbeit. Sie haben wesentlich dazu beigetragen, dass diese Festschrift pünktlich zum Jubiläum erscheinen konnte. Frau Mag. Christiane Schopf hat die Korrekturarbeiten und die drucktechnische Aufbereitung übernommen; von Frau Doris Öller und Frau Lea Schmidt wurde das Projekt organisatorisch unterstützt – für ihre engagierte und umsichtige Mitwirkung gilt ihnen allen unser besonderer Dank. Bei Frau Regine Schädlich, Duncker & Humblot, möchten wir uns für die zuvorkommende Unterstützung bedanken.

Darüber hinaus bedanken wir uns ganz herzlich bei den Sponsoren, die die Drucklegung ermöglicht haben: dem Österreichischen Gemeindebund, in der Person des Generalsekretärs vortr. HR Dr. Robert Hink, der Wirtschaftskammer Österreich, in der Person von Prof. Dr. Christoph Leitl, und dem Kreditverein der Erste Bank, in der Person von Kommerzialrat Dr. Anton Schmoll.

Auch bei der Schriftleitung möchten wir uns bedanken, dass diese Festschrift als Sonderheft der Zeitschrift für KMU und Entrepreneurship erscheinen konnte – einer Zeitschrift, mit der Josef Mugler durch seine langjährige Mitgliedschaft im editorial board verbunden ist.

Wir bedanken uns bei Josef Mugler sehr herzlich für die Unterstützung unserer jeweiligen akademischen Wege und wünschen ihm gemeinsam mit den Autoren dieser Festschrift für die Zukunft ein weiterhin erfüllendes und produktives wissenschaftliches Schaffen im Interesse der Klein- und Mittelbetriebe.

Wien, Jänner 2008

Hermann Frank, Herbert Neubauer und Dietmar Rößl

Geleitwort des Rektors der Wirtschaftsuniversität Wien

Mit besonderer Freude habe ich die Einladung angenommen, für die Festschrift zu Ehren des 60. Geburtstages von Kollegen Josef Mugler ein paar Gedanken als Vorwort zu formulieren. Josef Mugler hat nämlich die Wirtschaftsuniversität Wien seit mehr als 30 Jahren in verschiedenen Funktionen geprägt und ist daher mit dieser Universität auf ganz besondere Art und Weise verbunden. Dabei hat es Mugler immer verstanden, die Förderung des Faches und damit seine höchst persönlichen fachlichen Anliegen gut in die gesamten strategischen Aufgaben der Universität einzubinden. Dies kann an ein paar wichtigen Dimensionen illustriert werden.

Mugler ist ein Vertreter eines ganzheitlichen Bildungsanspruches im humanistischen Sinn. Für ihn war immer klar, dass auch eine wirtschaftswissenschaftliche Universität mehr anbieten muss als eine reine Fachausbildung. Ihm ist es immer um den Diskurs in der Lehre, aber auch um die umfassende Förderung des wissenschaftlichen Nachwuchses gegangen.

Mugler war einer der Ersten, die die anwendungsorientierte Öffnung seines Faches vorangetrieben haben. Er hat im Laufe der vielen Jahre zahlreiche Drittmittelprojekte im besten unternehmerischen Sinn akquiriert, dadurch den Personalstand des Instituts deutlich erhöht, durch die Forschungstätigkeit auch eine wichtige internationale Komponente in das Institut gebracht und mit diesen Arbeiten letztlich einen wichtigen Ausbau der Grundlagenforschung der WU geleistet.

Inhaltlich gesehen hat Mugler die Förderung des Faches Klein- und Mittelbetriebe in mehrfacher Hinsicht geprägt. Zum einen war für ihn immer die Anbindung der betriebswirtschaftlichen Forschung an die historischen Entwicklungslinien seines Faches ein Anliegen. Mit Recht wies er oft darauf hin, dass ein besseres historisches Verständnis der betriebswirtschaftlichen Forschung so manche Sackgassen in der Entwicklung des Faches erspart hätte.

Andererseits hat Mugler gezeigt, dass auch im Bereich der Forschung und der Wissenschaftspolitik der Klein- und Mittelbetriebe die Internationalisierung ein ganz wichtiges Anliegen sein muss. So war er einer der Ersten, der die Notwendigkeit der Internationalisierung der Small Business und Entrepreneurship Forschung erkannte und beispielsweise bereits in den späten 80er Jahren durch die Gründung des ECSB (European Council for Small Business) einen Meilenstein der Internationalisierung der Forschung gesetzt hat. Es ist auch kein Zufall, dass Mugler den Weltkongress des ICSB (International Council for Small Business) erstmals nach Wien und überhaupt nach Europa geholt hat.

Frühzeitig hat Mugler die Internationalisierung der Forschung im Bereich der Klein- und Mittelbetriebe auch in Richtung Osteuropa betrieben. Schon in den 80er Jahren hat etwa das von ihm geleitete Institut Forscherpersönlichkeiten aus den damaligen Ostblockstaaten an die WU geholt, zum Beispiel im Rahmen des Wiener Internationalen Gewerbeforums. Später hat er sich insbesondere rund um die Entrepreneurship Forschung um eine Reihe von Summer Universities an der WU verdient gemacht, bei denen auch KMB bezogene Ausbildungsprogramme etabliert worden sind.

Die Leistungen Muglers an der WU haben sich auch auf die Entwicklungsarbeit für die Universität bezogen. So geht die Stiftungsprofessur Entrepreneurship und Gründungsforschung unter anderem auf die Aktivitäten von Josef Mugler zurück. Mugler hat über viele Jahre hindurch die Geschicke des Journals für Betriebswirtschaftslehre gelenkt und damit auch einen wesentlichen Beitrag zur Entwicklung der BWL in Österreich geleistet.

Als Rektor freue ich mich, mit Josef Mugler einen so engagierten Kollegen an der Universität zu haben. Wenn ich darauf zurückblicke, wie viel Mugler zur Entwicklung der WU in der Vergangenheit getan hat, so bin ich sicher, dass er dies auch in der Zukunft weiterhin tun wird, insbesondere deshalb, weil ja auf die Wirtschaftsuniversität in Folge der Umstrukturierung des Universitätsgesetztes 2002 beträchtliche Änderungen zukommen. So wird es darum gehen, nicht nur die Forschung auf dem Gebiet der Klein- und Mittelbetriebe und des Entrepreneurship weiter zu betreiben, sondern auch die Aktivitäten seines Instituts sinnvoll in das Gesamtkonzept des Departments für Welthandel einzubringen, und damit insgesamt einen Beitrag für eine gute Forschungsstrategie der Wirtschaftsuniversität Wien zu leisten.

Lieber Herr Kollege Mugler, ich danke Ihnen für Ihren Einsatz, wünsche Ihnen für die nächsten Jahre und Jahrzehnte weiterhin Glück, Zufriedenheit und hohe Schaffenskraft und freue mich darauf, in Ihnen weiterhin einen Mitstreiter für die Entwicklung der WU in eine stärker durch Internationalisierung geprägte Zukunft zu haben. *Ad multos annos.*

Wien, Jänner 2008 *Christoph Badelt*

Geleitwort des Vorstands des Departments für Welthandel

Beginnt man mit einem Blick in die Vergangenheit, so ist es gar nicht so leicht, den Startpunkt einer langjährig gewachsenen und vertieften Beziehung zum Jubilar festzumachen. Geht es um die gemeinsame Assistentenzeit an der Hochschule für Welthandel und danach Wirtschaftsuniversität Wien? Orientiert man sich an den zeitlich nicht weit auseinander liegenden Habilitationsphasen? Oder steigt man gleich auf der Ebene zweier Institute ein, die heute in einem gemeinsamen Department für Welthandel kooperieren?

Aus Gründen der hier vorrangig auf die fachliche Kooperation abstellenden Betrachtung wird der zuletzt angesprochene Anknüpfungspunkt gewählt. Josef Mugler als Vorstand des Instituts für Betriebswirtschaftslehre der Klein- und Mittelbetriebe, das auf eine lange Tradition zurückblicken kann, hat bereits im Jahr 1987 über ein gemeinsames Dissertationsprojekt zum Thema „Exportchancen für Klein- und Mittelbetriebe" die Verbindung mit dem damals neu gegründeten Institut für Betriebswirtschaftslehre des Außenhandels hergestellt, die zu einer Reihe von Publikationen und auch drittmittelfinanzierten Forschungsprojekten geführt hat.

Die danach folgende Periode war dadurch geprägt, dass alle akademischen Einheiten im Sinne einer voranschreitenden Spezialisierung verstärkt auf den eigenen fachlichen Fokus geachtet haben, womit die Verknüpfung der KMB- und der Außenhandels-Thematik ein wenig in den Hintergrund getreten ist – wenngleich dies aus der Sicht der mittelständischen Struktur der österreichischen Wirtschaft einen zentralen Ansatz beinhaltet. Die Phase eines solchen getrennten Marschierens hat sich schlagartig verändert, als im Jahr 2005 – nach der Neustrukturierung der Wirtschaftsuniversität in zwölf Departments – die Geburtsstunde des Departments für Welthandel geschlagen hat: Vier renommierte Institute der Wirtschaftsuniversität,

– das Institut für Betriebswirtschaftslehre der Klein- und Mittelbetriebe,
– das Institut für Betriebswirtschaftslehre des Außenhandels,
– das Institut für Tourismus und Freizeitwirtschaft und
– das Institut für Transportwirtschaftslehre und Logistik,

arbeiten seither unter dem neuen Department-Dach zusammen und versuchen, Synergien im Lehr- und Forschungsbereich auszunützen.

Josef Mugler hat von der ersten Stunde der Departmentgründung an diese Entwicklung mitgetragen und auch als Stellvertretender Departmentvorstand eine Reihe von Aktivitäten gesetzt bzw. mitgestaltet:

- Eine wesentliche Rolle spielte er bei der Initialisierung der gemeinsamen fachlichen Aktivitäten des Departments – und bis heute ist ihm das Monitoring des Profilbildungsprozesses ein wichtiges Anliegen.
- Dem ausgeprägten historischen Interesse Josef Muglers folgend, das ja im Jahr 1998 auch in dem viel beachteten Beitrag im Journal für Betriebswirtschaft zur „Wiener Schule der Betriebswirtschaftslehre" seinen Niederschlag gefunden hat, hat sich der Jubilar anlässlich der öffentlichen Vorstellung des Departments mit einem bemerkenswerten Beitrag zur Herkunft und Historie der vier das Department konstituierenden Institute in den Dienst der gemeinsamen Sache gestellt.
- Maßgeblich hat er auch die Departmentpublikation geprägt, die aus Anlass der Verleihung einer Gastprofessur am Department an Dr. Christoph Leitl, den Präsidenten der Wirtschaftskammer Österreich, als erste gemeinschaftliche Publikation im Außenauftritt im Frühjahr 2007 erschienen ist.
- Und schlussendlich verdanken wir ihm eine ganze Reihe von Inputs in der ersten Zielvereinbarungsrunde für 2006, vor allem aber in der für die Entwicklung des Departments für Welthandel besonders bedeutenden „großen" Zielvereinbarung mit dem Rektorat für die Periode 2007–2009.

Damit sind wir rasch in die Gegenwart und in das aktuelle Tätigkeitsspektrum des Jubilars an der Wirtschaftsuniversität Wien vorangeschritten. Vorwärts orientiert gilt es nun, einen Blick in Richtung Zukunft zu werfen.

Aus heutigem Blickwinkel betrachtet, steht Josef Mugler vor einem weiteren Jahrzehnt der aktiven Mitgestaltung eines an vielen Stellen im Umbruch befindlichen Universitätssystems: Neue Anforderungen an der Forschungsfront, die Auspizien einer rasch vorangetriebenen Internationalisierung und die grundlegende Neuordnung des Lehrangebots, die sich bereits rein äußerlich im Übergang zu einem dreigliedrigen Studienaufbau manifestiert, umreißen das Bild einer sich markant verändernden Situation. Dass dies – wie jede innovative Entwicklung – naturgemäß mit einer Reihe von Umbrüchen und Unsicherheiten verbunden ist, versteht sich von selbst.

Gerade zur Bewältigung dieser vielfältigen Herausforderungen brauchen wir die Qualitäten eines Josef Mugler ganz dringend: Er hat es stets geschafft, auf der einen Seite positive Werte zu bewahren und erforderlichenfalls auch mutig zu verteidigen, sich andererseits aber überall dort, wo innovative Kräfte zu einer gedeihlichen Weiterentwicklung des Systems beitragen können, als Mentor für neue Ideen und Ansätze einzubringen. Dieses Maßhalten zwischen Tradition auf der einen und Aufbruch auf der anderen Seite ist eine Charaktereigenschaft, die wir alle am Jubilar so sehr zu schätzen wissen! Dass diese Aussage auch außerhalb des engeren beruflichen Umfeldes in seinem musisch geprägten Interessensspektrum volle Bestätigung findet, wissen alle, die ihn persönlich näher kennen.

In diesem Sinne möchte ich namens aller Mitarbeiterinnen und Mitarbeiter des Departments für Welthandel zum Ausdruck bringen, dass wir nicht nur von ganzem Herzen zum runden Geburtstag gratulieren, sondern uns natürlich auch auf die weitere gemeinsame Arbeit mit Josef Mugler sehr freuen. Und nicht zuletzt möchte ich persönlich dem Jubilar in fachlicher Verbundenheit und langjähriger Freundschaft alles Gute zu seinem Ehrentag wünschen. Ad multos annos!

Wien, Jänner 2008 *Reinhard Moser*

Inhaltsverzeichnis

I. Teil: Ausgangspunkte und Entwicklungen des Faches

II. Teil: Person: Ausbildung zum Unternehmer

III. Teil: Management: Erfolgssteuerung – Innovation – Netzwerke

IV. Teil: Rahmenbedingungen: Umwelt & Ressourcen

Gedanken zu einer Betriebswirtschaftslehre der Klein- und Mittelunternehmen vor dem Wirken von Josef Mugler

Von *Urs Fueglistaller*, *J.-Michael Gasda*, *Thierry Volery* und *Walter Weber*, St. Gallen

Was ist und was will eine Betriebswirtschaftslehre der kleinen und mittleren Unternehmen (KMU)? Diese Frage beschäftigt *Josef Mugler* als Forscher und leitet auch die dritte Auflage seiner „Betriebswirtschaftslehre der Klein- und Mittelbetriebe" ein (Mugler, 1998, S. 1).

Die Existenz einer „KMU-Betriebslehre" muss sich darauf zurückführen lassen, dass KMU *keine* „kleinen Großunternehmen" sind. Zumeist liegt den Ausführungen der klassischen betriebswirtschaftlichen Literatur (nicht nur) im deutschsprachigen Raum der Typus der Großunternehmen implizit oder explizit zu Grunde: Die allgemeine BWL entwickelt tendenziell ihre Aussagen vor dem Hintergrund eines großen (Industrie-)Betriebes.[1] Dies stellt an sich kein Manko dar, bedingt die ökonomische Perspektive doch nicht *generell* die Notwendigkeit, Groß- und Kleinunternehmen unterschiedlich zu betrachten. Der Modellrahmen der (neo-)klassischen Theorie bietet nur vereinzelt Ansatzpunkte, die Größe von Organisationen zum Gegenstand der wissenschaftlichen Betrachtung zu machen. Anders sieht es aus, wenn unter den *Bedingungen des Alltages* eine *funktionale Betrachtung* von Unternehmen unterschiedlicher Größenklassen vorgenommen wird:

So bestimmt der Umfang der Ressourcenbasis von Kleinunternehmen ein anderes Feld an strategischen Handlungsalternativen, verglichen mit Großunternehmen. Die bei vielen Klein- und Mittelunternehmen vorhandene Personalunion aus Anteilsbesitz und Unternehmensführung („Eigentümerunternehmer") bedingt Unterschiede in der Führung. Oder es kann die Kleinheit einer Organisation einen spezifischen Marktauftritt erlauben, der größeren Einheiten so

[1] Einige Vertreter der betriebswirtschaftlichen Forschung und Lehre bezogen ihre Ausführungen bereits ab den 40er/50er-Jahren des vergangenen Jahrhunderts auf die gewerbliche Wirtschaft bzw. – später – die Klein- und Mittelunternehmen, in Abgrenzung zur Industrie. Genannt sei namentlich der Initiator der „Rencontres de St-Gall", Alfred Gutersohn, vgl. hierzu v. a. Schmidt (2004).

nicht möglich ist („Leistungsdifferenzierung“). Auch die Steuerung und Kontrolle betrieblicher Prozesse („Controlling“) sowie das Management der Ressourcen (z. B. Humanressourcen) bieten kleineren Unternehmen andere Möglichkeiten als großen bzw. stellen sie vor abweichende Herausforderungen. Kurz: In all den genannten und weiteren Punkten lassen sich funktionale Unterschiede zwischen Organisationen unterschiedlicher Größe ökonomisch begründen, wenn auch nicht in einem funktionsübergreifenden theoretischen Bezugsrahmen, quasi als „Allgemeine Theorie der Klein- und Mittelbetriebe“. Hinzu kommt, dass ein (zunehmender) Fokus der KMU-Forschung auf den Unternehmer / das Unternehmertum gelegt wird („Entrepreneurship“), sich unternehmerisches Handeln aber nicht mit den Gleichgewichtsvorstellungen der klassischen Theorie erfassen lässt.

Wenn im Folgenden von einer Betriebswirtschaftslehre der Klein- und Mittelunternehmen (KMU-BWL) gesprochen wird, so ist damit stets die Betrachtung einzelner Funktionen innerhalb einer Organisation gemeint (z. B. die Funktion der Führung). Diese KMU-BWL darf nicht als geschlossene Theorie verstanden werden; sie stellt vielmehr ein Forschungsprogramm dar. Die Betrachtung von KMU in Abgrenzung zu Großunternehmen erfolgt entlang betrieblicher Funktionen, wobei die Betrachtung der Gesamtheit aller Funktionen durchaus durch die „Brille“ eines übergreifenden Themenschwerpunktes erfolgen kann. Die Setzung von Schwerpunkten unterliegt gewissen Moden, gedacht sei beispielsweise an Themen wie „Prozesshaftigkeit“ oder „Wandel“, „Werte und Kultur“, aber auch die Bereiche „Innovationen“, „Selbstorganisation“ und „Motivation“, unter denen einzelne betriebliche Funktionen analysiert werden können. Auch wird im Verständnis einer angewandten BWL davon ausgegangen, dass die Rahmenbedingungen, unter denen Entscheidungen in Organisationen getroffen werden, nicht für alle Einheiten identisch sind und infolge explizit bei der Entwicklung von Aussagen zu den Forschungsobjekten berücksichtigt werden müssen.

Diese Notwendigkeit einer funktionalen Betrachtung bei der Entwicklung einer KMU-BWL prägt die Arbeiten von *Josef Mugler*. Sein Hauptwerk (Mugler, 1998, Band 1 und 2 sowie die vorausgegangenen Auflagen) zeichnet sich dadurch aus, dass Unterschiede im Verhalten der Mitglieder von Organisationen unterschiedlicher Größenklassen nicht nur in einem ersten Zugang beschrieben werden, sondern eine Begründung des Verhaltens unter den Rahmenbedingungen der Unternehmenspraxis vorgenommen wird. Denn erst wenn empirische Vorgänge im Rahmen einer Theorie plausibel gemacht werden können, lassen sich begründete Handlungsempfehlungen aussprechen. *Mugler* sensibilisiert im Rahmen seiner Konfigurationsüberlegungen (Mugler, 1998, S. 104ff.) dafür, dass Handlungen im Kontext der sich wandelnden Rahmenbedingungen betrachtet werden müssen, d. h. eine Entscheidungssituation ist durch ein spezifisches Zusammenwirken von Umwelt, Management, Ressourcen und Unternehmer gekennzeichnet. Der Grundlogik, dass eine betriebswirtschaftliche Betrachtung von KMU funktional vorgenommen werden sollte, folgt (nicht nur) der Aufbau seines Lehrbuches.

Vor dem skizzierten Verständnis einer Betriebswirtschaftslehre für Klein- und Mittelunternehmen sollen Überlegungen angestellt werden über einen Fortschritt der Erkenntnis dieser Lehre.

I. Erkenntnisfortschritt in der KMU-BWL: „Gelenkte Interdisziplinarität“

So soll folgende These zur Diskussion gestellt werden. Ein Erkenntnisfortschritt in der Betriebswirtschaftslehre der Klein- und Mittelunternehmen kann durch zwei zusammenwirkende Ansätze erreicht werden: Zum einen gilt es auf *funktionaler Ebene* möglichst viele Unterschiede der KMU zu Groß-Organisationen systematisch zu analysieren. Als Analyseraster kann dabei beispielsweise die Unterscheidung der betrieblichen Funktionen dienen (vgl. hierzu z. B. Wöhe/Döring, 2000; Pfohl, 1997). Funktionale Unterschiede der Organisation zwischen Betrieben unterschiedlicher Größe zu entdecken, erfordert gelebte Interdisziplinarität: Da unter Annahme perfekter Teilbarkeit und funktionierender Märkte die Ökonomie nur wenige Differenzen von kleinen zu großen Organisationen thematisieren kann, können Erkenntnisse anderer Forschungsdisziplinen, maßgeblich der Soziologie und Psychologie, zur Begründung von Verschiedenheiten herangezogen werden. Da es sich um Aussagen im Entdeckungszusammenhang des Alltages handelt, müssen Schwesterdisziplinen der Betriebswirtschaftslehre hinzugezogen werden, um sich entsprechender Instrumentarien der Erschließung bedienen zu können. Als Beispiel seien psychologische Überlegungen zur Wahrnehmung von Entscheidungssituationen angeführt; trotz objektiv identischer Rahmenbedingungen einer Entscheidung kann diese subjektiv unterschiedlich wahrgenommen werden („Framing“) und in Folge unterschiedliche Verhaltensweisen bedingen.

Zum anderen kann aus der geforderten Interdisziplinarität die Aufgabe abgeleitet werden, Erkenntnisse der Nachbardisziplinen im Paradigma der Ökonomie (Rationalitätsannahme) zu deuten. Bezogen auf die BWL bedeutet dies, dass betriebliches Handeln *zweckgerichtet* ist und ein Ziel mit dem Einsatz möglichst geringer Mittel zu erreichen ist; Handeln folgt dem *Maximal-* oder dem *Minimalprinzip*. Da es Ziel ist, den Allgemeinfall zu plausibilisieren, um Empfehlungen ableiten zu können, muss auf allgemeine Prinzipien des Verhaltens abgestellt werden. Dies schließt nicht aus, das Verhaltensprinzip zu modifizieren (z. B. Annahme pro-sozialer Präferenzen) bzw. zu konkretisieren (d. h. die Verfolgung des Eigeninteresses als Zweck des wirtschaftlichen Handelns mit Inhalten zu füllen, beispielsweise als eine Kombination von erzieltem Einkommen und erfahrener Autonomie des Wirtschaftens), verlangt aber jeweils, dem Vorwurf der Beliebigkeit dieser Modifikation zu begegnen. Nur dann wird Interdisziplinarität nicht als Selbstzweck betrieben, sondern liefert einen Erkenntnisfortschritt – wenn Aussagen der Theorien anderer Forschungsrichtungen unter einem verbindenden Paradigma interpretiert werden können. Inwieweit innerhalb der betriebswirtschaftlichen Forschung das Rationalitätsprinzip diese „lenkende Funktion" im Falle einer Abwandlung noch wahrnehmen kann, wird noch zu diskutieren sein.

Zuvor soll die Frage aufgegriffen werden, wie sich die Entwicklung einer KMU-BWL entlang der beiden genannten Aspekte „organisieren" lässt, um Bezug darauf zu nehmen, wie die Forschung von *Josef Mugler* den Erkenntnisfortschritt begünstigt.

II. Austausch von Funktionsspezialisten: Die Rencontres de St-Gall

Vor der Annahme, dass ein Erkenntnisfortschritt der KMU-BWL auf dem Vergleich von betrieblichen Funktionen zwischen den fokalen Unternehmenstypen basieren muss, wird deutlich, welchen Entwicklungsbeitrag Foren der Interaktion von Experten einzelner funktionaler Schwerpunkte haben können. Im Besonderen sei auf die „Rencontres de St-Gall" verwiesen, die periodisch (gegenwärtig im Zwei-Jahres-Rhythmus) Forschern Gelegenheit zum wechselseitigen Austausch bieten, darüber, welche funktionalen Unterschiede im KMU-Großorganisationen-Vergleich sie gegenwärtig ergründen oder welche künftig Gegenstand der Forschungsagende sein sollten.

Die Evolution der KMU-BWL durch diese Veranstaltung zeigt auf, dass diese Lehre nicht nur anschlussfähig zu den Erkenntnissen anderer Disziplinen ist, sondern auch „anschlusspflichtig" in dem Sinne, dass der Vergleich von Klein-/Mittel- zu Großunternehmen auf die Erkenntnisse anderer Disziplinen zurückgreifen muss. Ein Beispiel für diese Vielfältigkeit liefert ein Blick auf das Inhaltsverzeichnis der letzten Rencontres de St-Gall (Fueglistaller/Volery/Weber, 2006).

Der Beitrag *Josef Muglers* zu den Rencontres de St-Gall ist auf mehreren Ebenen zu sehen: Es sind die eingereichten und diskutierten Beiträge, welche direkten Nutzen stiften. Es ist aber auch seine funktionale Auffassung der Betriebswirtschaftlehre mittelständischer Unternehmen, welche als Analyseraster eine Ordnung der fachübergreifenden Beiträge ermöglicht.

Gerade bei einem Austausch von Wissenschaftlern unterschiedlicher Disziplinen bzw. unterschiedlicher Forschungsschwerpunkte („Multi-Perspektivität") kann die persönliche Interaktion das wechselseitige Verständnis begünstigen; die Anwesenheit der Gesprächspartner erlaubt eine Rückmeldung über die individuelle Interpretation des Gesagten auch auf der non-verbalen Ebene. Bedenkt man die z. T. erheblich divergierende Verwendung von Sprache selbst zwischen verschiedenen Forschungsrichtungen einer Disziplin, so wird deutlich, dass die reine Semantik ein Problem einer sich ausdifferenzierenden Wissenschaft sein kann, ein Problem, auf das *Josef Mugler* im übrigen bereits 1994 im Rahmen eines Diskussionsbeitrages der Rencontres de St-Gall hingewiesen hat (Mugler, 1994, S. 125ff.). Die Entwicklung eines wechselseitigen Verständnisses wird durch die bewusste Besinnung auf ein verbindendes Paradigma erreicht; dies stellt aus unserer Sicht die zweite Ebene dar, die betreten werden muss, im Interesse des wissenschaftlichen Forschrittes.

III. Verhaltensannahmen einer KMU-BWL

Der Rückgriff auf Theorien ergänzender Forschungsdisziplinen stellt die Autoren vor eine große Herausforderung: Erkenntnisfortschritte einer KMU-BWL lassen sich nur erreichen, wenn die Aussagen der jeweiligen Theorien im ökonomischen Paradigma interpretiert werden können, oder aber über eine Modifikation der Verhaltensannahmen der betriebswirtschaftlichen Forschungen eine Interpretation vorgenommen wird.

Der erste Punkt erfordert „interpretative Kreativität" oder strenge Analytik; in Folge lassen sich viele empirische Verhaltensweisen erklären, ohne die klassischen Eigennutzen-Präferenzen der Akteure modifizieren zu müssen (z. B. als „Pro-soziale Präferenzen", „Altruismus" oder „Handeln als Selbstzweck / intrinsische Motivation"). Manche Fragestellungen können beantwortet werden über die Annahme, dass Wirtschaftssubjekte individuell optimale Entscheidungen treffen, ohne zu hinterfragen, woher sich genau der offensichtlich erzielte Nutzen bestimmt. Eine Interpretation des Inhaltes von Nutzenfunktionen bzw. davon beeinflussten Präferenzen (Entscheidungsebene) ist nicht vonnöten.

Doch kann in gewissen Fällen eine Modifikation der ökonomischen Verhaltensannahme die Güte von Theorien für spezifische Fragestellungen erhöhen. Entsprechend ergänzt sich eine Abwandlung der Verhaltensannahme mit der funktionsbezogenen Analyse der KMU-BWL. Die Güte bemisst sich im Verständnis einer angewandten Lehre nicht nach der Realitätsnähe der Annahmen, sondern nach der Erklärungs- und v. a. der Prognosefähigkeit. Als Beispiel für eine Modifikation der Verhaltensannahme im Bereich der KMU-BWL sei die Diskussion angeführt, inwieweit Klein- und Mittelunternehmen denselben Zweck für die Eigentümer erfüllen wie Großunternehmen. Es könnte vermutlich für viele Eigentümerunternehmer angenommen werden, dass eine spezifische Auslegung der Eigennutzenannahme (z. B. Selbstverwirklichung, dynastisches Denken) ihr Verhalten besser abbilden kann als eine enge, eher quantifizierbare Auslegung, z. B. über die Maximierung der Rendite-Risiko-Relation im Zeitrahmen der nächsten drei Jahre. Nun ist die Spezifikation der

Verhaltensannahme bewusst kein Thema der klassischen ökonomischen Theorie; wird sie vorgenommen, dann gilt abzuwägen, wie viel der Allgemeingültigkeit zur Steigerung der fallbezogenen Prognosegüte von Modellen „geopfert" werden darf.

Die Frage ist, inwieweit in Partialtheorien noch ein Erkenntnisfortschritt für eine KMU-BWL gesehen werden kann – scheint dieser doch erst durch ein übergreifendes Paradigma möglich. Nun führt diese Forderung der „gelenkten Inderdisziplinarität", Erkenntnisse verschiedener Disziplinen unter einem verbindenden Paradigma zu interpretieren, zu einem doppelten Zirkel-Problem: Die Verhaltensannahmen werden unter Umständen modifiziert um der Prognosegüte Willen, sie liefern damit eine post-hoc-Rationalisierung (und damit keinen Erkenntniszuwachs) und sollen dabei allgemein genug sein, um eine Integration vornehmen zu können (sodass doch ein Fortschritt resultiert). Dieses Problem kann nicht ausgeräumt werden. Es verlangt situativ dem Wissenschaftler ab, Prognosekraft gegen Allgemeingültigkeit „auszutarieren". Doch können Zusammenkünfte wie die Rencontres de St-Gall es dem Einzelnen erleichtern, sich für oder wider eine Abänderung des Paradigmas zu entscheiden. Der Austausch mit anderen Forschern kann zu Tage fördern, dass diese Modifikation auch in anderen Bereichen neue Erkenntnisse erhoffen lässt und damit integrationsfähiger ist, als es dem fokussierenden Wissenschaftler zunächst erscheinen mag. Damit einher geht der Wunsch, dass die der KMU-Forschung jeweils zugrunde liegenden Verhaltensannahmen klar benannt werden sollten.

IV. Geteiltes Paradigma der KMU-BWL: Eine nützliche Utopie

Nun stellt sich das Problem, dass man sich im Alltag der Forschung auf Gebieten mit direktem Anwendungsbezug, wie bei der Ökonomie der Klein- und Mittelunternehmen, mit der Entwicklung partieller Theorien zufrieden geben kann – dann, wenn über das Partialmodell eine Lösung der Aufgabenstellung erreicht werden kann.

Eine Integration, das Streben nach allgemeineren oder umfassenderen Paradigmen (wenn schon kein allgemeines Paradigma erreichbar scheint), sollte auch Ziel der KMU-Forschergemeinschaft sein. Ein mehrere Fragestellungen übergreifendes Paradigma erhöht die Glaubwürdigkeit der Empfehlungen, verschafft Gehör und steigert vermutlich die Chancen der Umsetzung von Handlungsempfehlungen. Hierzu ist es aus unserer Sicht nötig, spezialisierte Forscher zusammenzubringen, mit dem Ziel, das Verbindende zu finden. Die Rencontres de St-Gall bieten dazu ein Forum. Damit solche Foren des wissenschaftlichen Diskurses diese Erwartungen erfüllen können, braucht es „Integratoren", wie *Josef Mugler*, die mit dem Wissen um die historische Entwicklung des Faches Modeerscheinungen von bedeutsamen Forschungslinien unterscheiden.

Literatur

Fueglistaller, U. / *Volery*, T. / *Weber*, W. (eds.) (2006): Understanding the Regulatory Climate for Entrepreneurship and SMEs, Tagungsband zu den Rencontres de St-Gall 2006, St. Gallen.

Mugler, J. (1994): Scheitert die (Small Business-)Forschung an der Kommunikation? Anmerkungen zu einem Unbehagen, Diskussionsbeitrag, in: Fueglistaller, U. et al. (Hrsg.): Strukturen und Strategien in Klein- und Mittelunternehmen als Wegbereiter für den Aufschwung, Tagungsband zu den Rencontres de St-Gall 1994, St. Gallen.

– (1998): Betriebswirtschaftslehre der Klein- und Mittelbetriebe, Band 1, 3. Auflage, Wien.

Pfohl, H.-C. (1997): Abgrenzung der Klein- und Mittelbetriebe von Großbetrieben, in: Pfohl, H.-C. (Hrsg.): Betriebswirtschaftslehre der Mittel- und Kleinbetriebe – Größenspezifische Probleme und Möglichkeiten zu ihrer Lösung, 3. Auflage, Berlin.

Schmidt, K.-H. (2004): Dogmengeschichte internationaler Forschungskooperationen – am Beispiel der „Rencontres de St-Gall", in: Zeitschrift für Klein- und Mittelunternehmen, Sonderheft 6.

Wöhe, G. / *Döring*, U. (2000): Einführung in die allgemeine Betriebswirtschaftslehre, 20. Auflage, München.

Neue Fragen und Bewertungen zur Dogmengeschichte der KMU-Ökonomik

Von *Karl-Heinz Schmidt*, Paderborn

I. Problemstellung und Aufbau des Beitrags

Josef Mugler zählt zu den Autoren, denen die Geschichte ihrer wissenschaftlichen Disziplin sehr wichtig ist. Das geht im Besonderen aus seinem Beitrag hervor, den er anlässlich des 100-jährigen Jubiläums der Wirtschaftsuniversität Wien verfasste. Auch seine Bücher, Aufsätze und Konferenzbeiträge belegen sein Interesse an der Dogmengeschichte. Gerade die Betriebswirtschaftslehre (BWL) sieht er als „dankbares Objekt für die Geschichtsschreibung [an], weil sie eine lebhafte Gegenwart hat und allein dadurch zu Neubewertungen – vielleicht auch zu Neuentdeckungen – anregt“ (Mugler, 1998, S. 45). An diese Veröffentlichungen knüpft der folgende Beitrag an. In fünf Abschnitten zeigt er neue Fragen und Bewertungen zur Dogmengeschichte der BWL und „KMU-Ökonomik“, der Wirtschaftslehre kleiner und mittlerer Unternehmungen (KMU) bzw. Klein- und Mittelbetriebe (KMB). Die Fragen betreffen die „Wiener Schule der Betriebswirtschaftslehre“ und die Entwicklung von der „Welthandelslehre“ zur Internationalisierung der KMU-Ökonomik, im Besonderen zu den „Rencontres de St-Gall“. Weitere Abschnitte spüren Muglers dogmenhistorisch begründeten Ausblicken auf die KMU-Ökonomik bei wirtschaftlicher Integration und Globalisierung der Märkte sowie seinem „Unbehagen“ über die Zukunft der Small Business-Forschung nach.

II. Dogmengeschichtliche Rückblicke als Ansatzpunkt neuer Fragen

1. Welche Kriterien muss eine wirtschaftswissenschaftliche „Schule“ erfüllen?

In dem Jubiläumsbeitrag von 1998 stellte Josef Mugler die Geschichte der BWL an der Wirtschaftsuniversität Wien als „arm im weit verzweigten Strom der Geschichte dieses Faches“ dar. Er kennzeichnete sie als Geschichte der „Wiener Schule der Betriebswirtschaftslehre“, denn er war überzeugt, dass man sie „mit Fug und Recht“ als eine der Konzeptionen der BWL bezeichnen könne. Vor hundert Jahren sei verbissen darum gerungen worden. Heute werde sie dagegen nicht selten als abgeschlossenes oder nicht mehr erwähnenswertes Kapitel beurteilt, „obwohl sie einige Jahrzehnte die betriebswirtschaftliche Forschung und Lehre an der Wirtschaftsuniversität Wien [...] beherrscht hat" (Mugler, 1998, S. 45). Aber welche Kriterien mussten erfüllt sein, um von einer „Schule" der BWL sprechen zu können?

Ein Kriterienkatalog für den Begriff „Schule" im wirtschaftswissenschaftlichen Sinn umfasst nach Rieter mit Blick auf die Jüngere Historische Schule: „grundlegendes Lehrbuch, gemeinsames Arbeitsprogramm und organisierte Forschung, eigene Zeitschriften und Schriftenreihen, eine wissenschaftliche Vereinigung, viele Schüler, eine gezielte Förderung des wissenschaftlichen Nachwuchses aus den eigenen Reihen und nicht zuletzt einen Schulleiter, der die Zügel fest in der Hand hält und respektiert wird" (Rieter, 2002, S. 145). Diese Kriterien werden in der Jüngeren Historischen Schule unter Führung von Gustav Schmoller als überwiegend erfüllt angesehen, doch haben Kritiker eingewendet, dass weder ein grundlegendes Lehrbuch noch ein gemeinsames Arbeitsprogramm für alle Autoren, die zu der „Schule" gezählt wurden, nachweisbar sei. Solche Einwände wurden auch bezüglich anderer Schulen erhoben (Zweynert, 2002, S. 92ff.; Stavenhagen, 1969, S. 105). Auch die Entwicklung der BWL an den Vorgängereinrichtungen der Wirtschaftsuniversität Wien erfüllte die genannten Kriterien vermutlich nur partiell. Am weitesten entsprach sie den Kriterien zwischen den beiden Weltkriegen. Als „Schulleiter" könnten zunächst Karl Oberparleiter, in den 30er Jahren Franz Dörfel, Karl Meithner und Willy Bouffier angesehen werden (Mugler, 1998, S. 51ff.). Damit zeichnet sich bereits die Antwort auf die nachfolgende Frage ab.

2. Gab es eine „Wiener Schule der Betriebswirtschaftslehre"?

Obwohl Josef Mugler die Frage, ob es eine „Wiener Schule der BWL" gab, positiv beantwortet, relativiert er seine Auffassung im Verlauf der Abhandlung von 1998. Darin schreibt er über die „sogenannte Wiener Schule der BWL" und „die Geschichte einer betriebswirtschaftlichen Konzeption". Er stellt die Entwicklungsphasen der BWL an der Wiener Hochschule dar, nimmt jedoch seine Auffassung gegenüber dem Urteil des Lesers zurück. Diesem „bleibt es überlassen, ob diese Geschichte der „Wiener Schule der Betriebswirtschaftslehre" nur eine nostalgische Rührung für ältere Absolventen bedeutet oder auch Anregungen für ein Überdenken heute gepflegter Lehrinhalte bieten kann" (Mugler, 1998, S. 45). Zugleich differenziert Mugler seine Auffassung, indem er die Rahmenbedingungen der „Wiener Schule der BWL" und die Veränderungen der Lehrenden und Studierenden darstellt sowie die Konzeptionen der Lehre, die Organisation der Lehrveranstaltungen und die Publikationen in den Entwicklungsphasen – Anfänge, erste und zweite Hochblüte, Schwächen und Ende

– untersucht. Dadurch entsteht das Bild einer zyklischen Bewegung. Es unterscheidet sich deutlich vom Bild eines Wachstumspfades des „Mainstream" der BWL wie auch der Wirtschaftswissenschaften insgesamt.

Für die Existenz einer „Wiener Schule der BWL" sprechen die erhöhten Studentenzahlen und die Erweiterung des Lehrkörpers, die Errichtung neuer Institute für spezielle Betriebswirtschaftslehren, die Zunahme der Publikationen – auch in einer „Hauszeitschrift" –, die Hausberufungen von Assistenten zu Nachfolgern ihrer Lehrer oder auf neue Lehrstühle und die Entwicklung neuer Lehrmeinungen (Kerschagl, 1965, S. 77): eine vom Funktionsbegriff ausgehende, auf „Leistung" zentrierte „Wiener BWL" (nach 1918) (Krasensky, 1954, S. 174), die Rezeption der Lehre vom Betrieb als „Organ" im Anschluss an H. Nicklisch u. a. und die Rezeption der universalistischen Lehre im Anschluss an O. Spann und W. Heinrich. Durch die Bemühungen um eine ganzheitliche Konzeption geriet die „Wiener Schule" jedoch in Gegenposition zum „Mainstream" der BWL (Mugler, 1998, S. 51ff.; S. 71).

Nach dem Zweiten Weltkrieg zeichnet sich eine Tendenz zum „Methodenpluralismus" ab. Bereits seit dem Ende der 60er Jahre konnte daher kein einheitliches oder harmonisiertes Programm für BWL mehr festgestellt werden. Parallelangebote alternativer, konkurrierender Ansätze bestimmten das Bild. Es kennzeichnete die Periode der Schwächen und das Ende der „Wiener Schule der Betriebswirtschaftslehre" (Mugler, 1998, S. 68ff.).

3. Welchen Einfluss hatte die Volkswirtschaftslehre in der Wiener Hochschule für Welthandel auf die KMU-Ökonomik?

Die Volkswirtschaftslehre (VWL) beeinflusste die BWL als Fachdisziplin und ihre speziellen Ausrichtungen. Auf die Wirtschaftslehre für KMU und auf die „KMU-Ökonomik" wirkte sie sich erst mit Verzögerungen richtungweisend aus. Die Weichen wurden jedoch bereits vor dem Ersten Weltkrieg, aber mehr noch in der Zwischenkriegszeit gestellt: durch Errichtung neuer Lehrstühle, Berufung zusätzlicher Professoren und Organisation neuer Institute. Zugleich trugen Konflikte über Ziele und Methoden der Lehre und Forschung zu neuen Abgrenzungen der Fächer bei. Vor allem der „Werturteilsstreit" und der „Methodenstreit" (1909) förderten die Abspaltung der BWL von der Nationalökonomie und Soziologie. Besonders die Gemeinschaft der Handelshochschullehrer wollte sich von der konfliktgeschüttelten VWL abgrenzen (Schneider, 1981, S. 132; 1988/2002, S. 223).

Die VWL hatte daher an den Studienplänen der Wiener Hochschule bis zu der Studienreform 1930/31 nur geringen Anteil. Gleiches galt für die Forschung. Zwar wurde ein Institut für Politische Ökonomie errichtet, doch vorrangig für die Unterstützung der Lehre. Immerhin setzte sich der langjährige Rektor Josef Gruntzel, Ordinarius der VWL, dafür ein, dass die Hochschule und zugleich die VWL zunehmende Anerkennung fand. Er unterstützte die Einführung einer neuen Studienordnung und des Promotionsrechts der Hochschule und die VWL als praktische Wissenschaft (Brusatti, 1996, S. 370f.). Allerdings leitete er daraus die Forderung ab, dass an einer Handelshochschule „nur die Grundbegriffe der Welt- und Volkswirtschaft vermittelt werden, Theorie und somit auch die Dogmengeschichte bräuchten nur in Form einer Einleitung dargelegt werden" (Brusatti, 1996, S. 371). Dennoch trug Gruntzel vermutlich dazu bei, dass auch „zwei namhafte Vertreter der Österreichischen Schule der Nationalökonomie" vorübergehend als Lehrbeauftragte an der Hochschule tätig wurden: Ludwig von Mises (1921) und Friedrich von Hayek (Brusatti, 1996, S. 371).

Für die weitere Koordinierung der Lehrprogramme waren zuständig: Richard Kerschagl als Nachfolger von Josef Gruntzel auf dem VWL-Lehrstuhl und Karl Oberparleiter als Ordinarius für BWL. Dabei zeigte Kerschagl im Gegensatz zu Gruntzel größeres Interesse an der Volkswirtschaftstheorie und Dogmengeschichte. Das war für die Entwicklung der KMU-Ökonomik von Bedeutung, denn in die Zeit von Kerschagls Lehrtätigkeit – er wurde 1930 a.o. Professor an der Hochschule für Welthandel und war wiederholt als Rektor tätig – fiel auch die Berufung des Dozenten der Universität Wien, Walter Heinrich, zum a.o. Professor der Hochschule für Welthandel (1933). Kerschagl wurde (1938) aus politischen Gründen entlassen, übernahm aber die Lehrtätigkeit und Institutsleitung wieder nach dem Zweiten Weltkrieg bis zu seiner Emeritierung 1967.

Für die Entwicklung der wirtschaftswissenschaftlichen Lehrmeinungen an der Hochschule rief indessen nicht nur Kerschagls Aktivität in Lehre und Forschung, sondern auch Walter Heinrichs Berufung nachhaltige Wirkungen hervor. Nach Brusattis Bewertung wurde damit „innerhalb des Bereiches Volkswirtschaftslehre ein im Gegensatz zur bisherigen Tradition neuer Inhalt eingebracht" (Brusatti, 1996, S. 373). Daraus entwickelte sich nach dem Zweiten Weltkrieg die „KMU-Ökonomik" und die darauf ausgerichtete internationale Forschungskooperation, die seit 1948 in St. Gallen in Form der „Rencontres de St-Gall" institutionalisiert wurde.

Jedoch trugen dazu auch weitere Änderungen an der Wiener Hochschule bei. So entstand aus einem Lehrstuhl für Warenhandel und Industrie eine Lehrkanzel für Kleingewerbe (1936). Sie wurde von Willy Bouffier übernommen, der zuvor Assistent von Karl Oberparleiter war (Mugler, 1998, S. 53). Zur gleichen Zeit dokumentierten die Wiener Fachvertreter der BWL steigendes Interesse an konzeptionellen Fragen. Daher publizierten sie theorie-orientierte Beiträge in hauseigenen, aber auch in externen Fachzeitschriften (Mugler, 1998, S. 55).

Zurückblickend zeichnet sich somit für die Zwischenkriegszeit ein geringer, jedoch seit den 30er Jahren gewachsener Einfluss der VWL auf die Wirtschaftswissenschaften an der Wiener Hochschule für Welthandel ab. Das galt auch für die Spezialisierung der Welthandelslehre bis zur Internationalisierung der KMU-Ökonomik. Einige Hochschullehrer, die diese Entwicklung maßgeblich beeinflusst haben, werden im folgenden Abschnitt hervorgehoben.

III. Von der Welthandelslehre zur Internationalisierung der KMU-Ökonomik?

1. Josef Hellauers „System der Welthandelslehre"

Schon die Vorgängereinrichtungen der Wirtschaftsuniversität Wien waren international ausgerichtet. Sowohl die Exportakademie als auch die Hochschule für Welthandel sollten kaufmännischen Nachwuchs ausbilden, im Besonderen für die Außenwirtschaft. Deshalb kommt Josef Hellauers Publikationen besondere Bedeutung zu. Hellauer hatte an der Wiener Handelsakademie studiert und als Assistent gearbeitet. Er wurde in Greifswald promoviert, lehrte an der Handelsakademie Brünn, kehrte aber von dort nach Wien zurück, als er den Ruf eines Ordinarius für Kaufmännisches Rechnen und Internationale Handelskunde erhielt (Mugler, 1998, S. 47). Dort veröffentlichte er mehrere Studien und ein Lehrbuch „System der Welthandelslehre" (1910/1919).

Hellauers „System der Welthandelslehre" ist einerseits durch beschreibende Darstellungen geprägt, die an die Jüngere Historische Schule (Gustav Schmoller und seine Schüler) erinnern, andererseits durch theoretische Ausführungen, etwa zur Organisation der Märkte und des Handels (Hellauer, 1919, S. 1f.; S. 26f.). Geradezu „modern" nehmen sich seine Ausführungen über die „öffentlich-rechtliche Beeinflussung von Grenzüberschreitungen durch Güter" sowie über „Rechtsverhältnisse" aus (Hellauer, 1919, S. 44f.; S. 55f.). Sie sind für die Dogmengeschichte der BWL und der KMU-Ökonomik aufschlussreich, weil sie (1) zur Internationalisierung der Lehre beitrugen, (2) zwei Teildisziplinen – „Betriebslehre" und „Verkehrslehre" – verknüpften und (3) den Boden für die von seinem Nachfolger Karl Oberparleiter entwickelte Funktionen- und Risikosystematik (1918) vorbereiteten.

Im Hinblick auf dogmengeschichtliche Betrachtungen zur KMU-Ökonomik ist zu fragen, ob Hellauer auch die wirtschaftliche Stellung kleiner und großer Betriebe im Welthandel erörterte. Einige Hinweise zum „System des Welthandels" lassen eine positive Antwort zu:

1. Als Erfordernisse des internationalen Handels nannte Hellauer: Unternehmungslust, Tüchtigkeit und Leistungsfähigkeit. Um geschäftstüchtig

zu sein, müsse der Kaufmann auf die „Einhaltung“ einer „angemessenen Preisberechnung“ achten. Hierbei sei die Marktlage wichtig. Daher sei die Preispolitik bei vollkommener Monopolstellung und bei Konkurrenz zu vergleichen. Er wies auch auf die Folgen veränderter Marktverhältnisse hin: „Ändern sich [...] diese Verhältnisse, so werden vielfach, auch wenn der Exporteur mit seinen Preisen heruntergehen möchte, die Käufer nicht mehr gesonnen sein, von ihm zu beziehen, weil sie das Zutrauen [...] verloren haben“ (Hellauer, 1919, S. 29).

2. Hellauer verglich die Exportaktivitäten des Klein- und Großhändlers: „Der Kleinhändler betreibt nur ausnahmsweise [...] ein so ausgebreitetes Exportgeschäft, dass man ihn als Exporteur im engeren Sinn bezeichnen kann“. Dagegen habe der Exporteur von der Art der Großhändler in erster Linie für landwirtschaftliche Produkte Bedeutung. Besondere Aufmerksamkeit sei indessen den Exporteuren von Fabrikerzeugnissen zu widmen, soweit sie gegenüber Kleingewerbetreibenden auftreten, im Besonderen als Verlagshändler. Hellauer kannte offenbar die Studien der Historischen Schulen und der Autoren, die über die Hausindustrie und Verlagsgewerbe im 19. Jahrhundert im deutschen Sprachraum geschrieben hatten. Er beschränkte sich jedoch darauf, die unterschiedlichen Tätigkeitsfelder der Kleingewerbetreibenden und großer Handelsbetriebe darzustellen (Hellauer, 1919, S. 117).

3. Auch auf Allokations- und Verteilungseffekte wies Hellauer hin, z. B.: Verlagshändler „treten als Großhändler bestimmter Branchen auf [...]. Sie spielen sogar im Exporthandel gewöhnlich eine große Rolle, weil die Haupterzeugnisse wegen der Art der Produktionsorganisation (Nebenbeschäftigung [...], niedrige Entlohnung der Heimarbeiter und besonders der Frauen in den Großstädten) vielfach Exportfähigkeit in hohem Maße besitzen“ (Hellauer, 1919, S. 117).

Hellauer lenkte den Blick somit auf ökonomische Probleme, die auch in der Gegenwart aktuell sind (Vertrauensverlust, Machtkonzentration, u. a.), aber er behandelte sie eher nach den Methoden der Historischen Schulen (Hellauer, 1919, S. 14; S. 22) als nach der klassischen oder neoklassischen VWL bzw. der Wiener Grenznutzenschule. Sein „System“ schließt jedoch Aussagen über die Betriebsgrößenstruktur des Handels und des Produktionssektors ein.

Für die spätere Entwicklung der KMU-Ökonomik und ihrer Internationalisierung sind zwei Merkmale von Hellauers „Welthandelslehre“ hervorzuheben: die institutionen- und anwendungsorientierte Darstellung und die Verknüpfung von Produktions-, Verkehrs-, Rechts- und Handelsverhältnissen in lokaler, nationaler und internationaler Dimension.

2. *Willy Bouffiers Bedeutung für die Entwicklung der KMU-Ökonomik*

Unter den zahlreichen Professoren der BWL an der Hochschule für Welthandel muss im Hinblick auf die Entwicklung der so genannten „Wiener Schule der BWL“ und der KMU-Ökonomik eine Persönlichkeit hervorgehoben werden: Willy Bouffier (1903–1969). Über seine Leistungen in Lehre und Forschung geben zwei Festschriften (1965 und 1968) sowie die große Zahl seiner Veröffentlichungen Auskunft. In diesem Beitrag sind seine Verdienste um die Vorbereitung und Institutionalisierung einer international ausgerichteten, anwendungsorientierten KMU-Ökonomik hervorzuheben. Sie erstrecken sich über eine lange Periode: von der Ernennung zum a.o. Professor für BWL mit besonderer Berücksichtigung des Kleingewerbes und zum Vorstand des Instituts für kleingewerbliche Forschung an der Hochschule für Welthandel (1936), über die Entlassung aus dem Hochschuldienst aus politischen Gründen (1938) und die Rückkehr mit nachfolgender Ernennung zum o. Professor (1946) sowie zum Vorstand des Instituts für industrielle Betriebslehre bis zur Übernahme zusätzlicher Aufgaben an der Wiener Hochschule.

Hinsichtlich der Wirtschaftslehre für kleine und mittlere Unternehmungen ist zusätzlich hervorzuheben, dass Bouffier eine Arbeitsgemeinschaft für Handelsforschung gründete (1952) und an der Errichtung eines Forschungsinstituts für Genossenschaftswesen an der Universität Wien mitwirkte. Für die internationale Kooperation von Instituten der Gewerbeforschung erwies es sich als hilfreich und zielführend, dass Bouffier sich an der Gründung der „Rencontres de St-Gall“ beteiligte (1948) und die Institutionalisierung der wissenschaftlichen Gewerbeforschung in Österreich unterstützte. Wohl nicht zuletzt in Anerkennung dieser Verdienste wurde er zum Ehrenmitglied des Wiener Instituts für Gewerbeforschung ernannt. Seine engen Kontakte zur Praxis und sein umfangreiches theoretisches und praktisches Wissen brachten ihm vielfältige zusätzliche Aufgaben in den Organisationen und Aufsichtsräten der Industrie und des Gewerbes ein (Bratschitsch/Vodrazka, 1965, S. Viff.; Mugler, 1998, S. 68f.).

Willy Bouffier war daher ein wichtiger Teilnehmer an den „Rencontres de St-Gall“, obwohl er sich daran nur bei der Gründung und in den Anfängen der Konferenzen beteiligte. Wie Walter Heinrich in der Festschrift zur Vollendung des 60. Lebensjahres von Bouffier hervorhob, stellte der Jubilar die „Leistung“ als tragenden Begriff der „Wiener Schule der Betriebswirtschaftslehre“ in den Mittelpunkt seiner Lehre und Veröffentlichungen (Heinrich, 1965, S. 25ff.; S. 26). Dabei sah Heinrich für alle Richtungen der Wirtschaftswissenschaft die Einordnung der „Leistung“ in die Gesamtheit als grundlegendes Merkmal des Leistungsbegriffes an, und er zitierte aus Bouffiers Beitrag zur Festschrift für Karl Oberparleiter (1956): „Die Betriebswirtschaftslehre ist die Lehre von der Leistungserstellung in der Einzelzelle der Wirtschaft“ (Heinrich, 1965, S. 26).

Für die Verhandlungen im Rahmen der „Rencontres" erwies sich Bouffiers Unterscheidung von Aufgabe und Erfüllung der Aufgabe des Betriebes als wegweisend: „Den Ausgleich der Spannungen zwischen den Bedürfnissen herbeizuführen, ist die Aufgabe des Betriebes, ist seine Funktion, die Erfüllung dieser Aufgabe stellt die betriebliche Leistung dar" (Boffier, 1956, zit. nach Heinrich, 1965, S. 27). Heinrich ergänzte dieses Zitat in der Festschrift für Bouffier mit dem Hinweis: „Der Begriff ‚Funktion' zielt demnach auf die Aufgabe an sich ab, jener der ‚Leistung' mehr auf [...] das Ergebnis: also auf die Erfüllung der Aufgabe. Die Leistung gäbe [...] an, wie weit z. B. der Betrieb seiner Aufgabe in der Gesamtwirtschaft nachgekommen ist" (Heinrich, 1965, S. 27). Nach Heinrichs Interpretation ist dieser Leistungsbegriff auch Gewähr für „jene Entpsychologisierung der Wirtschaftswissenschaft [...], um die verschiedene Strömungen der Grenznutzenschule vergeblich oder zumindest mit durchaus nicht überzeugenden Begriffsmitteln ringen"; hierzu wies er auf verschiedene Entwicklungslinien der Wert-, Preis- und Kostentheorie hin (Heinrich, 1965, S. 27).

Für die „Rencontres de St-Gall" erwies sich der Begriff der „Leistung" indessen vor allem in der durch Alfred Gutersohn, St. Gallen, bevorzugten qualifizierenden Form als zielführend: „differenzierte Leistungen" stellen das Angebot des „Gewerbes in der freien Marktwirtschaft" dar (Gutersohn, 1949, S. 25; 1977, S. 140). Walter Heinrich unterstützte Gutersohns Auffassung und die darauf ausgerichtete Definition des Gewerbebegriffs. Das wird auch in den nachfolgenden Abschnitten und entsprechenden Veröffentlichungen deutlich (Schmidt, 2004, S. 15ff.). Daraus geht in gleicher Weise hervor, dass Willy Bouffier und Walter Heinrich großen Anteil hatten an der Entstehung und inhaltlichen Ausrichtung der „Rencontres de St-Gall" als Anfang internationaler Kooperation der Gewerbeforschung nach dem Zweiten Weltkrieg.

3. Othmar Spann und Walter Heinrich als Wegbereiter internationaler Gewerbeforschung?

Um den Einfluss von Walter Heinrich auf die „Wiener Schule der Betriebswirtschaftslehre" und die Entstehung einer international ausgerichteten Gewerbeforschung und „KMU-Ökonomik" nachzuvollziehen, muss auf den für die Dogmengeschichte der Wirtschaftswissenschaften „bemerkenswerten" Autor Othmar Spann hingewiesen werden: denn Walter Heinrichs Beiträge zur Gewerbeforschung und Wirtschaftspolitik bauen auf Othmar Spanns universalistischer Konzeption von Wirtschaft und Gesellschaft auf. An dieser Stelle kann jedoch nur Othmar Spanns Auffassung zur Bedeutung von Klein- und Mittelbetrieben und ihre Wirkung auf Walter Heinrichs Stellung in der Gewerbeforschung berücksichtigt werden.

Über Othmar Spann schrieb J. Hanns Pichler in einer Monografie zu Spanns Lebenswerk, die er Walter Heinrich posthum zueignete: „Spanns umfassender, universalistisch-ganzheitlicher Systemversuch kann aus heutiger Sicht als ein wichtiger Beitrag zur österreichischen wie darüber hinaus zur europäisch-abendländischen Geistesgeschichte angesehen werden“ (Pichler, 1988, S. 13). Heinrich fasste die wichtigsten Daten zum Leben und Werk von Spann zusammen, darunter die Promotion in Tübingen 1903, seine Habilitation in Brünn 1907, die Berufung an die Universität Wien 1919, Amtsenthebung und Gefängnis 1938 und nach 1945 zurückgezogenes Leben bis zum Tod 1950 (Heinrich, 1956, S. 658ff.). Dogmenhistorisch ist Pichlers Hinweis aufschlussreich, dass die Promotion in Tübingen unter dem Nationalökonomen und Soziologen Schäffle erfolgte (Pichler, 1988, S. 19; S. 286). Albert E. Schäffle gilt als Begründer der Finanzsoziologie. Schäffles soziologisches Hauptwerk „Bau und Leben des sozialen Körpers“ (Schäffle, 1875–78, 1896; Mann, 1956, S. 103f.) ist infolge der zugrunde liegenden organizistischen Auffassung des Gesellschaftslebens einerseits in der Nähe von Spanns Wissenschaftsauffassung zu sehen, andererseits nicht fern von der „Wiener Schule der Betriebswirtschaftslehre“, wie Muglers einschlägige Abhandlung (1998) vermuten lässt. Danach stellte Karl Meithner in einem herausragenden Beitrag zur Konzeption der BWL 1936 „zwei extreme Betrachtungsweisen mit zahlreichen Übergängen und Varianten“ heraus: die rein ökonomische und die soziologische, diese in sowohl individualistischer als auch in universalistischer Prägung. Erkenntnisobjekt der „neuen“ BWL sei nach Meithners Auffassung (siehe Schäffle!) „Aufbau und Leben der Betriebe, auch der Betriebsprozess, ebenso die Funktionen der verschiedenen Arten von Betrieben“ (Mugler, 1998, S. 57). Während Willy Bouffier die BWL in seiner „Einführung“ (1946) in „Bau“ und „Leben“ der Einzelwirtschaft gliederte, hat Meithner bereits 1936 „die Funktionen, die der Betrieb und seine Leistungen im Gliederbau der Wirtschaft zu erfüllen haben, und wie diese gewertet werden“, hervorgehoben, doch dürfte das Modell vom Betrieb als Organ der Wirtschaft eher auf den Ansätzen von H. Nicklisch und F. Schmidt beruhen als auf Spanns Lehre. Vor dem Zweiten Weltkrieg seien in der „Wiener Schule der Betriebswirtschaftslehre“ praktisch keine Quellenverweise auf Spann zu finden gewesen, obwohl Walter Heinrich bereits 1933 seine a.o. Professur angetreten hatte (Mugler, 1998, S. 57). Andererseits räumte Mugler ein, dass in der Volkswirtschaftslehre an der Wiener Hochschule für Welthandel „die (erste) Rezeption des universalistischen Lehrgebäudes der Volkswirtschaftslehre von Othmar Spann“ nachweisbar sei. Zunächst habe Richard Kerschagl (ab 1921) in dieser Richtung gewirkt, später der Spann-Schüler Walter Heinrich (ab 1933). Das universalistische Konzept eines „Gliederbaus der Wirtschaft“ ließ sich offenbar auf der betrieblichen Ebene auf der Grundlage des Funktionen- und Leistungsdenkens und der ganzheitlich-verstehenden Methode fortsetzen (Mugler, 1998, S. 60).

Für die internationale Gewerbeforschung gewannen die auf Othmar Spann und Walter Heinrich zurückgehenden Beiträge indessen erst nach dem Zweiten Weltkrieg Einfluss. Das ging mit der Gründung und Entwicklung der „Rencontres de St-Gall" einher.

4. Die „Rencontres de St-Gall" als internationale Forschungskooperation

Am Anfang waren das Ende des Zweiten Weltkriegs und die Bestrebungen zum Wiederaufbau der europäischen Staaten. Bereits nach der Gründung der Internationalen Gewerbeunion in Paris im Herbst 1947 entstand der Plan, im Rahmen einer internationalen wissenschaftlichen Gesprächsrunde eine grundsätzlich volkswirtschaftliche und soziale Standortbestimmung zur Forschung über Handwerk und Kleinhandel durchzuführen und eine „objektiv erarbeitete Doktrin" anzustreben (IGW, 1948, S. 3).

Der Anstoß zu einer nicht mehr national begrenzten Studienwoche ging im September 1947 von Lucien Gelly aus, einem französischen Chefbeamten, der für den Sektor „Artisanat" im Ministerium für Handel und Industrie zuständig war. Teilnehmer der ersten Zusammenkunft waren neben dem Schweizer Alfred Gutersohn als Organisator drei weitere Professoren: Willy Bouffier und Walter Heinrich aus Wien und Karl Rössle aus München. Auch Lucien Gelly aus Paris, drei Juristen sowie zwei Verwaltungsbeamte aus dem Mittelstandsinstitut in Brüssel, ferner drei Mitarbeiter der Gewerbeorganisation und der Gewerbeforschung in der Schweiz waren beteiligt. Mithin war die Runde ausgewogen zusammengesetzt: 6 Teilnehmer gehörten dem Universitäts- und Forschungsbereich an, 7 waren im außeruniversitären Bereich (öffentliche Verwaltung, Kammern, Verbände) tätig. Diese Struktur der Teilnehmer wurde auch bei der nächsten Zusammenkunft – 1949 in Weissbad, Schweiz – beibehalten und in den Folgejahren angestrebt. Damit wurde deutlich, dass die Erörterungen betriebs- und volkswirtschaftliche, juristische und verwaltungsorientierte Probleme und Sichtweisen berücksichtigen sollten. In vertrauensvollen Gesprächen sollte versucht werden „abzuklären, ob und inwieweit gemeinsame Einsichten und entsprechende Thesen über das Wesen und die Lebensgesetze von Handwerk, Kleinhandel und Mittelstand zu gewinnen wären" (Gutersohn, 1948, S. 2f.; Schmidt, 2004, S. 13).

Daraus ergibt sich die Folgerung, dass die „Rencontres de St-Gall" seit ihrer Gründung in hohem Maße den Aufgaben der Gewerbeforschung in Wien und an der Wiener Hochschule für Welthandel entsprachen: praxisorientierte, international ausgerichtete Aussagen über Einzelwirtschaften im Zusammenhang von Wirtschaft und Gesellschaft erarbeiten, Begriffe klar definieren und Zukunftsaussichten eröffnen sowie Gemeinschaftsarbeit in Forschung und Dokumentation anstreben (IGW, 1948, S. 4; Schmidt, 2004, S. 14). Hierzu brachte

Willy Bouffier betriebswirtschaftliche Gesichtspunkte in die Verhandlungen ein, Walter Heinrich mahnte universalistische bzw. gesellschaftspolitische Gesichtspunkte an, Alfred Gutersohn tendierte zur neoklassisch geprägten, volkswirtschaftlichen Auffassung über die Entwicklung des Gewerbes (Gutersohn, 1977; Schmidt, 2004, S. 15).

Damit waren die Weichen gestellt für die späteren, im zweijährigen Turnus erfolgenden internationalen wissenschaftlichen Konferenzen über Klein- und Mittelbetriebe, die ersten in Europa nach dem Zweiten Weltkrieg, (noch) unter Beteiligung der „Wiener Schule für Betriebswirtschaftslehre".

IV. Dogmengeschichtlich begründete Ausblicke auf die KMU-Ökonomik bei wirtschaftlicher Integration und Globalisierung der Märkte

Unter den Beiträgen zu den „Rencontres de St-Gall" seit 1948 überwogen bis zum Beginn der 1970er Jahre Artikel von Autoren europäischer Länder, darunter vornehmlich aus Österreich, Deutschland und der Schweiz. Das entsprach der Gründerstruktur. Seit 1976 – als Folge veränderter politischer Rahmenbedingungen, stärkerer internationaler Ausrichtung der Konferenzen und neuer Organisation des verantwortlichen Forschungsinstituts an der Hochschule St. Gallen – nahmen die Beiträge von Autoren anderer Kontinente erheblich zu. Zugleich richteten die Verfasser aus den europäischen „Kernländern" ihre Artikel verstärkt auf Probleme der KMU bei wirtschaftlicher Integration aus. Seit Beginn der 90er Jahre nahm diese Orientierung der Tagungen weiter zu. Sie wurde zusätzlich betont durch Beiträge über die Folgen der Globalisierung der Märkte für KMU. Damit trat die internationale Ausrichtung der Konferenzen deutlicher hervor, und der Bezug zur Forschung erhielt – neben der Praxisorientierung – zunehmendes Gewicht. Hierzu trugen auch die österreichischen Autoren bei, vor allem „die Wiener" wie J. Hanns Pichler, Josef Mugler, Erwin Fröhlich, Dietmar Rößl, aber auch viele Verfasser aus anderen Ländern.

An zwei einschlägigen Konferenzpapieren des Jubilars lässt sich zeigen, dass dogmengeschichtliche Hinweise dazu beitragen können, aktuelle KMU-Probleme in die BWL kleiner und mittlerer Unternehmungen einzuordnen und bei Ausblicken auf die Zukunft der KMU-Ökonomik „von sicherem Boden" auszugehen.

Josef Mugler nahm bereits in den 80er Jahren an den „Rencontres" teil, doch legte er in den 90er Jahren erstmals Texte zur europäischen Integration und zur Globalisierung der Märkte vor. Er wies auf die Folgen der Neuordnung Europas für KMU hin (1990), diskutierte Anforderungen an marktpolitische Instrumente von KMU infolge des europäischen Binnenmarktes (1992) und erörterte die strategische Führung von KMU bei Globalisierung der Märkte (1996). 1998 wurde ein für die dogmenhistorische Fundierung seiner Beiträge grundlegender Beitrag in einem Sammelband über die „Entwicklung von kleinen und mittleren Unternehmen" publiziert (Kailer/Mugler, 1998).

Die „Folgen der Neuordnung Europas für zentraleuropäische KMU" leitete Mugler aus der westeuropäischen Integration und der Öffnung Zentral- und Osteuropas ab. Er hob drei Umwälzungen in Europa hervor:

- vermehrte Unsicherheit mit der Folge unterschiedlicher Chancen für innovative und defensive Unternehmer bei zunehmendem Druck zur Internationalisierung;
- politisch bedingte Marktveränderungen, im Besonderen für KMU, die auf nahe Märkte ausgerichtet sind;
- wachsende Anforderungen an die Fähigkeiten der Unternehmer und an die Unterstützung auf überbetrieblicher Ebene. „Je unübersichtlicher die Umweltentwicklungen sind, [...] desto mehr wird sich die Förderungspolitik auf die Fähigkeiten des Unternehmers selbst anstatt auf die ihn umgebenden Probleme konzentrieren müssen" (Mugler, 1990, S. 10f.).

Hierbei legte Mugler eine klare Abgrenzung der „Internationalisierung" zugrunde (Mugler, 1998, S. 2). Erwies er sich somit als Nachfahre der „Wiener Schule der Betriebswirtschaftslehre"? In gleicher Richtung argumentierte Mugler in seinem Beitrag von 1992. In seinem Beitrag von 1996 nahm Mugler zu der Unsicherheit Stellung. Er wies auf bewährte Grundsätze strategischer Risikopolitik hin. Dabei hob er den Unternehmer als „eigentliche Entscheidungszentrale für Strategien im KMU" hervor. Zugleich warnte er vor „vorfabrizierten Handlungsalternativen". Vielmehr empfahl er „Wege des Denkens" zur Lösung der Strategieproblematik. Es gehe um „Findung individualisierter Antworten auf die Veränderung von Marktgrenzen". Dies sollte gerade dem KMU-Unternehmer nicht fremd sein (Mugler, 1996, S. 48f.)!

Daraus kann wieder auf Muglers „Nähe" zur „Wiener Schule der Betriebswirtschaftslehre" geschlossen werden, zugleich auf seine Position in den „Rencontres de St-Gall". Hier wie dort galt das Interesse (1) anwendungsorientierten, (2) international ausgerichteten Aussagen und (3) der Funktion des Angebots von (differenzierten) Leistungen durch wettbewerbsfähige Unternehmungen, insbesondere KMU. Dennoch äußerte Mugler in einem weiteren Beitrag zu den „Rencontres" sein „Unbehagen" bezüglich der KMU-Forschung.

V. „Unbehagen“ über die Zukunft der Small Business-Forschung?

Josef Mugler sah die Small Business-Forschung „in die Jahre gekommen“ (Mugler, 1994, S. 126). Er meinte, ein Paradoxon zu erkennen: Unüberschaubare Produktion von Publikationen, aber noch nie hätten Forscher weniger aufeinander gehört als heute (ebenda, S. 127). Die Ursachen sah er in der Publikationspraxis: „Deskriptionen und Definitionen werden gerne in den vorwissenschaftlichen Bereich abgedrängt“; quantitative Aussagen würden bevorzugt, auch ohne Informationen über Gegenstand und Methoden der Messung; die Transformation von Bedeutungsinhalten nehme zu, wenn Personen aus verschiedenen Sprachwelten an Forschungsprojekten teilnehmen; und der Druck, etwas „Neues“ zu publizieren, sei gestiegen (ebenda, S. 128). Dennoch resignierte Mugler nicht vollständig. Er führte Zitate von Philosophen des 19. und 20. Jh. an – von Schelling (1821) bis Wittgenstein (1945/93) u. a., um Impulse für die weitere Diskussion zu geben (ebenda, S. 129). Damit blieb die gestellte Frage jedoch offen. Zugleich machte Muglers Beitrag deutlich, dass die von den Gründern der „Rencontres de St-Gall“ formulierten Kriterien für die KMU-Forschung uneingeschränkt gelten. Darüber hinaus kommt die Verknüpfung mit den Aufgaben, Methoden und Aussagen von Autoren der „Wiener Schule der Betriebswirtschaftslehre“ zum Ausdruck.

In diesem Zusammenhang ist schließlich auf Muglers theoriegeschichtlichen Beitrag zur Entwicklung von KMU hinzuweisen (Mugler, 1998, S. 15ff.). Darin erläutert er „partielle Ansätze“ zur Erklärung von Unternehmensentwicklungen und den – von ihm als angemessen angesehenen, aus der Integration der partiellen Ansätze sich ergebenden – „Konfigurationsansatz“ (ebenda, S. 18). Hierzu verweist er auf Veröffentlichungen der 1990er Jahre. Daran anknüpfend gliedert er die einschlägigen Theoriebeiträge nach Faktorenkomplexen (Umwelt, Persönlichkeit, Ressourcen und Management), wobei jede Gruppe der Ansätze wiederum verschiedene Ansätze umfasst. Zum Beispiel erörtert er als „ressourcenorientierte Ansätze“ organisationsorientierte, systemtheoretische und neoklassisch ausgerichtete Ansätze wie den Transaktionskostenansatz und die Netzwerkökonomik (ebenda, S. 35f.). Zum „Konfigurationsansatz“ führt er drei „Stufen“ an, wobei eine Konfiguration als Gruppe von Faktoren verstanden wird, die untereinander durch in der Regel reziproke (oder interaktive) Beziehungen verbunden sind (ebenda, S. 43). Die entwicklungsbedingten Stufen bezeichnet er als Konfigurationsansätze der ersten (Entstehung bestimmter Konfigurationen), zweiten (Annahme wechselseitiger Beziehungen zwischen Einflussfaktoren) und dritten Stufe (mit wechselseitigen Beziehungen zwischen Einflussfaktoren einerseits und zwischen diesen und deren „Auswirkungen“ – „Neukonfiguration“ – andererseits, also: „Ergebnisse wirken als Einflussfaktoren ‚zurück‘“) (ebenda, S. 45). Um dies zu erläutern, weist Mugler auf die Dynamik von Wirkungsverläufen und auf den Zusammenhang mit den hier behandelten Forschungsrichtungen hin: „Dem Konzept der Konfiguration entsprechen ganzheitliche Konzeptionen der betriebswirtschaftlichen Führungslehre im deutschen Sprachraum“; dafür nennt er als markante Beispiele „die traditionelle, Interdependenzen von Funktionen betonende „Wiener Schule der Betriebswirtschaftslehre“ und die Gewerbewissenschaft im Sinne der Rencontres de St-Gall“ mit Hervorhebung typischer Merkmale, die gleichzeitig als Entwicklungspotenziale gelten können; jedoch seien solche Ansätze infolge der „Quantifizierungswelle der Betriebswirtschaftslehre“ verloren gegangen (ebenda, S. 47).

VI. Zusammenfassung und Folgerungen

Von Josef Muglers dogmengeschichtlichen, die Entwicklung der Betriebswirtschafslehre berücksichtigenden Veröffentlichungen ausgehend, weist der vorliegende Beitrag auf neue Fragen und Bewertungen der „Wiener Schule der Betriebswirtschaftslehre“ und der Wirtschaftslehre für kleine und mittlere Unternehmungen bzw. der „KMU-Ökonomik“ hin. Die Grundlage hierfür bietet Muglers einschlägiger Jubiläumsbeitrag (1998), denn der Verfasser stellt darin die Entwicklung der BWL von den Vorgängereinrichtungen bis zur Wirtschaftsuniversität Wien dar. Indem er die Vorläufer, Anfänge, Perioden der Hochblüte in der Zwischenkriegszeit und Schwächen und Ende nach dem Zweiten Weltkrieg erläutert, weist er auf die Beziehungen zwischen der zyklischen Bewegung der BWL und der periodisch verzögerten Entwicklung der speziellen BWL für Klein- und Mittelbetriebe hin. Zugleich wird klar, welche Bedeutung die volkswirtschaftlichen Lehrstühle für die Entwicklung der Gewerbeforschung und KMU-Ökonomik an der Wiener Hochschule und für die internationale Forschungskooperation im Besonderen mit der Hochschule St. Gallen hatten.

Die Frage, ob es sich in Wien um eine „Schule“ handelte, wird unter Hinweis auf die anhand der deutschen „Historischen Schulen“ formulierten Kriterien weitgehend positiv beantwortet. Auch die Frage nach dem Einfluss der Volkswirtschaftslehre auf die Lehrmeinungen an der Hochschule für Welthandel, die KMU-Ökonomik und die internationale Kooperation der Gewerbeforschung findet eine positive Antwort. Zu der Frage, welche Personen und Konzeptionen die Entwicklung von der Welthandelslehre zur Internationalisierung der KMU-Ökonomik nachhaltig beeinflussten, konnte nur am Beispiel einiger besonders wirkungsvoller Professoren und Lehrmeinungen Stellung genommen werden (Josef Hellauer, Willy Bouffier, Othmar Spann, Walter Heinrich, u. a.).

Mit besonderer Spannung wurden darüber hinaus Antworten auf die Fragen gesucht, wie Josef Mugler die zukünftige Entwicklung der KMU-Ökonomik beurteilt und wie er sein „Unbehagen“ über die Zukunft der Small Business-

Forschung begründet. Hierzu ergeben sich aus seinen Beiträgen zu den „Rencontres de St-Gall“ und den berücksichtigten Publikationen zwei Folgerungen:

1. Die „Wiener Schule der Betriebswirtschaftslehre“ hat sich von den Anfängen über „Hochblüten“ zur Stagnation und zum Rückzug in spezielle Betriebswirtschaftslehren entwickelt.

2. Die besonderen Merkmale der „Wiener Schule der Betriebswirtschaftslehre“ und der Wirtschaftslehre für Klein- und Mittelbetriebe bzw. der „KMU-Ökonomik“ sind an der Wiener Hochschule unter dem Druck der „Quantifizierungswelle“ des „Mainstream“ der BWL (und der Wirtschaftswissenschaften) weitgehend verloren gegangen.

Diesen pessimistisch stimmenden Beobachtungen und Folgerungen des Jubilars sollte jedoch der Hinweis auf positive Impulse zur wirtschaftswissenschaftlichen Forschung gegenübergestellt werden. Einen Beleg lieferte Josef Mugler selbst durch den von ihm offenbar vertretenen „Konfigurationsansatz“, obwohl er auch hierzu sogleich neue Fragen stellte, etwa: „Gibt es eine fruchtbare Konfiguration aus Forschungsumwelt und Unternehmerpersönlichkeit?“ (Kailer/ Mugler, 1998, S. 56). Mithin sind der BWL und der KMU-Ökonomik weitere offene Fragen vorgegeben. „Unbehagen“ oder Resignation in der Forschung sollten daher überwunden werden.

Literatur

Bouffier, W. (1954): Beiträge zur internationalen Entwicklung der Betriebswirtschaftslehre, Wien.

– (1956): Betriebswirtschaftslehre als Funktionen- und Leistungslehre, in: Bouffier, W. (Hrsg.): Funktionen- und Leistungsdenken in der Betriebswirtschaft. Herrn Professor Dr. Dr. h.c. Karl Oberparleiter zu seinem 70. Geburtstag gewidmet, Wien, S. 22–39.

Bratschitsch, R. / *Vodrazka*, K. (Hrsg.) (1965): Beiträge zur Begriffsbildung und Methode der Betriebswirtschaftslehre. Festschrift für Willy Bouffier, Wien.

Brusatti, A. (1996): Die Volkswirtschaftslehre an der Hochschule für Welthandel (1898–1975), in: Tichy, G. E. / Matis, H. / Scheuch, F. (Hrsg.): Wege zur Ganzheit. Festschrift für J. Hanns Pichler zum 60. Geburtstag, Berlin, S. 369–375.

Gutersohn, A. (1948f.): Protokoll, in: Schweizerisches Institut für gewerbliche Wirtschaft an der Hochschule St. Gallen (Hrsg.): Protokoll der Verhandlungen der „Rencontres de St-Gall“, St. Gallen.

– (1977): Das Gewerbe in der freien Marktwirtschaft, Band I: Das Wesen des Gewerbes und die Eigenart seiner Leistungen, 2. Auflage, Berlin / München / St. Gallen.

Heinrich, W. (1956): Spann, Othmar, in: Handwörterbuch der Sozialwissenschaften, 9. Band, Stuttgart / Tübingen / Göttingen, S. 658–661.

– (1965): Die Einheit der Wirtschaftswissenschaft, dargetan an deren tragenden Begriffen, in: Bratschitsch, R. / Vodrazka, K. (Hrsg.): Beiträge zur Begriffsbildung und Methode der Betriebswirtschaftslehre. Festschrift für Willy Bouffier zur Vollendung seines 60. Lebensjahres, Wien, S. 25–32.

Hellauer, J. (1919): System der Welthandelslehre. Ein Lehr- und Handbuch des Internationalen Handels, 1. Band, 2. Auflage, Berlin.

Holzer, K. (1996): Zukunftsaspekte ganzheitlich orientierter Wirtschaftswissenschaft, in: Tichy, G. E. / Matis, H. / Scheuch, F. (Hrsg.): Wege zur Ganzheit. Festschrift für J. Hanns Pichler zum 60. Geburtstag, Berlin, S. 411–424.

Kailer, N. / *Mugler*, J. (1998): Entwicklung von kleinen und mittleren Unternehmen. Konzepte, Praxiserfahrungen, Entwicklungsperspektiven, Wien.

Kerschagl, R. (1956): Die Grenze der Leistungsrechnung in der Volkswirtschaft, in: Bouffier, W. (Hrsg.): Funktionen- und Leistungsdenken in der Betriebswirtschaft. Herrn Professor Dr. Dr. h.c. Karl Oberparleiter zu seinem 70. Geburtstag gewidmet, Wien, S. 110–131.

– (1965): Der gegenwärtige Stand in der Methodenfrage in der Volkswirtschaftslehre, in: Bratschitsch, R. / Vodrazka, K. (Hrsg.): Beiträge zur Begriffsbildung und Methode der Betriebswirtschaftslehre. Festschrift für Willy Bouffier zur Vollendung seines 60. Lebensjahres, Wien, S. 73–80.

Klausinger, H. (1996): Missbrauch und Nutzen der Theoriegeschichte, in: Tichy, G. E. / Matis, H. / Scheuch, F. (Hrsg.): Wege zur Ganzheit. Festschrift für J. Hanns Pichler zum 60. Geburtstag, Berlin, S. 425–431.

Krasensky, H. (1954): Entwicklung und Stand der Betriebswirtschaftslehre in Österreich, in: Bouffier, W. (Hrsg.): Beiträge zur internationalen Entwicklung der Betriebswirtschaftslehre, Wien, S. 162–175.

Mann, F. K. (1956): Schäffle, Albert, in: Handwörterbuch der Sozialwissenschaften, 9. Band, Stuttgart / Tübingen / Göttingen, S. 103–104.

Mugler, J. (1990): Folgen der Neuordnung Europas für zentraleuropäische Klein- und Mittelbetriebe, in: Schweizerisches Institut für gewerbliche Wirtschaft an der Hochschule St. Gallen (Hrsg.): Beiträge zu den „Rencontres de St-Gall", vervielf. Manuskript, St. Gallen, S. 1–11.

– (1992): Anforderungen an die marketingpolitischen Instrumente von KMU aus der Verwirklichung des Europäischen Binnenmarktes, in: Pleitner, H. J. (Hrsg.): Die veränderte Welt – Einwirkungen auf die Klein- und Mittelunternehmen. Beiträge zu den „Rencontres de St-Gall", S. 17–27.

– (1994): Scheitert die (Small Business-)Forschung an der Kommunikation? Anmerkungen zu einem Unbehagen, in: Pleitner H. J. (Hrsg.): Strukturen und Strategien in Klein- und Mittelunternehmen als Wegbereiter des Aufschwungs. Beiträge zu den „Rencontres de St-Gall", S. 125–148.

– (1996): Strategische Führung von Klein- und Mittelbetrieben vor dem Hintergrund der Globalisierung von Märkten, in: Pleitner, H. J. (Hrsg.): Bedeutung und Behauptung der KMU in einer neuen Umfeldkonstellation. Beiträge zu den „Rencontres de St-Gall", S. 37–50.

– (1998): Die Entwicklung von Klein- und Mittelbetrieben. Wichtige Theoriebeiträge im Überblick, in: Kailer, N. / Mugler, J. (Hrsg.): Entwicklung von kleinen und mittleren Unternehmen. Konzepte, Praxiserfahungen, Entwicklungsperspektiven, Wien.

– (1998): Die Wiener Schule der Betriebswirtschaftslehre, in: Journal für Betriebswirtschaft, 2/98, S. 45–87.

Pichler, J. H. (Hrsg.) (1988): Othmar Spann oder Die Welt als Ganzes, Wien.

Rieter, H. (2002): Historische Schulen, in: Issing, O. (Hrsg.): Geschichte der Nationalökonomie, 4. Auflage, München, S. 131–168.

Schäffle, A. E. (1875–78/1881–82/1896): Bau und Leben des sozialen Körpers, Tübingen.

Schmidt, K.-H. (1998): Herkunft und Zukunft der KMU-Ökonomik, in: IGA – Zeitschrift für Klein- und Mittelunternehmen, S. 145–158.

– (2004): Dogmengeschichte internationaler Forschungskooperation, am Beispiel der „Rencontres de St-Gall", in: IGA – Zeitschrift für Klein- und Mittelunternehmen, Sonderheft 6.

Schneider, D. (1981): Geschichte betriebswirtschaftlicher Theorie: allgemeine Betriebswirtschaftslehre für das Hauptstudium, München.

– (1988): Neubegründung der Betriebswirtschaftslehre aus Unternehmerfunktionen, in: Brockhoff, K. (Hrsg.) (2002): Geschichte der Betriebswirtschaftslehre. Kommentierte Meilensteine und Originaltexte, Wiesbaden, S. 223–228.

Schweizerisches Institut für gewerbliche Wirtschaft an der Hochschule St. Gallen (IGW) (Hrsg.) (1948ff.): Protokoll der Verhandlungen der „Rencontres de St-Gall", St.Gallen.

Spann, O. (1930): Gesellschaftslehre, Leipzig.

– (1931): Die Haupttheorien der Volkswirtschaftslehre auf lehrgeschichtlicher Grundlage, 21. Auflage, Leipzig.

Stavenhagen, G. (1969): Gesichte der Wirtschaftstheorie, 4. Auflage, Göttingen.

Zweynert, J. (2002): Eine Geschichte des ökonomischen Denkens in Russland 1805–1905, Marburg.

Entrepreneurially Driven Innovation as Dynamics of "Economic Life": A Schumpeterian Perspective

By *J. Hanns Pichler*, Vienna

Limited by editorial space considerations for this "Festschrift", may it – instead of an otherwise quite deservedly more elaborate laudation – suffice to merely paintbush in a Schumpeterian sense some of the "pioneering" traits of Josef Mugler's scientific and academic achievements as documented by his vita and the broad spectre of publications.

I. Praefatio Gratulatoria

Among such achievements, the following may be highlighted here:

- His – in view of more traditional business texts – rather bold and unorthodox "Betriebswirtschaftslehre der Klein- und Mittelbetriebe" (meanwhile in its enlarged 3rd edition, 1998/99); thereby bringing home that small and medium-sized enterprises (SMEs) are not to be regarded as simply miniaturized "blueprints" of larger entities, but are to be dealt with distinctly different both in theory and in practice, including related aspects of appropriate strategies and policy formulation.
- His truly "pioneering" iniatives immediately in the wake of the so-called "Wende" (1989/90) toward establishing early links for topical research and interchange at academic levels with Central and Eastern European countries under formerly Soviet regime; thus fostering lasting scientific relations with mutual benefits and activities til to date; Josef Mugler himself in this process having become a sort of "trade mark" as highly acknowledged a scholar among his "Eastern" colleagues in the field.
- It was, finally, in this context and equally "pioneering" too, that Josef Mugler took on to organize in 1991 the 36th World Conference of the International Council for Small Business (ICSB) in Vienna, the very first of its kind outside North America; a highly successful event by serving as most timely a vehicle not only for bringing together SME researchers

from East and West on an international platform, but also for establishing the European Council for Small Business (ECSB), today figuring among the largest regional affiliates of ICSB world wide with Mugler to be considered a "founding father".

Witness to all this, and beyond, are the manifold contributions easily to be traced among his far ranging topical studies and publications. The Schumpeterian reflections in the following might be seen against such background as an homage to the scholarly and academic achievements of a long standing esteemed colleague.

II. Schumpeter's Early "Pioneering" Vision

Underlying hypotheses and observations, Schumpeter states in the early German edition of his seminal "Theory of Economic Development" (1912)[1], were not invented or merely fictitious, but taken and gleaned from the reality of "economic life" itself, in contrast to – then – prevailing equilibrium oriented and essentially "static" views of interpreting the market based capitalist process "conditioned by given circumstances" (as Schumpeter sub-titled the very first chapter of his "Theory"). Thus, the telling motto right on the title page of the first edition: "Hypotheses non fingo". (As such never appearing again in any later issues, including the English translation of 1934; see Annexes 1 and 2.)

From hindsight one might be left wondering as to what, in fact, makes Schumpeter's early conceived vision of the leadership role of the entrepreneur in "economic life" still so very topical, if not to say outright indispensable for explaining the dynamics of the "capitalist" system. In recognizing role and importance of entrepreneurially driven innovation with related forces of "creative destruction" as intrinsically market based phenomena, Schumpeterian notions indeed seem to have gained new momentum in today's economic debate for the very understanding of entrepreneurial by driven systems, including competitive entrepreneurial behaviour with emphasis also on related entrepreneurship education[2]. All that against a bibliographical background of his "Theory" which –

[1] Newly edited and reprinted with an "Introduction" by J. Roepke and O. Stiller (2006). References and quotations in the following are being identified, respectively: if relating to the earlier German editions (in particular, the first or second) as "Theorie" followed by year; if relating to the English version as "Theory" (1934 or reprints). Quotations translated from the German editions being either omitted or referred to only passim in the 1934 English version, are marked "transl. J.H.P.".

[2] Witness the numerous university chairs and programs on "entrepreneurship" having sprung up, and still expanding, over the past decades. Cf. more recently also McCraw (2007) with extensive references to Schumpeter's "Legacy"; or the relevance of innovative elements and factors in the context of the New (endogenous) Growth Theory

intermittently nearly forgotten, widely misread or misinterpreted – took fully 14 years until its second, in parts radically revised and modified edition in 1926.[3]

Schumpeter explicitly voices his irritation in the foreword to the second edition that readers of the earlier version obviously "mistook" the book as a kind of "history" of economic development in line with the – methodologically more descriptive – German "Historical Schools" to which, nonetheless, the very flow and partly rather verbose style of the original text undoubtedly shows a certain affinity. In restating and emphasizing the theoretical thrust of his argument, the somewhat lengthy subtitle[4] was added from the second edition onwards (and retained also in the English translation) to bring home the very essence together with substantial revisions to the core second chapter on "The Fundamental Phenomenon of Economic Development"[5] (Theorie, 1912, pp. 103; 1926, pp. 88; Theory, 1934, pp. 57).

In the context of such revisions Schumpeter, in our view, perpetrated two "sins": Firstly, by trying to schematize, thereby narrowing down and kind of "sterilizing", in the second chapter the very role of the entrepreneur to the meanwhile famous, again and again being referred to, "five cases" in "the carrying out of new combinations" (Theorie, 1926, pp. 100)[6]; as such conveying a rather bloodless, sort of descriptive "listing" of implied entrepreneurial traits and "characteristics" lending itself to a rather limited, yet tempting interpretation as a sort of proxy for defining the "Schumpeterian entrepreneur", quite in contrast to the full blooded picture so vividly painted in the original version refraining from such schematization. Secondly, by omitting the entire seventh chapter (from 1926 onward)[7], wherein Schumpeter tried to put his vision and overall conceptualization in a systemic context by way of a "holistic" topping off in form of a socio-economic synopsis to the expositions in the preceding chapters. It seems a pity that, especially the English reader, remains deprived of a possibly still more comprehensive and deeper understanding of the very thrust of the Schumpeterian message even if, admittedly, this chapter (of nearly 90 pages in the German original) might appear less rigorously argued.

(Romer, 1990; et al.), as well as distinct Schumpeterian traits in the relatively new discipline of "Evolutionary Economics".

[3] As essentially the basis for the subsequent English translation, published 1934 at Harvard after the 3rd and 4th – both largely unchanged – German printings (1931, 1934).

[4] In German: "Eine Untersuchung über Unternehmergewinn, Kapital, Kredit, Zins und den Konjunkturzyklus"; in English: "An Inquiry into Profits, Capital, Credit, Interest and the Business Cycle" ("Profits" to be understood entrepreneurial or "private").

[5] In German: "Das Grundphänomen der wirtschaftlichen Entwicklung".

[6] (Theory, 1934, p. 66), by contrast to the German version not explicitly being "listed", but less conspicuously integrated in the text as such (see Annexes 3 and 4).

[7] In German: "Das Gesamtbild der Volkswirtschaft" ("Overall View of the Economy", transl. J.H.P.) (Theorie, 1912, pp. 463).

III. A "Theory" Against the Mainstream

In order to fully appreciate the very boldness of Schumpeter's message, his "Theory" needs to be viewed in light of the prevailing mainstream of economic thought at time of its first publication. Classics and Neoclassics, notably of the Viennese marginal ("Grenznutzen") tradition with Eugen v. Boehm-Bawerk and Friedrich v. Wieser as principal advisers to Schumpeter's habilitation at the Vienna University[8], clearly were dominating the discipline's common body of knowledge; and so was Marx' quite different, non-market based ("socialist") interpretation of the economic process, all of which Schumpeter was well familiar with, while more specifically having been exposed, of course, to neoclassical thinking in the Viennese academic "style". His habilitation thesis as mentioned, submitted in 1908, indeed was devoted to a theoretical treatment and discussion of the "state of the art" at the time, including a rather shrewd reception and re-interpretation of Walrasian equilibrium as an exposition of "pure economics" on essentially static grounds (Walras, 1874–77).

These scientific environs and ingredients are important to note as points of departure in Schumpeter's own "Theory", wherein his critical stand against the prevailing "mainstream" finds ample expression right in the first chapter[9] by pointing at the intrinsically static, "circular flow"-type view of "economic life" and voicing his discontent over the obvious deficiency of such theorizing to adequately capture and explain the underlying dynamics of the market based "capitalist" process. By contrast, he explicitly commends Marx as – with his (dialectic) methodolgy – being able to indeed grasp the intrinsically dynamic nature of "economic development".[10]

---

[8] Based on his first book, entitled: "Das Wesen und der Hauptinhalt der theoretischen Nationalökonomie", Leipzig, 1908 ("The Nature and Content of Theoretical Economics"), repeatedly also being referred to (as "Wesen" for short) in Schumpeter's subsequent "Theorie".

[9] Entitled "The Circular Flow of Economic Life as Conditioned by Given Circumstances" (Theory, 1934, pp. 3); in German: "Der Kreislauf der Wirtschaft in seiner Bedingtheit durch gegebene Verhältnisse" (Theorie, 1912, pp. 1). Already the "Physiocrates", Schumpeter argues, in grasping "the fact of circular flow [...] ipso facto describe a static economy [...] And this remained the objective of pure economics to our days." Also with A. Smith, "wherever his arguments rest on firm ground, his view is essentially static [...] Wherever he speaks of progress, he never explains this on the basis of economic processes in themselves" (Theorie, 1912, pp. 92, transl. J.H.P.).

[10] "The only major attempt toward the problem of development is the one of Karl Marx [...] He strived to treat the development of economic life itself on basis of economic theory. His accumulation, his immiserization, his crisis theories follow from pure economic reasoning [...] aiming at the evolution of economic life as such [...] not just its circular flow" (Theorie, 1912, p. 98, transl. J.H.P.). And if he "had not been more than a purveyor of phraseology, he would be dead by now. Mankind is not grateful for

To mention as of specific relevance in this very context is Eugen v. Boehm-Bawerk's profoundly neoclassical – and pointedly anti-Marxian – "The Positive Theory of Capital"[11] as for Schumpeter yet another bone of contention and point of critical departure since, despite its erudite theoretical reasoning, again resting on essentially "static" grounds and, therefore, bound to miss the intrinsic nature of "capitalist" dynamics. (An ingenious early re-interpretation of "The Positive Theory" with Boehm-Bawerk's subtle theorizing on the "round aboutness" of capitalist accumulation was provided by his contemporary Swedish economist Knut Wicksell (1893, pp. 95).)

It is against such background and dissatisfaction with mainstream "circular flow" concepts as prevailing then, that Schumpeter's own "Theory" evolved and took shape: as a theoretical – and in its endeavor similar to Boehm-Bawerk's preceding, albeit "static" – attempt to, for his part, provide a non-Marxian dynamic interpretation of capitalist "development" driven by its inherent systemic forces "from within".[12]

We shall try in the following to pinpoint – against such background – what seems to emerge as a kind of "hidden agenda" behind Schumpeter's vision rendering it such lasting a legacy for interpreting capitalist development and its dynamics.

IV. Toward Entrepreneurially Driven "Capitalism"

In taking a profoundly critical stand against mainstream "statics", Schumpeter in his "Theory" endeavors to depict market based (long term) "economic development" as an ever changing – and as such never toward equilibrium tending – process of "economic life" generally. This, in fact, constitutes the all pervading thrust of his argument; and indeed no one – apart from Marx in his systemic theorizing – has done so before in a similarly rigorous fashion which, no doubt, lends such seminal and lasting fascination to his "Theory". The essence of capitalist dynamics, in Schumpeter's view, thus boils down to a conti-

---

that sort of service and forgets quickly the names of the people who write the librettos for its political operas." (Schumpeter, 1942, p. 5).

[11] Translated with a "Preface" by W. Smart, London / New York, 1891. German original: "Positive Theorie des Kapitales" (1889), as Volume 2 of "Kapital and Kapitalzins"; a center piece til today of neoclassical capital theory, which propelled its author to international fame. Boehm-Bawerk by the way, as Schumpeter states himself, never really approved of his "Theory" (Theorie, 1926, Vorwort).

[12] "By development, therefore, we shall understand only such changes in economic life as [...] arise by its own inititative, from within." (Theory, 1934, p. 63) "Development in our sense is then defined by the carring out of new combinations." (Theory, 1934, p. 66); with the "five points" to follow, see Annex 3.

nuous pursuit of "carrying out […] new combinations" (Theory, 1934, p. 66) as an entrepreneurially driven process which proves "that economic life never is static; it lies in the very nature of development." (Theorie, 1912, p. 162, transl. J.H.P.) The question then arises: who is "carrying out", what stands for the "new" and how are "new combinations" being carried through?

Schumpeter's straightforward answer to that is: the entrepreneur, being depicted and singled out in the very "Schumpeterian" meaning (or "in our sense" as he repeatedly emphasizes). In any given economic moment or situation, so his argument, there exist "numerous possibilities for new combinations", yet only a small group has the drive and takes "leadership" to, in fact, carrying them through, while "most do not see them" (Theorie, 1912, p. 162, transl. J.H.P.). Thus, "the carrying out of new combinations is a special function […] of people who are much less numerous than all those who have the 'objective' possibility of doing it. Therefore, […] entrepreneurs are a special type, and their behavior […] the motive power of a great number of significant phenomena." (Theory, 1934, pp. 81)

Hence it is, with Schumpeter, the entrepreneur – and only he – who "leads the means of production into new channels […] drawing other producers […] after him", thereby rendering "a service, the full appreciation of which […] is not so easily understood by the public at large" (Theory, 1934, p. 89).[13]

From there it follows, "the most typical incorporation of future value creating potentials is a new enterprise", and the "specific type" as characteristic for "a special class of economically active individuals has taken on a name of its own, namely *entrepreneur*." (Theorie, 1912, pp. 170, transl. J.H.P.)[14] The entrepreneur as the driving or "leading" force in economic life, be it as "business founder"[15] or as "creative innovator" who through "anti-hedonist" (Theory, 1934, p. 94)[16] activity and initiatives creates future values. "They [these values,

[13] Yet, such "leadership in particular […] must be distinguished from 'invention'. As long as they [inventions, J.H.P.] are not carried into practice, inventions are economically irrelevant." (Theory, 1934, p. 88) However: "in as much as the carrying out of new combinations constitutes form and substance of development, so much so is the leader's initiative its driving force." Alas, not all are "equally far sighted and energetic" (Theorie, 1912, p. 162, footnote, transl. J.H.P.)

[14] Or somewhat more barren in the English version later on: "The carrying out of new combinations we call 'enterprise'; the individuals whose function it is to carry them out we call 'entrepreneurs'." (Theory, 1934, p. 74)

[15] In merciless Schumpeterian understanding: If a business founder merely continues to manage his "enterprise […] in simply a static way, he ceases to be an entrepreneur!" His very nature "is linked to creating [to combining, J.H.P.] something new." (Theorie, 1912, p. 174, footnote, transl. J.H.P.)

[16] The entrepreneur as – in a "non-hedonist" way – ever being absorbed by "the joy of creating, of getting things done, or of just exercising […] ingenuity." (Theory, 1934, p. 93)

J.H.P.] correlate with new combinations, [...] new combinations translated in value terms [...] the shadows of things to come" (Theorie, 1912, p. 170, transl. J.H.P.).

In carrying out new combinations, the entrepreneur, firstly, singles out from a "multitude of various moments [...] the related right decision [...] which is given to few people only with specific capabilities, and secondly, carries them through. These are the characteristics of our entrepreneur, of our man of action. They are inseparable and of equal importance. And the result is economic development, progress" (Theorie, 1912, p. 177, transl. J.H.P.); development or progress being triggered by "our type" of (Schumpeterian) entrepreneur.

V. Uncovering the Subtlety of Implied "Dialectics"

The role of the Schumpeterian entrepreneur, as inseparably being geared to the very essence of "economic development", thus resembles a kind of "hidden" form of what might be called Schumpeterian *"dialectics"* for interpreting the dynamics of capitalist development from a (non-Marxian) systemic perspective.

The market system itself, under "given circumstances", thereby constituting the *thesis*; the entrepreneur in the Schumpeterian sense as the driving (also the "creatively destructive") force being the *antithesis* to the system, ever striving to "out compete" given circumstances by way of new combinations and thus – temporarily at least – trying to be or to become a kind of "monopolist"[17]; finally, the *synthesis* of such a scenario to be seen in prevailing market forces tending forever to catch up with, to "compete down" temporarily dominating entrepreneurial initiatives provoking, by force of such process, entrepreneurial creativity yet anew in trying to tackle or outmanoeuver the system "from within" and, as such, quite distinct from Marxian "dialectics".

The entrepreneur in such a scenario takes on the role of unsettling "disequilibrator", as an ever disturbing element to static or "circular flow" tendencies toward equilibrium in the very sense of "creative destruction"; as a movens of forever challenging the system "conditioned by given circumstances"[18], of constantly trying to trick competitive market constraints and forces through in-

[17] Since, with Schumpeter, "perfect competition" temporarily always having been "suspended whenever anything new is being induced", thereby providing "the fundamental impulse that sets and keeps the capitalist engine in motion." (Schumpeter, 1942, p. 104)

[18] Cf. heading of the very first chapter of the "Theory" (in German: "Bedingtheit durch gegebene Verhältnisse"; Theorie, 1912/1926).

novative "new combinations" providing thus the intrinsic drive for (Schumpeterian) "economic development".

Different from Marx, different also from the classical-neoclassical and as such essentially "static" concepts, Schumpeter in his "Theory" boldly presents an alternative (non-Marxian) interpretation of the "capitalist" process with the entrepreneur taking center stage. It is this very boldness too, which in good measure seems to account for the lasting relevance, if not to say fascination of his "Theory" up til now (shortly, by the way, to celebrate the 100 year anniversary since its first printing).

VI. Legacy and Topical Relevance in Today's Perspective

By provocatively casting the entrepreneur – traditionally being considered the "epitomy" of capitalism itself – as sort of villain or "antithesis" to the market system with its "mainstream" proclaimed tendencies toward (static) equilibrium, amply testifies to the originality of Schumpeter's own theorizing. Thereby depicting the specific role of the entrepreneur under systems-related aspects further implies that the very same ("capitalist") system essentially derives its inherent strength and dynamics from ever self-renewing entrepreneurial drive and initiatives; dynamics and strength, in the end, for sustained reproduction of the system as such out of its own forces, or "from within".

Notwithstanding Schumpeter's later skepticism under changed economic conditions in the face of World War II whether entrepreneurially led capitalism indeed may "survive"[19], we today can witness a sheer global revival of Schumpeter's early vision: be it in form of a new and growing awareness of the need for entrepreneurial initiatives, values and attitudes as crucial for sustainable development and more broadly based welfare; be it in recognizing the specific relevance of "entrepreneurship education", or the importance of diversified entrepreneurially based small and medium sized business structures; be it in the context of fostering business start-ups combined with venture capital financing and concomitant tendencies toward privatization worldwide (including related emphasis on economies "of scope" rather than just one-sidedly "of scale") (Aiginger/Tichy, 1984) – this all relates to the very notion of Schumpeterian "entrepreneurship" as being reflected in entrepreneurially driven initiatives, creativity and "leadership". Leadership that in any market based system stands for structural diversification, for sustained viability and capabilities of success

---

[19] Cf. his famous "Capitalism, Socialism and Democracy" (1942) and numerous related references; it is in this later work (not in his "Theory") wherein Schumpeter explicitly coins the popular and much cited phrase of "creative distruction" (later on backtranslated into German as "schöpferische Zerstörung").

and sheer systemic "survival" under competitive conditions. (Heertje, 1981; Heertje/Perlman, 1993; Heilbroner, 1993; Scherer, 1992 Scherer/Perlman, 1992)

From a contemporary perspective, relevance and importance of Schumpeter's vision nowadays seems to be demonstrated vividly in the ongoing – and partly still painful – restructuring from formerly centrally planned to market oriented systems in Central and Eastern Europe. A transformation whereby the final verdict over success or failure in large measure hinges on how effectively these economies are capable to build and rebuild their over decades ruthlessly weakened, if not outright ruined entrepreneurially based business structures as a prerequisite for economic dynamics and sustained development in an increasingly competitive environment with more and more diversified markets. (Becker/Knudsen, 2002; Backhaus, 2003; Giersch, 1984; 1987; Scherer, 1999; Shionoya/Perlman, 1994)

More than ever, as it seems, can under today's regional as indeed world wide challenges Schumpeter's erstwhile vision serve as a valuable guide, as a kind of compass with a view to policy formulation for entrepreneurially conducive framework conditions, or more bluntly still: for creating conditions wherein entrepreneurial initiatives, creativity and leadership in the very Schumpeterian meaning can thrive and adequately are being rewarded. To conclude on that note in Schumpeter's own words: "Look around – and you will see, things really are like that." (Theorie, 1934, Vorwort to 4th German printing, transl. J.H.P.)

As kind of an invitation to scientifically "creative destruction" Schumpeter, by the way, sums up the preface to the first edition of his "Theorie" wishing for himself "nothing more that this work as soon as possible be rendered obsolete and forgotten." (tansl. J.H.P.) – And this invitation, after now almost 100 years, apparently still holds. The addressee of this "Festschrift" though, as it seems, has taken up such invitation as a challenge for his own work and life long endeavors.

References

Aiginger, K. / *Tichy*, G. (1984): Die Größe der Kleinen. Die überraschenden Erfolge kleiner und mittlerer Unternehrmungen in den achtziger Jahren, Wien.

Allen, R. L. (1991): Opening Doors. The Life & Work of Joseph Schumpeter, 2 volumes, New Brunswick.

Anderson, B. M. (1915): Schumpeter's Dynamic Economics, in: Political Science Quarterly, 4/30.

Backhaus, J. G. (ed.) (2003): Joseph Alois Schumpeter. Entrepreneurship, Style and Vision, Boston.

Becker, M. C. / *Knudsen*, T. (2002): Schumpeter 1911. Farsighted Visions on Econonomic Development, in: American Journal of Economics and Sociology, 2/61.

Boehm, S. (Hrsg.) (1987): Joseph A. Schumpeter. Beiträge zur Sozialökonomik, Wien.

Boehm-Bawerk, E. v. (1889): Positive Theorie des Kapitales, in: Wieser, F. v. (Hrsg.): Kapital und Kapitalzins, 2. Band, 4. Druck 1921, Jena.

Bottomore, T. (1992): Between Marginalism and Marxism. The Economic Sociology of J. A. Schumpeter, New York.

Chandler, A. D. Jr. (1990): Scale and Scope. The Dynamics of Industrial Capitalism, Cambridge.

Clark, J. B. (1912): Theorie der wirtschaftlichen Entwicklung, in: American Economic Review, 4/2.

Clemence, R. V. (ed.) (1951): Joseph A. Schumpeter. Essays on Entrepreneurs, Innovations, Business Cycles and the Evolution of Capitalism, Cambridge.

Dopfer, K. (1994): The Phenomenon of Economic Change. Neoclassical vs. Neo-Schumpeterian Approaches, in: Magnusson, L. (ed.): Evolutionary and Neo-Schumpeterian Approaches, Recent Economic Thought Series, Boston / Dordrecht / London, pp. 125–171.

Ebner, A. (2003): The Institutional Analysis of Entrepreneurship. Historist Aspects of Schumpeter's Development Theory, in: Backhaus, J. G. (ed.): Joseph Alois Schumpeter. Entrepreneurship, Style and Vision, Boston, pp. 117–139.

Elliott, J. E. (1983): Schumpeter and the Theory of Capitalist Economic Development, in: Journal of Economic Behavior and Organisation, 4/4.

Fagerberg, J. (2003): Schumpeter and the Revival of Evolutionary Economics. An Aprasial of the Literature, in: Journal of Evolutionary Economics, 2/13.

Giersch, H. (1984): The Age of Schumpeter, in: American Economic Review, 2/74.

– (1987): Economic Policies in the Age of Schumpeter, in: European Economic Review, 2–3/31.

Haberler, G. (1981): Schumpeter's Capitalism, Socialism and Democracy. After Fourty Years, in: Okada, M. (ed.), Kyoto.

Harris, S. E. (ed.) (1951): Schumpeter. Social Scientist, Cambridge.

Hedtke, U. / *Swedberg*, R. (Hrsg.) (2000): Joseph Alois Schumpeter. Briefe, Tübingen.

Heertje. A. (ed.) (1981): Schumpeter's Vision. Capitalism, Socialism and Democracy after 40 Years, New York.

Heertje, A. / *Perlman*, M. (eds.) (1993): Evolving Technology and Market Structure. Studies in Schumpeterian Economics, 3rd printing, Ann Abor.

Heilbroner, R. L. (1981): Was Schumpeter Right?, in: Social Research, 3/48.

– (1993): Was Schumpeter Right After All?, in: Journal of Economic Perspectives, 3/7.

Klausinger, H. (1993): Schumpeter und die Große Depression. Theorie-Diagnose-Politik, Diskussionsbeiträge, Institut für Volkswirtschaftslehre der Universität Hohenheim, Nr. 78.

Kurz, H. D. (2005): Joseph A. Schumpeter. Ein Sozialökonom zwischen Marx und Walras, Marburg.

– (2006): Schumpeter on Innovations and Profits. The Classical Heritage, Conference on "Neo-Schumpeterian Economics. An Agenda for the 21st Century", Trest.

Langlois, R. (1998): Schumpeter and Personal Capitalism, in: Eliasson, G. / Green, C. (eds.): Microfoundations of Economics Growth. A Schumpeterian Perspective, Ann Abor.

Magnusson, L. (ed.) (1994): Evolutionary and Neo-Schumpeterian Approaches to Economics, Boston / Dordrecht / London.

McCrae, R. C. (1913): Schumpeter's Economic System, in: Quarterly Journal of Economics, 3/27.

McCraw, T. K. (2007): Prophet of Innovation. Joseph Schumpeter and Creative Destruction, Cambridge / London.

Mugler, J. (1990): Entrepreneurship and the Theory of the Firm, in: Donckels, R. / Miettinen, A. (eds.): New Findings and Perspectives in Entrepreneurship, Aldershot.

– (1997): Small and Medium Sized Enterprises in the Transition Period, Second International Conference "Enterprise in Transition", in: Journal of Contemporary Management 2/2.

– (1998f.): Betriebswirtschaftslehre der Klein- und Mittelbetriebe, 3. Auflage, 2 Bände, Wien / New York.

– (2000): The Climate for Entrepreneurship in European Countries in Transition, in: Sexton, D. L. / Landstroem, H. (eds.): The Blackwell Handbook of Entrepreneurship, Oxford.

Mugler, J. / *Bensch*, D. (eds.) (1991): Small Business and Partnership, Proceedings of the 36th ICSB World Conference June 24–26, 3 Volumes, Vienna.

Nelson, R. / *Winter*, S. G. (1982): An Evolutionary Theory of the Firm, Cambridge.

Nicholas, T. (2003): Why Schumpeter Was Right. Innovation, Market Power, and Creative Destruction in 1920s America, in: Journal of Economic History, 4/63.

Perelman, M. (1995): Retrospectives. Schumpeter, David Wells and Creative Destruction, in: Journal of Economic Perspectives, 3/9.

Roepke, J. (2002): Der lernende Unternehmer. Zur Konstruktion und Evolution unternehmerischen Bewusstseins, Marburg.

Roepke, J. / *Stiller*, O. (Hrsg.) (2006): Joseph Schumpeter. Theorie der wirtschaftlichen Entwicklung, Nachdruck der 1. Auflage von 1912, ergänzt um eine Einführung.

Romer, P. M. (1990): Endogenous Technological Change, in: Journal of Political Economy, 5/98.

Scherer, F. M. (1984): Innovation and Growth. Schumpeterian Perspectives, Cambridge.

– (1992): Schumpeter and Plausible Capitalism, in: Journal of Economic Literature, 3/30.

Scherer, F. M. / *Perlman*, M. (eds.) (1992): Entrepreneurship, Technological Innovation and Economic Growth. Studies in the Schumpeterian Tradition, Ann Arbor.

Schmidt, K.-H. (1987): Vorläufer und Anfänge von Schumpeters Theorien der wirtschaftlichen Entwicklung, Arbeitspapiere des Fachbereichs Wirtschaftswissenschaft der Universität Paderborn, Neue Folge, 8.

Schumpeter, J. A. (1908): Das Wesen und der Hauptinhalt der theoretischen Nationalökonomie, Leipzig.

– (1912): Theorie der wirtschaftlichen Entwicklung, Leipzig.

– (1934): The Theory of Economic Development. An Inquiry Into Profits, Capital, Credit, Interest and the Business Cycle, translated by Opie, R., Cambridge.

– (1942): Capitalism, Socialism and Democracy, 5th edition 1976, introduction by Bottmore, T., London.

– (1949a): Science and Ideology, in: American Economic Review, 2/39.

– (1949b): Economic Theory and Entrepreneurial History, in: Center for Research in Entrepreneurial History (ed.): Change and Entrepreneur. Postulates and Patterns in Entrepreneurial History, Cambridge.

Seidl, C. (ed.) (1984): Lectures on Schumpeterian Economics, Berlin et al.

Shionoya, Y. / *Perlman*, M. (eds.) (1994): Innovation in Technology, Industries and Institutions. Studies in Schumpeterian Perspectives, Ann Arbor.

Stolper, W. F. (1991): The Theoretical Bases of Economic Policy. The Schumpeterian Perspective, in: Journal of Evolutionary Economics, 3/1.

– (1994): Joseph Alois Schumpeter. The Public Life of a Private Man, Princeton.

Stolper, W. F. / *Seidl*, C. (eds.) (1985): Joseph A. Schumpeter. Aufsätze zur Wirtschaftspolitik, Tübingen.

Streissler, E. W. (1992): The Influence of German and Austrian Economics on Joseph A. Schumpeter, Conference of the International Joseph A. Schumpeter Society, Kyoto.

Swedberg, R. (1991): Joseph A. Schumpeter. His Life and Work, Oxford.

– (1991): Joseph A. Schumpeter. The Economics and Sociology of Capitalism, Princeton.

– (1992): Schumpeter's Early Work, in: Journal of Evolutionary Economics, 1/2.

Vecci, N. de (1995): Entrepreneurs, Institutions and Economic Change. The Economic Thought of J. A. Schumpeter (1905–1925), translated by Stone, A., Aldershot.

Walras, L. (1874–77): Elements d'economie pure, ou theorie de la richesse sociale, Lausanne, translated by Jaffe, W. (1954): Elements of Pure Economics, Homewood, Illinois / London.

Wicksell, K. (1893): Über Wert, Kapital und Rente nach den neueren nationalökonomischen Theorien, Jena, nachgedruckt in London School of Economics Series, 15/1933.

– (1895): Zur Lehre von der Steuerinzidenz, Dissertation, Uppsala, übersetzt als "Income Taxes and Duties", in: Sandelin, B. (ed.) (1997): Knut Wicksell. Selected essays in economics, Volume I, London / New York.

Winter, S. G. (1984): Schumpeterian Competition in Alternative Technological Regimes, in: Journal of Economic Behaviour and Organisation, 3–4/5.

Annex 1

Theorie der wirtschaftlichen Entwicklung

Von

Dr. Joseph Schumpeter.

Hypotheses non fingo.

Leipzig,
Verlag von Duncker & Humblot.
1912.

Annex 2

THE THEORY OF ECONOMIC DEVELOPMENT

An Inquiry into Profits, Capital, Credit, Interest, and the Business Cycle

JOSEPH A. SCHUMPETER

TRANSLATED BY
REDVERS OPIE

FIRST PUBLISHED BY THE DEPARTMENT OF ECONOMICS OF HARVARD UNIVERSITY AS VOLUME XLVI IN THE HARVARD ECONOMIC STUDIES SERIES, 1934

Annex 3

SCHUMPETER's FAMOUS "FIVE CASES"

characterising entrepreneurially driven development
"by the carrying out of new combinations":

(I) The introduction of a new good – that is one with which consumers are not yet familiar – or of a new quality of a good. (2) The introduction of a new method of production, that is one not yet tested by experience in the branch of manufacture concerned, which need by no means be founded upon a discovery scientifically new, and can also exist in a new way of handling a commodity commercially. (3) The opening of a new market, that is a market into which the particular branch of manufacture of the country in question has not previously entered, whether or not this market has existed before. (4) The conquest of a new source of supply of raw materials or half-manufactured goods, again irrespective of whether this source already exists or whether it has first to be created. (5) The carrying out of the new organistion of any industry, like the creation of a monopoly position (for example through trustification) or the breaking up of a monopoly position.

(Theory, 1934, p. 66)

Annex 4

Form und Inhalt der Entwicklung in unserem Sinn ist dann gegeben durch die Definition: Durchsetzung neuer Kombinationen.
Dieser Begriff deckt folgende fünf Fälle:

1. Herstellung eines neuen, d. h. dem Konsumentenkreise noch nicht vertrauten Gutes oder einer neuen Qualität eines Gutes.
2. Einführung einer neuen, d. h. dem betreffenden Industriezweig noch nicht praktisch bekannten Produktionsmethode, die keineswegs auf einer wissenschaftlich neuen Entdeckung zu beruhen braucht und auch in einer neuartigen Weise bestehen kann mit einer Ware kommerziell zu verfahren.
3. Erschließung eines neuen Absatzmarktes, d. h. eines Marktes, auf dem der betreffende Industriezweig des betreffenden Landes bisher noch nicht eingeführt war, mag dieser Markt schon vorher existiert haben oder nicht.
4. Eroberung einer neuen Bezugsquelle von Rohstoffen oder Halbfabrikaten, wiederum: gleichgültig, ob diese Bezugsquelle schon vorher existierte – und bloß sei es nicht beachtet wurde sei es für unzugänglich galt – oder ob sie erst geschaffen werden muß.
5. Durchführung einer Neuorganisation, wie Schaffung einer Monopolstellung (z.B. durch Vertrustung) oder Durchbrechen eines Monopols.

(Theorie, 1926, pp. 100)

Entrepreneurship Education an Hochschulen: Empirische Erkenntnisse, Designansätze und Implementierungsvorschläge

Von *Norbert Kailer*, Linz, und *Herbert Neubauer*, Wien

I. Einleitung

Unternehmensgründungen und erfolgreiche Unternehmensübernahmen sind für die wirtschaftliche Dynamik und den Arbeitsmarkt eines Landes von großer Bedeutung. Sie begünstigen den Strukturwandel, schaffen neue Arbeitsplätze und Wertschöpfung, nicht nur in der eigenen Branche, sondern auch in vor- und nachgelagerten Bereichen. Spätestens seit der Konstatierung einer europäischen Nachfolgelücke wird angesichts der betroffenen Arbeitsplätze auch der Unterstützung von Übergabe-Übernahme-Prozessen erhöhtes Augenmerk geschenkt (Schauer/Kailer/Feldbauer-Durstmüller, 2005). „Unternehmerisches Denken" wird angesichts tief greifender Veränderungen in der Arbeitswelt zu einer für die berufliche Zukunft hochrelevanten Schlüsselqualifikation.

Die Politik entdeckt verstärkt Entrepreneure als Hoffnungsträger für Wirtschaftswachstum und Wohlstand sowie als Garanten neuer Arbeitsplätze (Neubauer, 2003, S. 2). Dabei wird der Unternehmensgründung und -übernahme durch Hochschulabsolventen besondere Bedeutung beigemessen. Dies gilt insbesondere für den technikorientierten Bereich (Kenney, 2000; Schmitz, 2001; Europäische Kommission, 2002). Auch auf EU-Ebene wird Entrepreneurship Education systematisch gefördert (Mugler, 2004, S. 264; European Commission, 2004).[1]

Nicht zuletzt aufgrund finanzieller Unterstützung sowohl durch die öffentliche Hand als auch durch Unternehmen kam es in den letzten Jahren zu einem markanten Ausbau der Entrepreneurship-Lehrstühle im deutschsprachigen Raum (Klandt/Knaup, 2004; Achleitner/Kaserer/Jarchow/Wilson, 2007). Auch der überwiegende Teil der Hochschulstudierenden wünscht Ausbildungsmöglichkeiten im Bereich Entrepreneurship (Fueglistaller/Klandt/Halter, 2006; Kailer, 2007).

---

[1] Siehe http://www.ec.europa/enterprise/entrepreneurship/index_de.html.

Der Entrepreneurship Education (EE) kommt somit eine zentrale Rolle in der Kompetenzentwicklung von Absolventen zu. Ziel ist einerseits eine generelle Einstellungsveränderung hinsichtlich Selbständigkeit und der Tätigkeit als Entrepreneur als mögliche Karriereoption, andererseits der Erwerb von für Unternehmensgründung und -nachfolge relevanten Kompetenzen. Dementsprechend müssen sich auch Hochschulen der Herausforderung der Entwicklung eines umfassenden Konzeptes ihrer EE stellen (Hills, 1998). Beispiele dafür aus dem deutschsprachigen Raum sind in Pinkwart/Richert (o. J.), Gutschelhofer/Kailer (2002), Koch (2003) und Moog (2005) angeführt.

Die noch fehlende anerkannte Grundausrichtung des Faches Entrepreneurship zeigt sich in fachinterner Diskussion über den inhaltlichen Aufbau der Lehre (Ist ein Curriculum überhaupt notwendig bzw. wie kann dieses aussehen?), über methodisch-didaktische Fragen (Wie ist Entrepreneurship lehrbar? Wer soll lehren?) oder über die Zuordnung des Gebietes (Handelt es sich um einen Teilbereich der BWL, ein Querschnittsfach innerhalb der Wirtschaftswissenschaften oder ein überfachliches Ausbildungs- und Forschungsgebiet?) (Neubauer, 2003).

Im Rahmen dieses Beitrages wird der Frage nachgegangen, welche Erkenntnisse sich aus Studienergebnissen und bestehenden Konzepten und Aktivitäten in der EE an Universitäten und Hochschulen gewinnen lassen. Daraus werden Gestaltungsvorschläge für umfassendere Programme abgeleitet.

II. Einflussfaktoren auf unternehmerisches Interesse und Handeln

Die lange Zeit in der Fachliteratur vertretene Meinung, dass unternehmerische Kompetenzen nicht durch Unternehmerausbildung erwerbbar, sondern angeboren seien (Beckmann, 1998, S. 122), wird als nicht mehr haltbar angesehen (Lück/Böhmer, 1994, S. 413). Es herrscht weitgehend Konsens darüber, dass erforderliche (über)fachliche Kompetenzen erlernbar sind; ebenso werden – zumindest teilweise und auf längere Frist gesehen – auch grundlegende psychische Dispositionen und Kompetenzen als veränderbar angesehen. D. h., sowohl unternehmerisches Denken und Handeln als auch ökonomisch-technologische, analytische, psychologische und kommunikative Fähigkeiten potentieller Gründer und Übernehmer sind mit entsprechenden pädagogischen Methoden aktivier- und förderbar (Klandt, 1984, S. 94ff.; Pinkwart, 2000, S. 189). Damit könnte ein „Großteil der benötigten Voraussetzungen als lehrbare Teile oder zumindest förderbare Eigenschaften im Rahmen eines Lernprozesses entwickelt werden“ (Neubauer, 1998, S. 314).

Im Rahmen der wissenschaftlichen Auseinandersetzung mit der Thematik der individuellen Entwicklung einer Einstellung für bzw. gegen eine unternehmerische Selbständigkeit kann auf verschiedene wirtschafts- und sozialwissenschaftliche Ansätze zurückgegriffen werden. Die Erklärungsansätze in der Fachliteratur lassen sich im Wesentlichen in personen- und umfeldorientierte Ansätze einteilen (Frick, 1998, S. 47).

Personenorientierte Ansätze führen das unternehmerische Verhalten (bzw. Gründungsintention und -aktivität) auf bestimmte Persönlichkeitseigenschaften (i. S. von Merkmalen und Einstellungen) des potentiellen Unternehmers zurück. Die personenzentrierte Forschung zur Erklärung der Gründungsaktivität wurde über Jahre vom Trait Approach (Eigenschaftsansatz) beherrscht. Dieser geht weitgehend davon aus, dass es einen besonderen Unternehmertyp gibt, dessen (stilistische) Wesenszüge, Persönlichkeitseigenschaften und unternehmerische Motive ihn von Nichtunternehmern unterscheiden. Zu den am häufigsten untersuchten Eigenschaften zählen insbesondere das Leistungsmotiv (need of achievment), das Machbarkeitsdenken (internal versus external locus of control), das Unabhängigkeitsstreben (need of autonomy), das Machtstreben (need of power) sowie die Risikobereitschaft (risk-taking propensity) (Klandt, 1984, S. 139ff.; Shaver/Scott, 1991, S. 28ff.; Cromie/O'Donaghue, 1992, S. 66ff.). All diesen Ansätzen der Persönlichkeitsforschung ist gemeinsam, dass sie zwar durchaus zu einsichtigen und nachvollziehbaren Hypothesen führen, die empirische Überprüfung jedoch widersprüchliche Ergebnisse liefert. Dies bedeutet jedoch nicht, dass Persönlichkeitseigenschaften im Rahmen der Erklärung unternehmerischen Verhaltens irrelevant sind. Es soll lediglich argumentiert werden, dass die Gründung eines Unternehmens nicht allein durch das Vorhandensein bestimmter Eigenschaften erklärt oder vorhergesagt werden kann.

Einen wesentlichen Kritikpunkt bildet die Statik dieser Ansätze. So wird nach stabilen Persönlichkeitsfaktoren von der Jugend bis ins hohe Alter ausgegangen. Diese frühzeitige Determinierung ist jedoch unter einer entwicklungspsychologischen Sicht kritisch zu beurteilen. Gerade hier setzen die *neueren Ansätze der Entrepreneurship-Forschung* mit Blick auf eine Prozessorientierung an (Bögenhold, 1989; Baucus/Human, 1994).

Einfluss auf die Entscheidung zur Selbständigkeit haben neben den persönlichen Aspekten auch Alter und Geschlecht (Klandt, 1984). Darüber hinausgehend werden Motive, Werte, Einstellung und Persönlichkeit auch von der Umwelt, wie etwa dem mikrosozialen privaten und beruflichen Umfeld sowie der generellen Kultur- und Wirtschaftsordnung mit geprägt (Klandt, 1984, S. 220ff.). Diese Faktoren spielen wiederum in den *umfeldorientierten Ansätzen* eine entscheidende Rolle.

Zusammenfassend lässt sich festhalten, dass die Einstellung zur Selbständigkeit an sich sowie die Entscheidung zur Aufnahme einer unternehmerischen Tätigkeit sowohl von persönlichen als auch von situativen Faktoren, aber auch vom makrosozialen Umfeld beeinflusst werden (Lang-von Wins, 2004). Im Folgenden wird deshalb ein theoretisches Rahmenmodell vorgestellt, das die verschiedenen Ansatzpunkte und -ebenen für Maßnahmen zur Gründungsförderung systematisiert.

III. Ein Modell der Gründungskompetenz

Die Entscheidung, konkrete Planungen und Maßnahmen zur Gründung bzw. Übernahme zu setzen bzw. ein Unternehmen weiter auszubauen, sowie die Nachhaltigkeit dieser Entscheidung hängen von einer Reihe von Faktoren ab, die sich zudem gegenseitig beeinflussen. Im *Modell der Gründungskompetenz* (Abbildung 1) – das auch für den Fall der Unternehmensnachfolge Gültigkeit hat – wird ihr Zusammenwirken grafisch dargestellt:

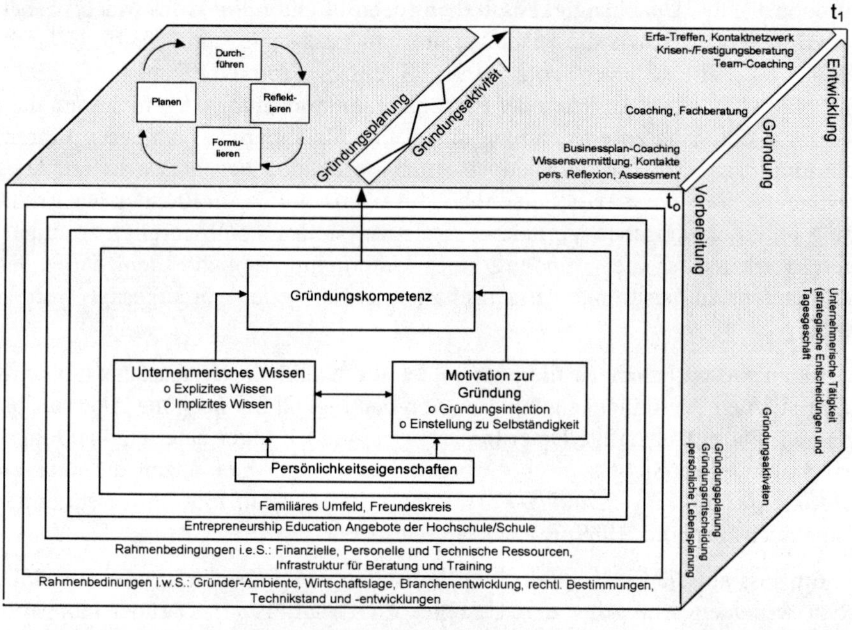

Abbildung 1: Modell der Gründungskompetenz (Kailer, 2005, S. 167)

Dieser Bezugsrahmen geht vom Bochumer Kompetenzmodell aus (Staudt/Kailer/Kriegesmann/Meier/Stephan/Ziegler, 1997). Die Umsetzung von Gründungsabsichten in konkrete Planungen und Gründungshandlungen setzt individuelle Gründungskompetenz voraus. Diese erfordert sowohl unternehmerisches Wissen als auch die Motivation, ein Unternehmen zu gründen oder zu übernehmen. Inwieweit Gründungskompetenz auch zu konkreten Planungs- und

Gründungsaktivitäten führt, wird wiederum dadurch beeinflusst, wie eine Reihe von Rahmenbedingungen (z. B. Vorhandensein von Unterstützungsinfrastruktur, Branchenentwicklung) individuell eingeschätzt wird. Im Folgenden werden die einzelnen Bestandteile des Modells kurz beschrieben.

Das *unternehmerische Wissen* beinhaltet explizite und implizite Wissensbestandteile. Zum *expliziten Wissen* zählen das für den Gründungsvorgang erforderliche Gründungswissen (z. B. Vor- und Nachteile unterschiedlicher Rechtsformen), das für die Führung und Weiterentwicklung des Unternehmens erforderliche Fach- und Methodenwissen sowie sozial-kommunikative Fähigkeiten. Von zentraler Bedeutung ist das *implizite Wissen*, d. h. Praxis- und Berufserfahrung sowie Branchen-Know-how, Erfahrung in der Arbeit in Teams, in der Mitarbeiterführung, Aufgabendelegation, im Führen von geschäftlichen Verhandlungen und Verkaufsgesprächen. Je ausgeprägter die Branchenerfahrung, desto realistischer können Marktinformationen bewertet und in Planungen berücksichtigt werden. Teams mit branchen-, team- und gründungserfahrenen Partnern haben hier einen wichtigen Startvorteil.

Die *Motivation zur Gründung* umfasst die grundsätzliche *Einstellung gegenüber Selbständigkeit* sowie darauf basierend die *zielgerichtete persönliche Gründungsintention.* Erst unternehmerisches Wissen kombiniert mit Gründungsmotivation führt – bei entsprechenden Rahmenbedingungen – zu konkreten Planungs- und Gründungsaktivitäten.

Die *Persönlichkeitseigenschaften* sind dadurch charakterisiert, dass sie nur zum Teil und auch meist nur auf längere Sicht gesehen beeinflussbar sind. Sie üben jedoch einen wichtigen Einfluss auf die Gründungskompetenz und -neigung aus (Shane, 2003). So beeinflusst z. B. die Risikoneigung einer Person ihre Motivation zur Aufnahme einer selbständigen Tätigkeit. Interne Kontrollüberzeugung (internal locus of control) und hohe Selbstwirksamkeitserwartung (self efficacy) führen zu erhöhter unternehmerischer Wachsamkeit (entrepreneurial alertness) und damit zu intensiverem Wahrnehmen unternehmerischer Chancen.

Darüber hinaus wirkt sich eine Reihe von *Rahmenbedingungen* hemmend oder fördernd auf Gründungsneigung und -aktivitäten aus. Dabei können mehrere Einflussebenen unterschieden werden. Das *familiäre Umfeld* prägt die Einstellung gegenüber Selbständigkeit. Studierende aus Familienunternehmen werden häufiger selbst Unternehmer als Studierende mit unselbständig tätigen Eltern. In ähnlicher Weise beeinflussen der *Freundeskreis,* Arbeitskollegen und Arbeitgeber Gründungsentscheidungen. Je intensiver der Kontakt zu Unternehmern, desto größer die Neigung, selbst die unternehmerische Laufbahn zu ergreifen (Kailer, 2007). Schulen, Hochschulen und Weiterbildungseinrichtungen fördern durch inhaltliche und methodisch-didaktische Gestaltung des *Lehrprogramms* eine positive(re) Grundeinstellung gegenüber einer unternehmerischen Tätigkeit (Gibb, 2005) und damit den Wunsch nach Selbständigkeit. Sie vermitteln auch konkrete Fachkenntnisse für eine selbständige Tätigkeit (z. B. Erstellung von Business Plänen) und können Gründungsinteressenten durch Unternehmenspraktika, hochschuleigene Inkubatoren, Business-Plan Wettbewerbe, Mentoring von Gründungsideen, Unterstützung beim Knüpfen von Netzwerkkontakten usw. konkret in ihren Planungsaktivitäten unterstützen.

Unter *Rahmenbedingungen i. e. S.* werden Unterstützungsangebote der Gründungsinfrastruktur (finanzielle, personelle und technische Ressourcen) zusammengefasst. Die breitgefächerte Palette umfasst Training, Coaching, Beratung, Information sowie finanzielle Unterstützung in oft kombinierten Unterstützungspaketen. Ihre Inanspruchnahme bedingt aber zuerst, dass sie wahrgenommen werden. Dies hängt mit der Intentionalität und Intensität unternehmerischer Suchprozesse zusammen. Und schließlich muss die unternehmerische Kosten-Nutzen-Schätzung für das erkannte Leistungsangebot positiv ausfallen. Zu den *Rahmenbedingungen i. w. S.* zählen die Wirtschaftslage, Entwicklungsstand und -trends von Branche und Technologie, aber auch gesetzliche Bestimmungen und deren Veränderungen. So führt z. B. der Abbau von Zugangsbeschränkungen zu bestimmten Berufen oder Märkten häufig zu vermehrten Unternehmensgründungen. Auch hier kommt es darauf an, inwieweit relevante Informationen wahrgenommen und wie sie individuell vom (potentiellen) Unternehmer interpretiert werden, d. h. inwieweit Opportunities erkannt werden.

IV. Empirische Ergebnisse zum Thema Entrepreneurship Education an Hochschulen

In den letzten Jahren wurden auch im deutschsprachigen Raum verstärkt Erhebungen hinsichtlich Gründungspotenzial und Unterstützungsbedarf insbesondere bei Studierenden, aber auch bei Absolventen und Hochschullehrern durchgeführt (Frank/Korunka/Lueger, 2002; Kailer, 2002; Isfan/Moog/Backes-Gellner, 2005). Auf internationaler Ebene wurde 2006 der International Survey on Collegiate Entrepreneurship erarbeitet (Fueglistaller/Klandt/Halter, 2006; Kailer, 2007). Wenn auch diese Erhebungen nur eingeschränkt vergleichbar sind, lassen sich dennoch einige für die Gestaltung von EE Programmen an Hochschulen bedeutsame Erkenntnisse ableiten.

Nur etwa 20 % der Studierenden haben sich bisher noch nie mit der Frage des Selbständigwerdens beschäftigt. Bei fast 10 % ist von einem sehr hohen Gründungspotenzial auszugehen (fester Entschluss bzw. bereits begonnene Realisierung). Darüber hinaus verfügen fast 5 % der Studierenden in Österreich über konkrete eigene unternehmerische Erfahrung (Kailer, 2007, S. 8ff.). Das kurz- bis mittelfristige *Gründungspotenzial von Studierenden* wird in einer Reihe von Studien auf etwa 30 % bis 40 % geschätzt und liegt bei befristet angestellten wissenschaftlichen Mitarbeitern tendenziell noch höher. Studierende an Hochschulen verfügen häufig über teils ausgedehnte *berufliche Erfahrungen* aus Praktika, Mitarbeit in Projekten und Nebenerwerbstätigkeiten. Studierende technischer Studienrichtungen haben praktisch ausnahmslos Berufserfahrung (UnternehmerTUM, 2004). Dies ist aufgrund eines signifikanten Zusammenhanges zwischen (vorheriger) Berufserfahrung und Selbständigwerden von besonderer Bedeutung (BMBF, 2002). *Frauen* sind in allen Studien weniger gründungsbereit bzw. gründen seltener, wobei geschlechtsspezifisch deutlich unterschiedliche Gründungshemmnisse wahrgenommen werden. Von den weitaus meisten Studierenden wird eine *Gründung erst mehrere Jahre nach Studienabschluss* und nach dem Erwerb entsprechenden Praxis- und Branchen-Knowhows als sinnvoll angesehen. Am häufigsten wird ein Zeitraum von etwa zwei bis fünf Jahren Berufserfahrung vor einer eigenen Gründung angepeilt.

Hochschüler streben vorwiegend eine *Teamgründung* an (BMBF, 2002, S. 13; Fueglistaller/Klandt/Halter, 2006). Dabei wird der Wert eines interdisziplinären Gründungsteams mit Bündelung komplementärer Kompetenzen und Erfahrungshintergründe durchaus von einer großen Mehrheit der Studierenden gesehen (Bauer/Kailer, 2003, S. 47f.). In der Praxis zeigt sich jedoch eine Reihe von Problemen: Vorwiegend wird mit Kollegen derselben Studienrichtung bzw. aus dem Freundeskreis gegründet (Schwarz/Grieshuber, 2002, S. 184), d. h. zentrale Kompetenzdefizite werden nicht abgedeckt. Auch unter den Befürwortern von Teamgründungen beklagt fast die Hälfte das Fehlen eines konkreten Teams (Bauer/Kailer, 2003, S. 46).

Unter den *antizipierten Gründungshemmnissen* stehen aus Studierendensicht an der Spitze: (finanzielles) Risiko, fehlendes Eigen- bzw. Fremdkapital, fehlende Business-Idee, fehlende Kunden- und Lieferantenkontakte bzw. fehlende Branchenerfahrung. Insbesondere Studierende in den Bereichen Technik und Naturwissenschaften befürchten auch eine „Gründungsbürokratie“ und weisen auf Defizite im kaufmännisch-rechtlichen Wissen hin. Bei Absolventen stehen fehlendes Kapital, finanzielles Risiko und persönlich-familiäre Gründe an der Spitze der Gründungshemmnisse; weiters zeigt sich, dass eine gute unselbständige Position ein zusätzliches Gründungshemmnis darstellt (Kailer, 2005).

Es überrascht auch wenig, dass Studierende vor allem die vertrauten klassischen *Formen der Wissensvermittlung* wie Vorlesungen und Seminare, ergänzt um branchenspezifische Informationsveranstaltungen, nachfragen. Die Bedeutung von Sozial- und Methodenkompetenz zeigt sich in den Wünschen nach Workshops zu Projektmanagement oder Gründer-Eignungstests. Unabhängig von der Studienrichtung gilt: Je fortgeschrittener die Gründungsabsicht, desto eher werden Maßnahmen, die nahe am realen Gründungsgeschehen ansetzen und direkte Unterstützung bieten, nachgefragt (Bauer/Kailer, 2003, S. 32ff.;

Kailer, 2007, S. 20ff.), wie z. B. Gründungs-Coaching und Seminare zur Erstellung von Businessplänen.

Hinsichtlich *Organisation und Struktur der EE an Hochschulen* liegen einige nicht repräsentative Erhebungen und Sammlungen von cases of best practice vor: Eine Befragung europäischer Hochschulen und Busines Schools (Wilson, 2004) ergab einen markanten Zuwachs an Entrepreneurship-Zentren und einen Fokus extramuraler Aktivitäten auf Coaching von Jungunternehmern, Businessplanwettbewerbe, Praktikantenprogramme und Inkubatoren. Defizite werden im Bereich fächer- und hochschulübergreifender Programme sowie der Einbeziehung externer Experten (Schmude, 2001) geortet. Nach der Erhebung von Isfan/Moog/Backes-Gellner (2005, S. 348) unterstützt nur etwa die Hälfte aller Professoren gründungswillige Mitarbeiter und Studierende, und zwar insbesondere dann, wenn sie selbst über eigene außeruniversitäre Berufs- und Gründungserfahrung verfügen.

V. Gestaltungsvorschläge für Entrepreneurship Education i. e. S. an Hochschulen

Im Folgenden werden vor dem Hintergrund des in Abbildung 1 dargestellten Modells der Gründungskompetenz und der im Überblick dargestellten empirischen Befunde Vorschläge für die Gestaltung eines hochschulweiten EE Konzeptes abgeleitet.

1. Curriculumdesign

Entrepreneurial Learning

Das Lernen unternehmerisch zu handeln bzw. das Lernen im unternehmerischen Kontext ist stark an experiential learning und action learning ausgerichtet. Die Veranstaltungen sind deshalb nicht nur in der Absolventenweiterbildung, sondern bereits im Erststudium anwendungs- und umsetzungsorientiert auszurichten. Besonders wichtig ist ein methodisch-didaktischer Aufbau, der die praktische Anwendung des Gelernten und eine Reflexion der Anwendungserfahrungen systematisch unterstützt und eine Kompetenzentwicklung auf fachlicher, methodischer und sozial-kommunikativer Ebene fördert. Dies erfordert ein interdisziplinär zusammengesetztes Lehrpersonal mit einschlägiger Praxiserfahrung sowie systematische Arbeit in (möglichst interdisziplinär zusammengesetzten) Teams und eine breite Palette von Veranstaltungsangeboten von der klassischen Wissensvermittlung über selbstgesteuertes Erarbeiten der Inhalte bis zu Angeboten für Team-Building und Selbst-Entwicklung (Pinkwart, 2000; Brauckmann, 2001; Neubauer, 2003).

Ziel: Herausarbeitung einer Erfolg versprechenden Gründungsidee

Gut belegt ist ein signifikanter Zusammenhang zwischen der Einstellung zum Selbständigwerden, dem Vorhandensein einer Gründungsidee und der Intensität der gesetzten Gründungsaktivitäten. Ein Angebot über die gesamte Studiendauer hinweg, z. B. Veranstaltungen und Instrumente zur Prüfung des unternehmerischen Potenzials, zur Generierung von Gründungsideen sowie ein den Gründungsprozess begleitendes Unterstützungsangebot, beeinflusst die Motivation zum Selbständigwerden positiv. Gerade Studierende technischer Studienrichtungen entwickeln – meist ohne Gründungsabsicht – Prototypen im Rahmen akademischer Qualifizierungsarbeiten. Es ist deshalb wichtig, die Markttragfähigkeit der Innovationen zu überprüfen. Hier bietet sich als zentrale Fördermaßnahme die Erarbeitung von Businessplänen an.

Ansatzpunkt: (Antizipierte) Gründungshemmnisse

Bei der inhaltlichen Gestaltung sollte bei den antizipierten Gründungshemmnissen angesetzt werden: Eine Übersicht über das bestehende Unterstützungsangebot finanzieller, infrastruktureller und personeller Art sowie über Kontaktbörsen und Netzwerke und über Patente und Schutzrechte kann im Rahmen von Lehrveranstaltungen gegeben werden. Dies ist deshalb wichtig, da Nichtnutzung dieser Angebote meist auf Unkenntnis zurückzuführen ist (UnternehmerTUM, 2004). Reine Informationen über vorhandene Maßnahmen wirken sich jedoch kaum auf die Gründungsintention aus (Franke/Lüthje, 2002). Durch persönliche Erstkontakte, z. B. durch in Veranstaltungen miteinbezogene externe Experten, Venture Capitalists, Gründungsberater und Business Angels sowie durch aktive Informationssuche im Zuge der Erstellung von Businessplänen, wird die Vielfalt der Unterstützungsmaßnahmen deutlich nachhaltiger bewusst gemacht.

Kontakte zu Unternehmern

Signifikant ist auch der Zusammenhang von Gründungsabsicht und dem Kontakt zu Unternehmensgründern im persönlichen Umfeld. Dies zeigt die zentrale Bedeutung von Maßnahmen zur Intensivierung von Kontakten zwischen Jungunternehmern und Studierenden während der gesamten Studiendauer auf, z. B. in Form von Praxisvorträgen und -diskussionen, Kontaktaufnahmen durch Feldinterviews, Hospitanten- und Praktikantenprogramme, Aufnahme von Gründungsinteressierten in Jungunternehmernetzwerke und gezielte Vergabe von Diplomarbeiten in Zusammenarbeit mit der Praxis.

Zusammenführung unterschiedlicher Kompetenzen (Teambildung)

Neben der individuellen Kompetenzentwicklung stellt die Unterstützung bei der Entwicklung eines breiten Kompetenzportfolios durch gezielte Zusammenstellung von Gründerteams ein zentrales Förderinstrument dar. Daraus ergeben sich mehrere Ansatzpunkte:

- generelle Entwicklung der Teamfähigkeit durch entsprechende methodisch-didaktische Gestaltung der Veranstaltungen (z. B. Teamprojekte und -trainings),
- Tests, Fremd- und Self-Assessment hinsichtlich des individuellen Interessens- und Kompetenzprofils und der Teamfähigkeit (Erpenbeck/von Rosenstiel, 2003),
- Unterstützung bei der Suche nach praxis- und führungserfahrenen Partnern.

Insbesondere unter dem Aspekt der Förderung technologieorientierter Gründungen erscheint eine Zusammenführung technischer, betriebswirtschaftlicher und juristischer Kompetenzen sinnvoll. Dies kann durch gemeinsame Projektarbeit von Studierenden unterschiedlicher Studienrichtungen stattfinden, gegebenenfalls unter Einbeziehung von Unternehmern und Venture Capital-Gebern (VC), die Projektideen, Fachexpertise, Mentoring bzw. Kapital bereitstellen. Da insbesondere praxiserfahrene Personen von außerhalb der Hochschule selten in Teams einbezogen werden (Kailer, 2007, S. 12), sollten entsprechende Kontakte besonders intensiviert werden.

Modular aufgebauter Studienplan

Hinsichtlich der in den Studierenden- bzw. Absolventenerhebungen geäußerten inhaltlichen Bedarfe ist zu prüfen, inwieweit diese in den jeweiligen Studienplan eingebaut werden können (Freifächer, Wahlpflichtfächer). Von studentischer Seite kommt gerade einer Anrechenbarkeit der EE Lehrveranstaltungen für das eigene Studium hohe Bedeutung zu. Andererseits ist mit Widerständen gegen eine Kürzung anderer Lehrveranstaltungen zugunsten von Entrepreneurship-Inhalten zu rechnen. Als möglicher Ausweg können ergänzende Module außerhalb des Pflichtcurriculums bzw. die Verlagerung in das Weiterbildungsangebot ins Auge gefasst werden. Bei Weiterbildungsprogrammen ist eine Bandbreite von Einzelmaßnahmen (Workshops, Blockseminaren) bis zu post-gradualen Weiterbildungskursen (z. B. Entrepreneurship-MBA) denkbar. Empfehlenswert ist ein modular gestufter Aufbau, um auf unterschiedliche Interessen und Vorkenntnisse Rücksicht nehmen zu können.

Berücksichtigung von Kosten-Nutzen-Überlegungen der Interessenten

Sowohl im Studien- als auch im Weiterbildungsangebot ist die Möglichkeit einer Zertifizierung dieser neuen Kompetenzen für die Befragten wichtig: Im Grundstudium spielt die Frage der Anrechenbarkeit als Pflicht-, Wahlpflicht- oder Freifach eine nicht zu vernachlässigende Rolle (BMBF, 2002, S. 40; Bauer/Kailer, 2003, S. 412ff.). Insbesondere wenn interdisziplinäre Studierendenteams miteinander arbeiten, sollte eine Anrechnung für alle Studienrichtungen gesichert sein. Dies erfordert inner- und eventuell auch interuniversitäre Absprachen. Auch für (zukünftige) Jungunternehmer, die Weiterbildungsveranstaltungen im Rahmen einer „Gründerakademie" besuchen, spielt eine Zertifizierung als Kompetenznachweis gegenüber Banken und VC-Gebern eine wichtige Rolle. Aus Akzeptanzgründen ist hier eine Miteinbeziehung von Banken, Business Angels, Netzwerken und anderen externen Unterstützungseinrichtungen sinnvoll.

2. *Zielgruppenspezifische Ausrichtung*

EE im engeren und im weiteren Sinn

Generell ist davon auszugehen, dass ein einheitlich gestaltetes Entrepreneurship-Programm an Hochschulen nicht zielführend ist, da sehr unterschiedliche Zielgruppen zu bedienen sind. Grundsätzlich sind Angebote für *Gründer und Nachfolger sowie Jungunternehmer* (EE i. e. S.) von Angeboten für die Ausbildung von *Gründungsberatern, -trainern und -coaches* oder zur Sensibilisierung von *Multiplikatoren* (PR-Experten, Journalisten, Mitarbeiter in Interessensvertretungen) (EE i. w. S.) zu unterscheiden. Für (zukünftige) Gründungsberater können optionale Zusatzprogramme angeboten werden. Für Zielgruppen wie Meinungsbildner, Journalisten, Vertreter der Politik, Business Angels, VC-Geber, Gründungsexperten aus externen Institutionen des regionalen Netzwerkes wird eher ein kürzeres Übersichtsangebot sowie deren Einbeziehung in das Lehrprogramm und weiterführende Outreach-Aktivitäten wie Aufbau eines Expertennetzwerkes, gemeinsame Veranstaltungen und Projekte in Kooperation von Praxis und Hochschule geeignete Ansatzpunkte darstellen.

Konzentration auf „Gründungsfreudige"

Die nach Studienrichtung, Studienabschnitt und familiärem Umfeld unterschiedliche Gründungsneigung legt eine Konzentration auf „gründungsfreudige" Zielgruppen nahe. So können die Aktivitäten in der Hoffnung auf schnelle Gründungserfolge und „Ausstrahlungseffekte" vorerst auf Studienrichtungen mit hohem generellen Gründungspotenzial ausgerichtet werden (z. B. Betriebswirtschaft, Wirtschaftsinformatik). Zu berücksichtigen ist jedoch, dass die öffentlichen Unterstützungsprogramme im akademischen Bereich vorwiegend auf technikorientierte und „High-Tech"-Gründungsvorhaben fokussieren (z. B. das AplusB-Programm). Sinnvoller als eine reine Ausrichtung auf Studienrichtungen, Branchen oder Standorte erscheint die Strategie, gezielt gründungswillige Personen zu identifizieren, ihre Gründungsideen und -kompetenzen einem kritischen Selbst- bzw. Fremd-Assessment zu unterziehen, um diesen anschließend gezielte Unterstützung anzubieten. Dazu können geeignete Tests zur Prüfung des unternehmerischen Potenzials eingesetzt werden (Erpenbeck/von Rosenstiel, 2003; Müller, 2002; Lang-von Wins, 2004). Bei Wissenschaftern legen die Ergebnisse von Kriegesmann (2000) eine Konzentration auf Personen mit befristeten Verträgen nahe. Bei Studierenden ist zu beachten, inwieweit die Studienordnungen eine Selektionsmöglichkeit hinsichtlich Entrepreneurship-Potenzial zulassen. Bei fehlenden Eingangsvoraussetzungen muss verstärkt auf Selbstselektion durch Self-Assessment-Angebote gesetzt werden.

Übernehmer als spezielle Zielgruppe

Der Wunsch, ein bestehendes Unternehmen zu übernehmen, ist generell geringer ausgeprägt. Ein spezielles Informationsangebot zu Chancen und Risiken von Unternehmensübernahmen, der Aufbau eigenständiger Nachfolgebörsen (wo Übergabewillige in Kontakt mit übernahmeinteressierten Studierenden und Absolventen gebracht werden) sowie begleitende Beratung in der Übernahmephase stellen geeignete Ansatzpunkte dar. Da dabei eigene Praxis-, Branchen- und Führungserfahrung einen besonders hohen Stellenwert haben, sollte hier auf Absolventen fokussiert werden. Inhaltlich wird insbesondere auch der Unterstützung bei der Ermittlung des Unternehmenswertes und dem Assessment der erforderlichen und vorhandenen persönlichen Kompetenzen eine besondere Bedeutung zukommen.

Unterstützungsprogramm für Frauen

In den erwähnten Studien zeigt sich durchgehend bei Frauen eine geringere Gründungsabsicht. Entsprechend der speziell von Frauen genannten Gründungshemmnisse sollte bei einem Unterstützungsangebot ein Schwerpunkt auf dem Aufbau von Netzwerken sowie Begleitung durch Mentoren liegen.

Absolventen als wichtige Zielgruppe

Die überwiegende Zahl erachtet eine Gründung erst mehrere Jahre nach Studienabschluss als sinnvoll. Meist gehen die befragten Studierenden bzw. Wissenschafter von einer Latenzzeit von drei bis fünf Jahren nach Studienabschluss aus, in der Praxiserfahrung erworben wird. Dies zeigt die Notwendigkeit der Ausdehnung der Unterstützungsaktivitäten der Hochschulen auf die Zielgruppe der Absolventen auf. Dabei wird sinnvollerweise mit regionalen Unterstützungseinrichtungen kooperiert. Ergänzend ist der Wert von Alumni-Netzwerken auf Institutsebene nicht zu unterschätzen, da der überwiegende Teil der Absolventen Institutskontakte aufrecht hält (Holzer/Adametz, 2003, S. 20). Eine Unterstützung von Spin-Offs ist auch in Inkubatoren und Gründerzentren der Hochschulen möglich (Walger/Schencking, 2001).

3. *Evaluierung*

Als besonderes Defizit im Bereich der EE ist die Evaluierung der Maßnahmen und Konzepte einzustufen (Storey, 2000; Stampfl/Hytti, 2002). Es liegen praktisch keine Längsschnittstudien vor. Falls überhaupt evaluiert wird, konzentriert sich dies auf Input-Evaluation, Teilnahmestatistiken, Erhebung der Teilnehmerzufriedenheit und Einstellungsveränderungen (Schmude, 2001). Analysen der Berufswege der Absolventen sind selten, zu resultierenden Gründungszahlen bzw. zum längerfristigen wirtschaftlichen Erfolg dieser Unternehmen liegen nur in Ausnahmefällen Informationen vor. Unter dem Gesichtspunkt eines effizienten und effektiven Einsatzes der beschränkten Fördermittel ist jedoch eine entsprechende Evaluierung dringend erforderlich.

4. *Organisatorische Eingliederung*

Da meist eine hochschulweite Ausstrahlung mit entsprechender Auswirkung auf die Gründungszahlen angestrebt wird, ist die Frage der organisatorischen Eingliederung von hoher Bedeutung. Am häufigsten sind bisher Entrepreneurship-Lehrstühle an wirtschaftswissenschaftlichen Fakultäten eingerichtet (Schmude, 2001), was die Lehr- und Forschungskapazität hier bindet und eine weitere Ausstrahlung an Kapazitätsgrenzen stoßen lässt. Neben einem reinen Fokus auf die Wirtschaftsfakultät wird – in unterschiedlichem Ausmaß – meist versucht, auch für andere Fakultäten bzw. regional hochschulübergreifend Angebote zu entwickeln (Moog, 2005). Anzutreffen ist auch eine Trennung in einen Lehrstuhl mit Lehr- und Forschungstätigkeit sowie ein ergänzendes Entrepreneurship-Zentrum, das sich auf Outreach-Aktivitäten mit Weiterbildung, Beratung und gegebenenfalls auch finanzieller Unterstützung für Klein- und Mittelbetriebe und Jungunternehmer durch einen hochschuleigenen VC-Fonds konzentriert. In einigen Fällen wurde auch ein fakultätsübergreifendes interdisziplinäres Entrepreneurship-Zentrum eingerichtet.

Unabhängig von der Gestaltungsform ist die Kooperation mit den regionalen Unterstützungsnetzwerken von besonderer Bedeutung. Dabei kann dem Universitätsinstitut eine Rolle als Moderator oder eine neutrale Filterfunktion zukommen. Das Netzwerk kann auch durch Gründungsforschungsprojekte (z. B. Bedarfserhebungen, Evaluation) unterstützt werden.

Moog (2005) arbeitete in ihrer best practice Studie eine Reihe von Gemeinsamkeiten heraus, aus denen (zukünftige) Herausforderungen für die Gestaltung von EE-Konzepten auf Hochschulebene abgeleitet werden können:

- Langfristigkeit des Angebotes (koordinierte Programme anstatt Einzelaktionen),
- Vielfalt des Angebotes (Anzahl, inhaltlich differenziertes Kursangebot),
- hochschulweite Angebote (für alle Zielgruppen von Undergraduate bis PhD und Alumni),
- Einbettung in unterstützende Netzwerke,
- stetige Weiterentwicklung und Ausbau im Sinne einer Gesamtstrategie der Hochschule,
- aktive Unterstützung durch Rektoren und Dekane,
- Interdisziplinarität des Lehrkörpers, Kooperation zwischen Fakultäten,
- begleitende Entrepreneurshipforschung, deren Ergebnisse in die Programmgestaltung miteinfließen,
- gute finanzielle Ausstattung durch Hochschule und/oder Drittmittel,
- hochschuleigene Initiative zur finanziellen und sonstigen Unterstützung von Spin-offs durch eigene Seed-Capital Fonds, Inkubatoren oder Gründerzentren,
- aktive Vermarktung des geistigen Eigentums durch Lizenzvergabe (durch Technologietransfer- und Lizenzbüros),
- finanzielle Beteiligungen der Hochschule an Spin-offs, die langfristig zu Einnahmen führen.

VI. Abschließende Anmerkung

Das Potenzial von gründungs- und übernahmewilligen und -fähigen Studierenden ist vorhanden. Die effektive und effiziente Gestaltung ihrer Aus- und Weiterbildung sowie Unterstützung seitens der Hochschule setzt jedoch die Erstellung eines Gesamtkonzeptes vor dem Hintergrund der Entwicklung hin zur entrepreneurial university (Gibb, 2005) voraus. Intensive Kooperation mit Einrichtungen der Gründungsinfrastruktur, gezielte Einbeziehung externer Expertise und die Schaffung entsprechender Rahmenbedingungen sind als kritische Erfolgsfaktoren anzusehen.

Literatur

Achleitner, A.-C. / *Kaserer*, C. / *Jarchow*, S. / *Wilson*, K. (2007): Entrepreneurship Education in German Speaking Europe, in: Working Paper 2007-1, Center for Entrepreneurial and Financial Studies, Technische Universität München.

Baucus, D. A. / *Human*, S. E. (1994): Second-Carreer Entrepreneurs, A Multiple Case Study Analysis of Entrepreneurial Processes and Antecedent Variables, in: Entrepreneurship Theory and Practise, 19/2, pp. 41–71.

Bauer, U. / *Kailer*, N. (2003): Gründungsneigung von Technikern am Beispiel der Technischen Universität Graz und ausgewählten Wirtschaftsingenieurstudiengängen, in: Schriftenreihe BWL Education & Research, 7, Graz.

Beckmann, A. (1998): Über die Interdisziplinarität einer sich entwickelnden Wissenschaftsdisziplin, in: Kölner Zeitschrift für Wirtschaft und Pädagogik, 13/24, S. 99–124.

BMBF – Bundesministerium für Bildung und Forschung (Hrsg.) (2002): Studierende und Selbständigkeit – Ergebnisse der EXIST-Studierendenbefragung, in: EXIST-Studien, 2, Bonn.

Bögenhold, D. (1989): Die Berufspassage in das Unternehmertum. Theoretische und empirische Befunde zum sozialen Prozess von Firmengründungen, in: Zeitschrift für Soziologie, 18/4, S. 263–281.

Braukmann, U. (2001): Wirtschaftsdidaktische Förderung der Handlungskompetenz von Unternehmensgründerinnen und -gründern, in: Koch, L. / Zacharias, C. (Hrsg.): Gründungsmanagement, München, S. 79–94.

Cromie, S. / *O'Donaghue*, J. (1992): Assessing Entrepreneurial Inclinations, in: International Small Business Journal, 10/2, pp. 66–73.

Erpenbeck, J. / *von Rosenstiel*, L. (Hrsg.) (2003): Handbuch Kompetenzmessung, Stuttgart.

Europäische Kommission, GD Unternehmen (Hrsg.) (2002): Hightech-KMU in Europa, Beobachtungsnetz der europäischen KMU 2002, 6, Brüssel.

European Commission, Enterprise Directorate-General (2004): Final Report of the Expert Group „Education for Entrepreneurship“, Brussels.

Frank, H. / *Korunka*, C. / *Lueger*, M. (2002): Entrepreneurial Spirit, Unternehmerische Orientierung und Gründungsneigung von Studierenden, Wien.

Franke, N. / *Lüthje*, C. (2002): Studentische Unternehmensgründungen – dank oder trotz Förderung?, in: Schmalenbachs Zeitschrift für betriebswirtschaftliche Forschung, 54/2, S. 96–112.

Frick, S. et al. (1998): Möglichkeiten zur Verbesserung des Umfeldes für Existenzgründer und Selbständige. Wege zu einer neuen Kultur der Selbständigkeit, Untersuchung des Rheinisch Westfälischen Instituts für Wirtschaftsforschung, 25, Essen, S. 47–48.

Fueglistaller, U. / *Klandt*, H. / *Halter*, F. (2006): International Survey on Collegiate Entrepreneurship, St. Gallen / Oestrich-Winkel.

Gibb, A. (2005): Towards the Entrepreneurial University, National Council for Graduate Entrepreneurship Policy Paper, 3, Birmingham.

Gutschelhofer, A. / *Kailer*, N. (2002): Stiftungslehrstuhl für Unternehmensgründung an der Universität Linz – Konzept und aktueller Realisierungsstand, in: Buchinger, S. (Hrsg.): Gründerland Österreich, Wien, S. 121–135.

Hills, J. (1998): Variations in University Entrepreneurship Education – An Empirical Study of an Evolving Field, in: Journal of Business Venturing, 3/2, pp. 109–122.

Holzer, F. / *Adametz*, C. (2003): TUG-AbsolventInnenbefragung 2003, Endbericht, Technische Universität Graz.

Isfan, K. / *Moog*, P. / *Backes-Gellner*, U. (2005): Die Rolle der Hochschullehrer für Gründungen aus deutschen Hochschulen – erste empirische Erkenntnisse, in: Achleitner, A.-K. / Klandt, H. / Koch, L. / Voigt, K.-I. (Hrsg.): Jahrbuch Entrepreneurship – Gründungsforschung und Gründungsmanagement 2004/05, Heidelberg, S. 339–362.

Kailer, N. (2002): Studierende als Gründer – Gründungspotenzial, Gründungsaktivitäten, Unterstützungswünsche, in: IGA Zeitschrift für Klein- und Mittelunternehmen (Internationales Gewerbearchiv), 50/3, S. 161–173.

– (2005): Unternehmensgründung und -übernahme durch Hochschulabsolventen – Empirische Ergebnisse, Problemfelder, Unterstützungsmaßnahmen, in: ibw Mitteilungen, 5/2005, www.ibw.at.

– (2007): Gründungspotenzial und -aktivitäten von Studierenden an österreichischen Hochschulen – Austrian Survey on Collegiate Entrepreneurship, IUG-Arbeitsbericht 2007-3, Johannes Kepler Universität Linz.

Kenney, M. (2000): Understanding the Silicon Valley, The Anatomy of an Entrepreneurial Region, Stanford.

Klandt, H. (1984): Aktivität und Erfolg der Unternehmensgründer, Bergisch Gladbach.

Klandt, H. / *Knaup*, B. (2004): FGF Report Gründungs-Lehrstühle in Deutschland 2004, hrsg. vom Förderkreis Gründungs-Forschung, Köln et al.

Koch, L. (2003): Unternehmerausbildung an Hochschulen, in: Zeitschrift für Betriebswirtschaft, Ergänzungsheft 2, S. 25–45.

Kriegesmann, B. (2000): Unternehmensgründungen aus der Wissenschaft, in: Zeitschrift für Betriebswirtschaft, 70/4, S. 397–414.

Lang-von Wins, T. (2004): Der Unternehmer – Arbeits- und organisationspsychologische Grundlagen, Berlin.

Lück, W. / *Böhmer*, A. (1994): Entrepreneurship als wissenschaftliche Disziplin in den USA, in: Zeitschrift für betriebswirtschaftliche Forschung, 46/5, S. 403–420.

Moog, P. (2005): Good Practice in der Entrepreneurship-Ausbildung – Versuch eines internationalen Vergleichs, Studie für den FGF, Bonn.

Mugler, J. (2004): Klein- und Mittelunternehmen in europäischer Perspektive, in: Achleitner, A.-K. / Klandt, H. / Koch, L. / Voigt, K.-I. (Hrsg.): Jahrbuch Entrepreneurship 2003/04, Berlin, S. 249–268.

Müller, G. (2002): Fragebogen zur Diagnose unternehmerischer Potenziale (F-DUP), erweiterte Version, Landau.

Neubauer, H. (1998): Lernziele als Bausteine in der Unternehmerausbildung, in: Pleitner, H. J. (Hrsg.): Renaissance der KMU in einer globalisierten Wirtschaft, Rencontres de St. Gall 1998, St. Gallen, S. 303–322.

– (2003): Unternehmerqualifizierung und Unternehmerausbildung, in: Zeitschrift für Betriebswirtschaft, Ergänzungsheft 2, S. 1–23.

Pinkwart, A. (2000): Entrepreneurship als Gegenstand wirtschaftswissenschaftlicher Ausbildung, in: Buttler, G. et al. (Hrsg.): Existenzgründung – Rahmenbedingungen und Strategien, Heidelberg, S. 179–209.

Pinkwart, A. / *Richert*, B. (o. J.): Förderung und Qualifizierung von Unternehmensgründern an Hochschulen, in: Materialien zur Mittelstandsökonomie, 1, Siegen.

Schauer, R. / *Kailer*, N. / *Feldbauer-Durstmüller*, B. (Hrsg.) (2005): Mittelständische Unternehmen – Probleme der Unternehmensnachfolge, Linz.

Schmitz, F. (2001): Beschäftigungseffekte von Unternehmensgründungen, in: Volkswirtschaftliche Schriften, 512, Berlin.

Schmude, F. (2001): Gründungsforschung und Unternehmerausbildung an Hochschulen, in: Zeitschrift für Klein- und Mittelunternehmen, 49/2, S. 89–104.

Schwarz, E. / *Grieshuber*, E. (2002): Unternehmensgründung als Berufsalternative österreichischer Studierender – Meinung, Verhalten und mögliche Realisationsformen, in: Buchinger, S. (Hrsg.): Gründerland Österreich, Wien, S. 169–189.

Shane, S. (2003): A General Theory of Entrepreneurship – The Individual-Opportunity Nexus, Cheltenham.

Shaver, K. G. / *Scott*, L. R. (1991): Person, Process, Choice: The Psychology of New Venture Creation, in: Entrepreneurship Theory and Practice, 16/4, pp. 23–45.

Stampfl, C. / *Hytti*, U. (2002): Entrepreneurship als Herausforderung an das Bildungswesen. Ansätze in Österreich und europäischer Vergleich, in: ibw-Schriftenreihe, 123, Wien.

Staudt, E. / *Kailer*, N. / *Kriegesmann*, B. / *Meier*, A. / *Stephan*, H. / *Ziegler*, A. (1997): Kompetenz und Innovation, in: Reihe Innovation: Forschung und Management, 10, Bochum.

Storey, D. (2000): Six Steps to Heaven: Evaluating the Impact of Public Policies to Support Small Businesses in Developed Economies, in: Sexton, D. / Landström, H. (eds.): Handbook of Entrepreneurship Research, Oxford, pp. 177–193.

UnternehmerTUM (Hrsg.) (2004): Unternehmerkultur-Index 2004 – Befragung unter Studierenden und wissenschaftlichen Mitarbeitern der Technischen Universität München, München.

Walger, G. / *Schencking*, F. (2001): Kompetenzentwicklung von Existenzgründern – Grundformen und Realisierungsbeispiele, in: Reihe QUEM Report, 72, Berlin.

Wilson, K. (2004): Enterpreneurship Education at European Universities and Business Schools – Results of a Joint Pilot Survey, edited by EFER / EFMD, Brussels.

The Internationalization of Postgraduate Entrepreneurship Education: The Case of EDP

By *Bengt Johannisson*, Växjö, and *José Mª Veciana*, Barcelona

I. The Search for Quality in Academia in an International Context

Quality is a tricky concept that has to be negotiated continuously. On one hand, it may be associated with the inaccessible domains of tacit knowledge on which Pirsig (1974) reflects in his 'Zen and the Art of Motorcycle Maintenance'. On the other hand, over the last decades quality has been associated with systematic attempts by management to expand its domain of control. The ISO standardisation system crowns this work. Adopting a pragmatic approach we argue that traditionally 'quality' as used in the academic world / academia has mainly been associated with advanced research, i. e. scientific texts that appear as thorough, well-founded and innovative and consequently are frequently cited. Society is assumed to benefit from independent research, whether or not knowledge is put to use outside the academic community.

The field of entrepreneurship and small business is a latecomer on the academic research arena. However, once having entered the scene it has expanded very fast, e. g. in terms of the number of chairs that have been created. In many national contexts entrepreneurship and small business is the fastest growing (sub) discipline within business administration. The research field has also become increasingly institutionalised, as indicated by the large number of international scientific journals, conferences and joint research projects (cf. e. g. Johannisson/Landström, 1999). Now at the beginning of the new millennium its academic maturity is reflected in an ongoing paradigmatic battle where the (so far) dominating realist ontology accompanied by a nomothetic methodology is being challenged by a nominalist ontology and an associated ideographic methodology.

This expansion of entrepreneurship and small business as an academic field is not primarily the outcome of visionary university leaders, but rather the result of curious and committed teachers/researchers, generous entrepreneurs who have endowed chairs and regional stakeholders with a strong concern for wealth creation and job generation. The mainly external financing of the field of entrepreneurship and small business as an academic subject area seems to have caused doubt concerning the integrity and thus the quality of the research in the field. In order to acquire academic legitimacy – one of the major problems that our field faces (Veciana, 2000) – entrepreneurship and small business research has to prove itself both inside and outside its own domain. This means that entrepreneurship researchers have to publish also in non-entrepreneurship journals and adopt frameworks and methodologies adopted in other academic constituencies in order to be fully recognised.

The potential contribution to society of academic activity in the field of entrepreneurship and small business is, however, too significant to be restricted to the academic arena. Contemporary 'knowledge society' and associated professionalisation of working life underline that most people outside the universities regard them as mainly educational institutions. Educational activities also dominate the agenda and budget of most universities. Consequently, many countries have decentralised their academic systems in order to be able to more efficiently attract students with diverse social backgrounds and energise the regions concerned. Entrepreneurial programmes then appear at young and small universities, where resistance to change is relatively weak. Today the field of academic teaching in entrepreneurship and small business has become institutionalised as well, for example by offering national and international conferences, such as the IntEnt annual conference.

In the context of education it is even more difficult to state quality criteria than in (scientific) research. The major stakeholders in education, that is the teachers and the students, often have different opinions about what kind of training benefits the students best in the short and in the long run. Teachers and students thus must negotiate their relationship. Depending on what roles teachers and students take on, alternative images of quality as regards education thus apply. Table 1 classifies such optional role pairs.

Table 1: Alternative Images of the Teacher-Student Relationship

Process / **Knowledge**	**Dialogue**	**Monologue**
Defined by the teacher	Master / Disciple	Expert / Client
Defined by the student	Supplier / Customer	Entertainer / Audience

The vertical dimension of the model states who, the teacher or the student, defines what is considered to be relevant knowledge. The horizontal dichotomy concerns what principle guides the communication between the teacher and the student: 'genuine' dialogue or a teacher monologue. The upper left cell represents the 'ideal' setting from the point of view of academia, depicting the teacher as sharing his wisdom with the disciples. As junior partners the students are invited to a dialogue concerning emergent issues, successively making them into members of the academic community of practice. The opposite cell along the diagonal in contrast presents the student collective as a passive audience expecting the teacher to entertain them. The remaining two cells both provide instrumental images of knowledge sharing. The upper right cell presents the authoritarian context for teaching dominating those historical times when academic and other educational institutions were created to discipline young people. The bottom left cell appropriates a model from industrial marketing – the students act as critical customers and the teachers, and with them the overall (academic) educational system, have to deliver whatever is negotiated.

Contextual factors including prevailing attitudes to (higher) education in society, the level of education ((post-)graduate/undergraduate), the organiser of the education (public/private) and the availability of intellectual and financial resources define what role relationship is adopted. In Sweden, where a high portion of the high-school students are invited to primarily public universities, the entertainer/audience combination seems to dominate teaching within the social sciences, at least on the undergraduate level. In other national contexts, where private schools are more frequent, such as the UK or the US, the supplier/customer relationship presumably guides quality control. Generally, the students dominate the agenda proposing quality criteria such as application frequencies, attendance statistics and course evaluations.

With universities becoming increasingly involved in society a concern for the quality of the research pursued and the education provided is no longer sufficient for a general appreciation of academic activity. The increased recognition of higher education in economic and societal development is for example reflected in a wider spatial distribution of academic institutions. In Sweden it is laid down by law that universities should carry out what is addressed as a 'third assignment' in addition to their traditional obligations, i. e. research and education (cf. Brulin, 1998). Also in for example Spain the relationship between universities and society has become an issue of great concern. Universities are thus expected to take an active part in an ongoing dialogue with different local and regional stakeholders, not just when invited but also on their own initiative. In order to facilitate this exchange a number of liaison functions have been created in the proximity of the universities. This instrumental view of the role of higher education and research in society obviously challenges existing traditions within academia. Not surprisingly, young and small universities again appear as more alert than older and larger ones when it comes to include this new task in their action repertoire. Mature universities are held back by their own history, while young universities search arenas where they can demonstrate their emerging capabilities.

For several reasons this additional third task or 'community dialogue' has put the searchlight on the adaptation of education and research to the needs of society, the transfer of knowledge and the SMEs. First, academic spin-offs, new high-tech firms and SMEs dominate the business structure in an entrepreneurial economy. Second, while corporations and public institutions control the resources and competencies needed to identify and absorb academic knowledge, SMEs need help to develop these two capabilities. Third, a genuine dialogue is needed to bridge the gap between formal knowledge provided by academic institutions and the experientially acquired insights that practitioners embody, generally but particularly in small firms.

Academic quality may be associated with either of the three building blocks of modern academic life: research, education and 'community dialogue'. However, such an unidimensional view in our mind communicates a too restricted image of quality in the academic context. Universities are unique because they deal simultaneously with all the three tasks. Other institutions may specialise in either research or education or bridge between academia and other constituencies. Therefore the capability to integrate research, education and community dialogue should be paramount in universities. Specifically we argue that whatever quality criterion is applied, it should concern the very relationships between research, education and 'community dialogue' (Figure 1). That is, however advanced the research, however appreciated the education, however sensitive the dialogue with community stakeholders, only considerate and elaborate relations between all the three kinds of academic activity will provide proper quality.

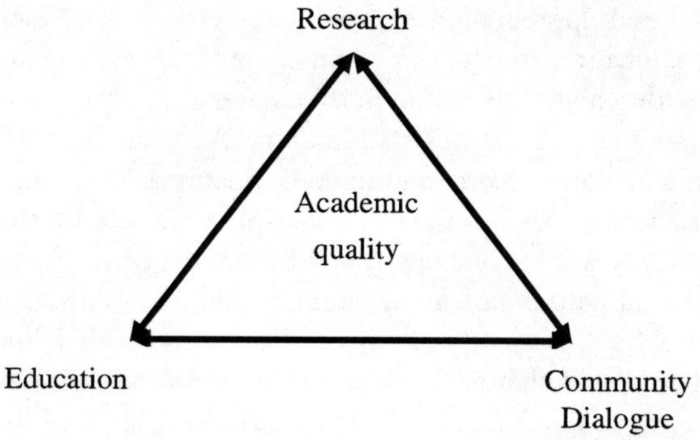

Figure 1: Quality in Academia – a Relational Focus

In order to match the quality standards a university is expected to embed educational activities in research, implying not only that teaching is theoretically well founded but also that teachers/researchers practise the same kind of alertness they expect the students to demonstrate. Society is thus not only considered as a general context for specialised research or as a recipient of educated students but also as a provider of intriguing challenges and of tacit knowledge that supplements academic, articulated knowledge. This view suggests that any academic teaching or research programme should open up for community dialogue. The concern for what was previously generally addressed as the need for 'relevance' of academic work in a broader societal setting must today be explicitly dealt with and integrated in any academic research or teaching effort. If we recognise that all knowledge is local, that is dependent on context, the combined impact of the university as a research setting and as an educational institution as well as the relations to (local) stakeholders must be considered when quality issues are dealt with.

II. Academic Quality in the Context of Entrepreneurship and Small Business Management

Quality issues are especially challenging within the realm of Entrepreneurship and Small Business Management studies. Usually these fields are collapsed into one in both academic and other contexts. Although entrepreneurship and small business share some features such as a (temporary) small scale of operations and associated 'economies of overview' combined with a need for and an ability to improvise, they also differ in a number of respects. Entrepreneurship as creative organising according to opportunity and driven by passion and spontaneity then appears as the major challenge to received views in management, not the least in terms of how to create knowledge, discursively or experientially. Most (traditional) small firms are resource-driven organisations which soon enough adopt a fixed structure and adapt to the environment. Here we, however, focus on the similarities between entrepreneurship and small business (management) because they suffice to challenge received ideas about how to create and communicate knowledge in a university setting.

The unique features of entrepreneurship and small business and their implications for ways to teach raise at least three concerns when introduced in an academic setting dominated by corporate management. First, there is the issue of legitimacy. A century ago management (accounting) was not accepted as a discipline at traditional universities in for example Sweden and therefore the Stockholm School of Economics was founded. Today training for entrepreneurship is difficult to fit into the traditional management curricula at established business schools (Stockholm School of Economics got its first chair in entrepreneurship only at the turn of the millenniium). The same problem applies to many other European countries such as Spain and Germany. Second, since

SMEs make major contributions to innovations and jobs due to a different way of organising, they cannot be patronised by management knowledge that miniaturises corporate models and then applies them to small firms. The separation of ownership and control (Berle/Means, 1932) and of decision and execution, paramount in large structures, simply does not apply in the small-firm context, let alone in the entrepreneurial one. In the latter intuition instead builds a bridge between vision and action. In every small firm hands-on action is the generic way to deal with both internal and external pressures. Third, the process characteristics of entrepreneurship and the sensitive dialogue with the situation in the small firm indicate that the discursive academic approaches that dominate research and education have to be supplemented with more hands-on, experiential learning (Hjorth/Johannisson, 2007). This suggests, referring to Figure 1 above, that the need to associate quality in academic research and education with their interrelationship and to incorporate 'community dialogue' in addition to research and education in the making of quality is accentuated in the context of entrepreneurship and small business management. To state it even more bluntly: education for entrepreneurship and small business management can only be carried out if academia and practice build alliances. Since much of the knowledge that is needed for entrepreneurship is tacit it cannot be communicated in a classroom setting by academics with a theoretical concern alone. The boundary between the university and the outside community has to be crossed.

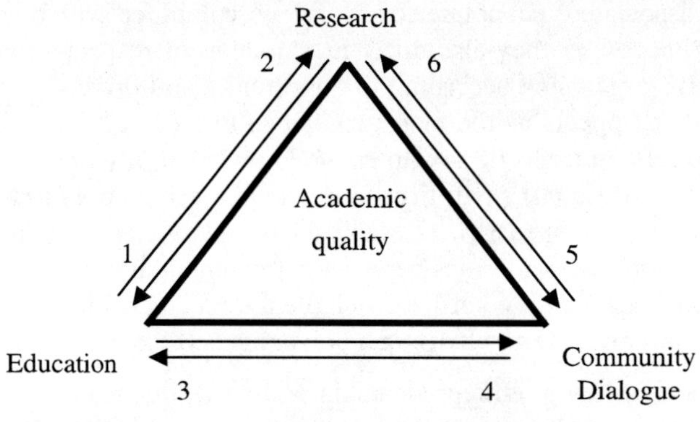

Figure 2: Creating Quality in Entrepreneurship and Small Business Management

Figure 2 illustrates how academic quality may be constructed in the context of entrepreneurship and small business management (numbers see Figure 2). (1) Recent research findings must continuously be fed into the educational process, since our understanding of entrepreneurship has to be (re)constructed as society changes. Entrepreneurial processes appear in different contexts, many of which are not directly related to business, let alone to the popular image of the revolutionary, profit-seeking entrepreneur. Notions such as 'academic entrepreneurship' and 'social/community entrepreneurship' signal a much broader image of entrepreneurship than the one associating it with the market alone. However, even the small firms that sediment out of entrepreneurial processes call for a variety of different educational programmes, inviting both research on entrepreneurship/small business and further pedagogical inquiry. (2) Inasmuch as education for entrepreneurship and small business, for reasons mentioned above, includes 'real' cases, stories about entrepreneurial events and idiosyncratic ways of coping with challenges in the local context appear as a by-product of education activities. At Växjö University in Sweden, for instance, different programmes of entrepreneurship and small business management have been offered for almost 30 years. A repertoire of cases is provided by students as an outcome of such collaboration between the university and the business community. Such cases may inspire research or even be refined into alternative theories-in-use.

(3) The students' apprenticeships make local stories rich in details. Building a trust relationship between the firm (owner) and the student means that the former takes his time to find ways to communicate knowledge that would not have been retrievable otherwise. This potential, however, to a great extent remains unexploited. According to Hytti (2003), internships are rather seldom used in Europe to bring about insight into entrepreneurship. (4) In exchange for experiential learning in the business context the student brings with him to the firm the toolbox that he has become acquainted with at the university, as well as further personal skills and his own networks in- and outside the university. When operating as a junior liaison agent, the student will also have to redefine his role at the university, activating himself in the classroom and the general university setting.

(5) Active involvement on the part of the researcher in the local/regional community, e. g. as a speaker to practitioners, participant in public debates and as action researcher will generally convey research findings to different stakeholders. In exchange (6) the researcher and the research community in general will be invited to build the trustworthiness needed to launch research projects that call for access to delicate qualitative information.

A comprehensive report on the state of the art as regards entrepreneurship education in Europe has recently been published (Hytti, 2003). Its main contribution is a comparative study of five countries with respect to how entrepreneurship education is approached, from primary school to the academic level. National differences mainly concern whether a cultural or an instrumental approach is adopted when teaching entrepreneurship and how to enter a career as an independent businessperson. Entrepreneurship education programmes in for example Austria and Norway are almost all very instrumental. Independent of what level in the educational system they are offered at, the majority of the programmes aim at promoting hands-on start-ups. In Finland, in contrast, education mainly concerns bringing about an understanding about why entrepreneurship thrives in some cultural settings but not in others and then communicating the need for change. In our own study of the Swedish educational system we proposed that, whether attitudinal or instrumental issues are focussed on in entrepreneurship, programmes should vary according to the level in the educational system (Johannisson/Madsén, 1997). In primary school the children's spontaneous entrepreneurial practices, most obviously demonstrated at play, should be encouraged, while in secondary school the teenagers should be trained to take on learning challenges in teams to experience the way of organising that is salient in entrepreneurship. The Valnalon experience in Asturias, Spain, shows that it is possible to create an understanding, a culture and an entrepreneurial spirit among pupils in the primary and secondary school (Perez-Diaz, 2006). At the university level students may be encouraged to launch an entrepreneurial career. Ironically enough, it is here, at the academic level, that most educational systems seem to fail.

In the new millennium the market as well as the society in general has become globalised, which has strongly influenced the academic community. In Figure 3 the basic model of academic quality is expanded to also include an international dimension.

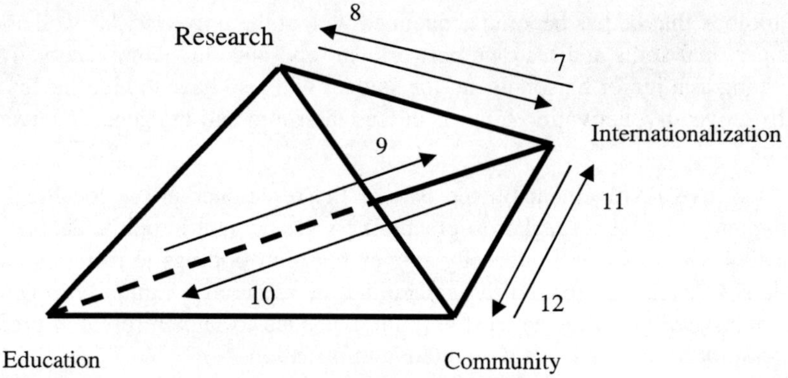

Figure 3: Making Internationalization Part of the Quality Concept

This elaboration of the quality model in this direction seems reasonable considering the dissolving national boundaries in a networked society. Furthermore, the concern for (local) community dialogue has to be balanced in order to avoid parochialism. (7) Research is generically international and (8) increasingly, for instance in Europe within the Marie Curie programme, international comparative research projects offer local universities an opportunity to expand their mental horizons in general and their research basis in particular. Within the field of entrepreneurship and small business the GEM consortium is such a constellation.

One university that generally presents itself as 'international' is Växjö University. Its exchange of students with universities abroad is outstanding in the Swedish academic context. Adopting an international profile, though, should mean that all university functions are considered as carrying a potential for cross-national exchange. The students are therefore offered a plethora of bridges to other cultures, the option to study a period at a foreign university usually being the major offer, especially for the entrepreneurship students at Växjö University. This means that the students themselves contribute actively to the internationalization of the university. (9) Some (Swedish) universities do not just exchange students internationally but they also give priority to teaching first- and second-generation immigrants to Sweden. One Swedish university even presents special entrepreneurship programmes to this student category. (10) Visiting scholars are especially invited to lecture to students.

(11) Community dialogue may also contribute to the internationalization of the universities. Visitors to the community from abroad are usually interested in meeting with representatives of the university in order to build bridges to their own university or become acquainted in general with local knowledge centres. (12) When foreign researchers visit the university, seminars addressing practitioners in the university context are often arranged. Obviously the proposed image of academic quality can be expanded and enriched by including the international dimension. How that can be done is illustrated in the following section by a pioneering European doctoral programme.

III. Venturing in the Academic Context – The European Doctoral Programme in Entrepreneurship and Small Business Management (EDP)

The increased concern for entrepreneurship and small business generally and in the European context in particular is one of the major issues brought up above. Another is the teacher-student relationship in the field of entrepreneurship and small business management. As a means to bridging these two concerns we want to comment on the role of postgraduate or doctoral programmes in this academic field. First, in both Europe and the US the growing interest in entrepreneurship education has generated a need for a larger and more qualified staff, not the least at the universities. It has turned out to be difficult to find qualified candidates to the many chairs that have recently been established, e. g.

in Europe. Second, since entrepreneurship studies still only hold a marginal position in the global academic community, efforts by the field to build its own professional platform by way of postgraduate programmes must be orchestrated forcefully. Today this almost certainly means building alliances involving several universities. Here we especially want to address the European Doctoral Programme in Entrepreneurship and Small Business Management (EDP). This programme was launched by Professor José Mª Veciana at the Universitat Autònoma de Barcelona in 1989.

The entrepreneurial features of EDP as an academic venture include, first, the ability to envision an emergent global demand for insights into entrepreneurship and small business management. When the programme was launched, doctoral studies in the field were fragmented, provided only on an ad hoc basis by individual academic institutions. Launching EDP implied that advanced academic teaching in entrepreneurship was, directly or indirectly, put on the agenda at many European universities that accordingly contributed with staff and/or students to the programme. Second, just as any venturing process involves experiential learning different constellations of universities were hosting the programme before EDP became institutionalised as a joint venture between Universitat Autònoma de Barcelona in Spain and Växjö University in Sweden. Third, variety and flexibility, jointly constituting the hallmark of entrepreneurship, are brought to EDP through its staff recruited from a network of European universities. Fourth, by using this network of trust relationships and associated commitments, 'financial bootstrapping' has been practised – network members only expect to have their expenses paid when engaging in teaching. The programme has accordingly managed to survive without any substantive financial support (besides marginal contributions by the EU). Fifth, from its European platform the programme has emerged into a truly global project, offering an arena for research training not the least for students from the Eastern European and developing countries. As is often the case when entrepreneurial ventures go international, this globalisation process is the outcome of a spontaneous, organic process rather than the result of intended strategic choice.

EDP's development over its 19 years of existence has been possible thanks to the support and contribution of several persons and institutions. First, it was created under the umbrella of European Council for Small Business (ECSB) when Professor Josef Mugler was its president. Second, it has benefited from the contributions from many leading European scholars in the field of entrepreneurship and small business, among them Poul Rind Christensen, Allan Gibb, David Kirby, Hans Landström, Asko Miettinen, Mette Mönsted, Josef Mugler and David Storey. As joint organizers of the programme for almost 15 years the authors of this chapter have been inspired by students and colleagues and hopefully also stimulated the programme participants in the early phases of their academic career. Only the open-mindedness and financial support of the two hosting public universities – Universitat Autònoma de Barcelona in Spain and Växjö University in Sweden – have made it possible also for students from less favoured countries to participate in the programme.

Table 2: The Geographic Origin of the EDP Students (%)

Europe	Latin America	Eastern European Countries	Asia	Africa	Caribbean Countries	North America
54 %	19 %	12 %	6 %	3 %	4 %	3 %

EDP has been awarded the "Mención de Calidad" (quality mention) by the Spanish ministry of education (June 2003), a recognition only awarded to 6 % of the doctoral programmes currently offered by Spanish public universities. In 2003 EDP was also selected by the International Graduate School of Catalonia (IGSOC) – a public unit at the Catalan government aiming at promote international postgraduate studies in Catalonia – to qualify as a recipient of scholarships for foreign students. Over the years EDP has attracted students from 52 countries from, as Table 2 indicates, all parts of the world.

EDP accommodates several of the constructive tensions indicated above, e. g. alternative paradigmatic approaches when studying entrepreneurship and small business and competing theoretical frameworks. In the context of postgraduate education these are certainly very relevant challenges to deal with. The general model for auditing academic quality introduced above, i. e. in Figure 1, also applies to EDP (numbers refer to Figure 2). (1) Inviting international scholars specialising in the different subjects included in the curriculum guarantees that the most recent research findings are brought into the classroom. (2) The international group of doctoral students, representing a huge variety of different cultural and institutional contexts for entrepreneurship and small business, spontaneously provide alternative perspectives that challenge received theories. (3) The EDP incorporates site visits as well as empirical field research to demonstrate how different conceptual frameworks provide alternative interpretations of a phenomenon (in the case of EDP 'the industrial district'; cf. Johannisson et al., 2007). (4) Since the students are only associated with the Spanish and Swedish universities for a short period of time (about three months each) it has not been possible to make the visiting doctoral students part of the community dialogue. However, in the last years an increasing number of doctoral students have completed the full 4-years doctoral programme at the Universitat Autònoma de Barcelona and carried out empirical work for their theses in (either) Spain, (or) Sweden or their country of origin. (5) Many of the students, especially those coming from developing countries, are committed to doing research that can help solving economic problems in their home countries and getting support to reframe these practical and moral concerns into theoretically relevant challenges. (6) Academic and other institutions frequently give financial support for the participation of the students in EDP.

Since the European Doctoral Programme is international per se we do not elaborate systematically on the additional aspects of academic quality that Figure 3 introduces. The outcome of the programme beyond the classrooms in Barcelona and Växjö includes guest lectures by the programme staff at students' home universities as well as membership in dissertation committees. Over the years comparative research that benefits from the cultural and institutional diversity of those involved in the programme has also been launched (cf. e. g. Veciana/Aponte/Urbano, 1999; 2002; 2005; Johannisson/Kantis/Ascúa/Mahlet Quintar, 2005).

IV. Enhancing Academic Quality in the Field of Entrepreneurship and Small Business Management

Any model is by definition partial – only some aspects of the phenomenon are illuminated and those chosen reflect the pre-understanding and/or interest of the originator of the model. The proposed framework for inquiring into the meaning of academic quality is no exception. Given that, we will in this conclusive section use that to propose some ways to improve quality in the field of entrepreneurship and small business management. Then, again, we argue that it is important to focus on the relations between research, education and 'community dialogue' rather than address each of them separately. Relevance of e. g. research may be lost if not put in the context of education and concern for societal issues. Also, whether the focus of research endeavours should be the search for 'better' theories covering phenomena in the field, or even the one and only theory, or should concern the provisions of a changing repertoire of optional frameworks, is a question that will generate different answers dependent on what paradigm is applied.

Our discourse carries the implicit argument that all knowledge, i. e. also the knowledge that originates in the academic system, is local, contextual. This is implicated in the basic model presented in Figure 1. Community dialogue is made part of the knowledge creation process in order to situate knowledge and make it applicable in concrete settings. Here the pragmatist saying that what works is true applies. Knowledge remains possible to generalise but then rather with respect to the methods of inquiry to use than with regard to substantive findings. Such methods include, besides dialogue and self-reflexivity on the part of those involved, constant comparisons between different university settings with respect to how research, education and community dialogue are interrelated. This may be addressed as a 'best practice' or 'benchmarking' approach but it is then important to state that comparison should be made with respect to how the whole relational set is operated. However, change in any dyad may trigger subsequent change in the other two. Teachers who use their own experiences in ongoing projects to illustrate optional frameworks and methodologies will energise a debate with the students. This in turn may invite to a community dialogue. Undergraduate students may practise as junior consultants in new enterprises implying that the students are provided with hands-on experiences and the nascent entrepreneurs with advice and a sounding board. Such experience will presumably make the students more interested in scientific inquiry into the entrepreneurial process and the entrepreneurs more open to co-operation with researchers.

Interactive research methods, explicitly adopted in e. g. action research (cf. Reason/Bradbury, 2001), but in principle incorporated in every qualitative approach, generally open up for dialogue and joint knowledge creation. Since all involved recognise the need for learning, since theories are as much activated and even generated down the road, since those involved in exchange projects take a major part in the research process, interactive research appears ideal in the framework that we have provided here. However, returning to the traditional way of evaluating the quality of academic activity – meaning that research, education and community dialogue are separately reviewed – if each one of these activities is not carried out well on their own terms, interrelating them will be of little value. The professional communities to which researchers, academic teachers and practitioners belong have to be able to build their own standards before interrelating.

References

Berle, A. A. / *Means*, G. C. (1932): The Modern Corporation and Private Property, New York (revised edition 1967).

Brulin, G. (1998): Den tredje uppgiften. Högskola och omgivning i samverkan. (The Third Assignment. University and Community Collaborating.), Arbetslivsinstitutet/SNS, Stockholm.

Hjorth, D. / *Johannisson*, B. (2007): Learning as an Entrepreneurial Process, in: Fayolle, A. (ed.): Handbook of Research in Entrepreneurship Education, Volume 1: A General Perspective, Cheltenham, pp. 46–66.

Hytti, U. (ed.) (2003): State-of-Art of Enterprise Education in Europe, Turku School of Economics and Business Administration, Turku.

Johannisson, B. / *Caffarena*, L. C. / *Discua Cruz*, A. F. / *Epure*, M. / *Hormiga Pérez*, E. / *Kapelko*, M. / *Murdock*, K. / *Nanka-Bruce*, D. / *Olejárová*, M. / *Sánchez López*, A. / *Sekki*, A. / *Stoian*, M.-C. / *Tötterman*, H. / *Bisignano*, A. (2007): Interstanding the Industrial District – Contrasting Conceptual Images as a Road to Insight, in: Entrepreneurship & Regional Development, 19/6, pp. 527–554.

Johannisson, B. / *Kantis*, H. / *Ascúa*, R. / *Mahlet Quintar*, N. (2005): Distritos industriales en Argentina y Suecia. Una aplicación del análisis de redes para develar los secretos de la organización empresaria, in: Casalet, M. / Cimoli, M. / Yoguel, G. (eds.): Redes, jerarquías y dinámicas productivas, Madrid, pp. 233–271.

Johannisson, B. / *Landström*, H. (1999): Furnishing a Research Field, in: Johannisson, B. / Landström, H. (eds.): Images of Entrepreneurship and Small Business Research – Emergent Swedish Contributions to Academic Research, Lund, pp. 1–34.

Johannisson, B. / *Madsén*, T. (eds.) (1997): I entreprenörskapets tecken – en studie av skolning i förnyelse (In the Name of Entrepreneurship – a Study of Training for Renewal), Ds 1997:3, Närings- och handelsdepartementet, Stockholm.

Perez-Diaz, J. M. (2006): Training Programme for Enterpreneurship – A Method for the Development of Creative Business Skills from Primary School to Start-up, The Valnalon Experience – Ciudad Tecnológica, Paper presented at the 3rd Ex-alumni EDP-Workshop, UAB, Barcelona.

Pirsig, R. M. (1974): Zen and the Art of Motorcycle Maintenance.

Reason, P. / *Bradbury*, H. (2001): Introduction, in: Reason, P. / Bradbury, H. (eds.): Handbook of Action Research. Participative Inquiry and Practice, Thousands Oaks, pp. 1–14.

Veciana, J. M. (2000): Entrepreneurship Research: New Trends and Old Problems, in: Brauchlin, E. / Pichler, J. H. (Hrsg.): Unternehmer und Unternehmerperspektiven für Klein-und Mittelunternehmen, Festschrift für Hans Jobst Pleitner, Berlin.

Veciana, J. M. / *Aponte*, M. / *Urbano*, D. (1999): Attitudes Towards Entrepreneurship: a Two Countries Comparison, Paper presented at RENT XIII 1999, London, 25.–26. November.

– (2002): Institutions and Support Programmes for Entrepreneurship: a Two Countries Comparison, Paper presented at the Entrepreneurship Summit 2000 at the Caribbean, Puerto Rico, 28.–30. January.

– (2005): University Students' Attitudes Towards Entrepreneurship: A Two Countries Comparison, in: International Entrepreneurship and Management Journal, 1/2, pp. 165–182.

KMB-Erfolg und Datenkranz – analysiert aus der Sicht der *Inferred Causation*-Theorie

Von *Josef A. Mazanec*, Wien

I. Ausgangspunkt und Ziel

Die folgenden Ausführungen finden ihren Ausgangspunkt in der Analyse von Konfigurationen. Dieses Verfahren „gruppiert Variablen, die interaktiv zur Unternehmensentwicklung beitragen [...] in: Umwelt des Unternehmens, Persönlichkeit des Unternehmers, Ressourcen des Unternehmens und Management des Unternehmens" (Mugler, 1998, S. 111). Sein Ziel ist die „Prognose des Entwicklungsverlaufs" des Unternehmens (ebenda). Da nicht nur eine naive, zeitabhängige Prognose angestrebt wird, bedarf die Verwirklichung dieses Ziels der vorausgehenden Kalibrierung eines Erklärungsmodells. Und wenn Management auf „gezielte Interventionen" (ebenda) abstellt, dann besteht kein Zweifel mehr, dass im Zug der Konfigurationsanalyse kausal interpretierbare Aussagen gefordert sind. Damit befinden wir uns inmitten jener Diskussion, die während der letzten 20 Jahre – von der Betriebswirtschaftslehre weitestgehend unbemerkt – durch eindrucksvolle Neuerungen seitens der *Inferred Causation Theory* (ICT) angeheizt wurde. Zumindest eine Kostprobe sei hier geboten.

Ziel dieses Beitrags ist es, die Leserschaft auf das viel versprechende Problemlösungspotenzial der ICT aufmerksam zu machen. Zur Bebilderung der Konstruktion einfacher Kausalmodelle verwenden wir aktuelle betriebliche Daten aus der österreichischen Seilbahnwirtschaft. Im Vordergrund steht dabei nicht der Ehrgeiz des Modellkonstrukteurs, kunstvolle Aussagensysteme zu erzeugen, sondern der Vorsatz, die Anwendung des Denkstils der ICT anschaulich zu demonstrieren. Mögliche erklärende Variablen des Erfolgs von Seilbahnbetrieben entstammen insbesondere dem so genannten Datenkranz. In der Sprache der Konfigurationsanalyse handelt es sich beispielsweise um Naturgrundlagen und somit Variablen aus der „metaökonomischen Makroumwelt" (Mugler, 1998, S. 113). Diese Variablen sind durch Management-Intervention nicht beeinflussbar; jedoch ist auch beim Modellieren mit Instrumentalvariablen zu bedenken, innerhalb welcher Fristen diese einer Intervention durch das Management zugänglich sind. Die Wahl der Messzeitpunkte und Messwiederholungen im Rahmen einer empirischen Überprüfung sind daher zuweilen dafür verantwortlich, dass eine (logische) Instrumentalvariable (z. B. Kapazitätsgrößen) faktisch (kurzfristig) in den Datenkranz verschoben werden muss.

Im gewählten Demonstrationsbeispiel werden die Instrumente der ICT dazu beitragen, kausale Einflüsse von Umwelteigenschaften und Unternehmensmerkmalen auf betriebliche Erfolgsindikatoren an das Tageslicht zu befördern.

II. Ein erster Einblick in die *Inferred Causation*-Theorie

In den vergangenen zwei Jahrzehnten wurden die Methoden zur kritischen Überprüfung der Kausaleigenschaft von Aussagensystemen maßgeblich weiter entwickelt. Die neuen Zutritte zur Theorie der Kausalität betonen das Konzept der *Intervention* und fügen es an die Stelle des vertrauten Konzepts der *Assoziation*. Sie erarbeiten Bedingungen zur sicheren Ableitung kausaler Schlussfolgerungen aus nichtexperimentellen Daten (Spirtes/Glymour/Scheines, 2000) und verpacken sie in ein axiomatisches Gerüst (Pearl/Verma, 1991; Pearl, 2001).

Die *Inferred Causation*-Theorie (ICT) verbindet Bausteine aus der Graphentheorie, Statistik, Logik und Künstlichen Intelligenz. Die Anwendungen sind nicht auf parametrische Modelle auf der Grundlage quantitativer (verhältnis- oder intervallskalierter) Daten beschränkt. Vielmehr erfassen sie viel elementarere Zusammenhänge der bedingten Unabhängigkeit innerhalb eines Sets von quantitativen oder qualitativen (kategorialen) Daten. Kausale Schlussfolgerungen bleiben auch nicht, wie traditionell unterstellt (Kerlinger, 1986), ausschließlich auf experimentell gesammelte Daten beschränkt. Messungen aus Querschnittsanalysen ohne definierter zeitlicher Anordnung erweisen sich als ausreichend, um Kausalbeziehungen für wenigstens einen Teil der untersuchten Zusammenhänge zu untermauern. Diese Entwicklungen sind für den Einsatz in der empirischen Wirtschaftsforschung von besonderer Attraktivität. In diesem Anwendungsfeld hat es die Forschung ungleich häufiger mit nichtexperimentellen *Survey*-Daten als mit Ergebnissen kontrollierter Experimente in realen Märkten und Organisationen zu tun.

Die betriebs- und absatzwirtschaftliche Forschung ist voll von empirischen Studien, die anhand der Kovarianzmatrix von Beobachtungen Zusammenhänge rekonstruieren. Die Proponenten der ICT weisen konsequent darauf hin, dass zumeist mehrere bis viele äquivalente Modelle existieren, die mit den beobachteten Kovarianzen und Unabhängigkeitsrelationen gleichermaßen vereinbar sind. Auch bei hoher subjektiver Konfidenz im Gebrauch sozial- und wirtschaftswissenschaftlicher Theorien ist die Forschung gut beraten, sich dieser Ambivalenz stets bewusst zu bleiben. Bei selbstkritischer Betrachtung wird man wohl zugeben, dass die Sozial- und Wirtschaftswissenschaften nicht gerade vor Theorien mit eindrucksvollem Bestätigungsgrad strotzen.

Die ICT bemüht sich um Algorithmen zur Kausalitätsentdeckung. Diese sind in der Lage, die *Modellklasse* zu identifizieren, die jene Relationen enthält, die in jedem durch die empirischen Daten gestützten Modell standhalten. Ursache-Wirkungs-Verbindungen werden durch gerichtete Pfade angezeigt. Wenn eine Relation in der gesamten Modellklasse durch einen solchen Pfad repräsentiert ist, dann erhält die zugrunde liegende Hypothese eine viel überzeugendere Bestätigung, als wäre sie in nur einem einzigen Modell dieser Klasse gültig. Die Bedeutung dieser Behauptung ist nicht hoch genug einzuschätzen. Kein geringerer Philosoph und Wissenschaftstheoretiker als Rudolf Carnap widmete mehrere Lebensjahrzehnte der (vergeblichen) Suche nach einem System der induktiven Schlussfolgerung, das die Ermittlung des Bewährungsgrades einer empirischen Hypothese erlaubt (Carnap/Stegmüller, 1958). Die empirische Bestätigung einer Hypothese, die in allen mit den Daten verträglichen Modellen enthalten ist, besitzt zweifellos großes Gewicht (auch wenn dieser höhere Grad an Bewährung nicht berechenbar ist).

Die ICT ruht auf zwei fundamentalen Konzepten, jenem des (i) gerichteten azyklischen Graphen (DAG – *directed acyclic graph*) und jenem der (ii) bedingten Unabhängigkeit. Die DAGs liefern den geeigneten Apparat an Symbolik, um Sets von beobachteten Unabhängigkeitsrelationen zu repräsentieren. Beispielsweise ist die Beobachtung, dass X und Z gegeben Y voneinander unabhängig sind, also

(1) $$X \perp Z \mid Y$$

vereinbar mit den drei Graphen

(2) $$X \rightarrow Y \rightarrow Z$$
$$X \leftarrow Y \rightarrow Z$$
$$X \leftarrow Y \leftarrow Z$$

wenn die *Markov*-Eigenschaft angenommen wird. Die Markov-Eigenschaft einer Ursache-Wirkungs-Kette $X \rightarrow Y \rightarrow Z$ besagt, dass man über Z aus X nichts Neues lernen kann, wenn Y bereits bekannt ist. In den Graphen unter (2) bedeutet dies, dass Y jeden direkten Pfad zwischen X and Z blockiert. Das Blockieren ist eine notwendige Voraussetzung der kausalen Interpretierbarkeit des Pfades. Die kausale Interpretation soll ja Information darüber liefern, wie das durch den Graphen repräsentierte reale System auf eine Intervention reagiert (Scheines, 1997).

Die *Inferred Causation*-Forschung strebt nach der Entwicklung von Algorithmen, die in der Lage sind, aus einem Set beobachteter Unabhängigkeitsrelationen quasi ‚automatisch' DAG-Strukturen zu erzeugen. Diese Ambition gilt auch für nichtexperimentelle Daten. Zur Bebilderung der Idee betrachten wir ein simples Beispiel aus der Konsumentenverhaltensforschung. Ein Marktforscher beobachtet ein kleines Set von vier ganz alltäglichen Variablen, die für die Erklärung von Kauf- und Markenwahlverhalten in Betracht kommen: Emotionale Bewertung, Kognitive Bewertung, Präferenz, und Kaufabsicht. Angenommen die Messungen dieser vier Variablen $\{E, K, P, A\}$ zeigen keine anderen Unabhängigkeitsrelationen als

(3) $E \perp K$ und

(4) $A \perp \{E, K\} \mid P$

sowie jene, die aus (3) und (4) logisch ableitbar sind. Das ‚⊥'-Symbol in (3) und (4) bezeichnet Unabhängigkeit oder bedingte Unabhängigkeit gegeben (Symbol ‚|') irgendwelche anderen Variablen. So stellt z. B. die bedingte Unabhängigkeitsrelation in (4) fest, dass über A mittels Erfahrungen mit E und/oder K nichts Neues gelernt werden kann, sobald P bekannt ist.

Gemäß dem philosophischen Prinzip der Sparsamkeit (auch bekannt als *Occam's Razor*) wählt man unter gleichwertigen konkurrierenden Erklärungsmöglichkeiten die einfachste Alternative aus. *Occam's Razor* heißt in der ICT *Minimalität*. Etwas technischer formuliert verhindert die Minimalität das *Overfitting* von Modellen. Bei Anwendung dieses zusätzlichen Prinzips lässt sich der gerichtete und daher kausal interpretierbare Pfad $P \rightarrow A$ eindeutig aus (3) und (4) ableiten (Pearl, 2001, S. 47). Diese Schlussfolgerung gilt mit und ohne Annahme ergänzender latenter Variablen und hält in allen Modellen, die mit den Beobachtungstatsachen und den oben erwähnten Annahmen konsistent sind.

Die beiden folgenden Graphen sind mit den beobachteten Unabhängigkeitsrelationen in (3) und (4) vereinbar und erfüllen auch die Minimalitätsforderung:

(5)

$$\begin{array}{ccc} E \rightarrow & P & \leftarrow K \\ & \downarrow & \\ & A & \\ & \text{(a)} & \end{array} \qquad \begin{array}{ccc} E \leftarrow L \rightarrow & P & \leftarrow K \\ & \downarrow & \\ & A & \\ & \text{(b)} & \end{array}$$

Ohne weiteres Wissen gibt es keine Möglichkeit, um zwischen den beiden Strukturen (5) (a) und (b) zu unterscheiden und somit für oder gegen das Vorhandensein einer latenten Variablen L in (5) (b) zu entscheiden. Allerdings wäre das Einbauen eines vermittelnden Effekts einer latenten (unbeobachteten) Variablen mit Hilfe des Ersetzens von $P \rightarrow A$ durch $P \leftarrow L \rightarrow A$ mit den Beobachtungen unvereinbar, da es $A \perp \{E, K\}$ ungeachtet P implizieren würde.

Die Lehre aus diesem simplen Beispiel lautet: Die in der Konnektivität beobachteter Variablenbeziehungen versteckte Information lässt mehr Schlussfolgerungen zu als lediglich die Ableitung von korrelativen Zusammenhängen.

III. Die österreichischen Seilbahnbetriebe 2000–2006

Die sieben topographisch geeigneten österreichischen Bundesländer verzeichneten per Juni 2006 259 Seilbahnbetriebe. 87 residieren in der Umsatzgrößenklasse bis € 750.000, 104 Betriebe fallen in die Gruppe zwischen € 750.000 und € 4,5 Mio. und 68 Betriebe liegen darüber; im Winter 2005/2006 verkaufte die österreichische Seilbahnwirtschaft 50 Mio. Schifahrertage (*skier days*) und leistete 600 Mio. Beförderungen (Manova, 2006). Der Fachverband der Seilbahnen Österreichs[1] betreibt das vom Marktforschungs- und Beratungsunternehmen Manova[2] entwickelte Benchmark-System „WEBMARK Seilbahnen", an dem etwa ein Fünftel aller Betriebe teilnimmt. WEBMARK ermittelt Betriebsvergleichskennzahlen aus den von den Teilnehmern *online* zur Verfügung gestellten Daten. Es enthält auch ein ausführliches Modul für die periodische Messung der Kundenzufriedenheit unter den Schifahrern[3].

In den folgenden Analysen werden die Erfolgskriterien ‚wertmäßiger Umsatz' (UMS), ‚Schifahrertage' (SKD) und ‚Beförderungen' (BEF) herangezogen. Die Beförderungen repräsentieren eine Mengenumsatzgröße. Die Schifahrertage (*skier days*) beschreiben die Ersteintritte von Personen in ein Seilbahnareal. Sie verkörpern eine Nettogröße, indem jeder Kunde nur einmal gezählt wird. Im Marketingjargon handelt es sich also um ein personenbezogenes Absatzvolumen. Insgesamt stehen Daten aus den Wintersaisonen im Zeitraum von November 2000 bis April 2006 zur Verfügung. In der Folge wird eine gepoolte Datenbasis mit einer Querschnitts- und einer Zeitreihenvariation erzeugt. Darin finden sich somit die Variablenwerte der einzelnen Betriebe für die einzelnen Berichtsmonate. Für 150 Betriebe stehen auf diese Weise 1.477 vollständige Daten-*Records* zur Verfügung.

Die zu analysierenden Einflussfaktoren auf den Unternehmenserfolg stammen aus drei Datenfeldern: naturräumliche Faktoren und Siedlungsstruktur, regionalökonomische Faktoren und touristische Suprastruktur sowie betriebskapazitätsbezogene Faktoren. Die ersteren beiden Faktorgruppen sind der Manipulation durch das Seilbahnunternehmen entzogen; die letzteren Faktoren unterliegen der Beeinflussung durch strategische Managemententscheidungen,

---

[1] Http://www.seilbahnen.at.

[2] Http://www.manova.at.

[3] Http://www.seilbahnen.at/sad/022001/sad020103.

sind jedoch nicht kurzfristig durch Anpassungen innerhalb einer Saison veränderbar. Die Tabelle 1 ordnet die Kandidateneinflüsse für die kausale Analyse nach diesen inhaltlichen Gesichtspunkten. Gleichzeitig bringt sie zum Ausdruck, dass es sich bei den Einflussfaktoren um theoretische Terme handelt, die dem Analytiker in der empirischen Messung Interpretationsspielraum einräumen. Die mit ‚Konstrukte' bzw. mit ‚Indikatoren' überschriebenen Tabellenspalten sollen diese Sprachebenen bewusst machen.

Tabelle 1: Einflussfaktoren und Indikatorvariablen

	Einflussfaktoren	**Indikatoren**	**Symbolbezeichnung**
Naturräumliche Faktoren und Siedlungsstruktur	Schneesicherheit	Mittlere Höhenlage der Liftanlagen des Betriebs	MH
	Siedlungsstruktur	Gesamtanzahl der Gebäude im Bezirk	GB
Regionalökonomische Faktoren und touristische Suprastruktur	Touristischer Erschließungsgrad (angebotsbezogen)	Anzahl der Beherbergungs- und Gastronomiebetriebe (Arbeitsstätten, Gemeinde)	ABG
		Beschäftigte in Beherbergung und Gastronomie (Gemeinde)	BBG
	Niveau und Struktur der touristischen Nachfrage	Gästenächtigungen (Gemeinde)	GN
		Anteil der Ankünfte aus dem Ausland	AA
		Mittlere Aufenthaltsdauer (Gemeinde)	AD
Betriebskapazitätsbezogene Faktoren	Betriebskapazität	Maximale Förderkapazität des Betriebs	MK

Quellen: Statistik Austria (Volkszählung 2001; Arbeitsstättenzählung 2001); TourMIS (www.tourmis.info); Manova; die Daten wurden aufbereitet in Müller (2007) (Diese Diplomarbeit hatte die Aufgabe, ein möglichst treffsicheres Ersetzungsverfahren für die missing values in den Benchmarking-Daten der Seilbahnwirtschaft zu entwickeln.)

IV. *Inferred Causation*-Analysen

Die beiden anschließenden IC-Analysen beleuchten die hypothesenergänzenden und hypothesengenerierenden Funktionen der IC-Algorithmen zur Kausalitätsentdeckung. Zwei Fragen gilt es nachzugehen: (i) Gibt es datengetriebene Empfehlungen zur Erweiterung der Kausalbeziehungen innerhalb eines Erklärungsmodells, die das Hintergrundwissen des Analytikers ergänzen? (ii) Welche der vermuteten und allenfalls ergänzten Kausalbeziehungen werden ausgehend von diesem A-priori-Wissen des Analytikers für die gesamte Modellklasse gestützt?

Die Modellklasse umfasst ja alle Modelle, die mit den Beobachtungsdaten konsistent sind. Wissenschafter, die kausalen Wirkungen auf die Spur kommen wollen, sind insbesondere an den gerichteten Pfaden innerhalb eines Modellgraphen interessiert. Wenn sich herausstellt, dass eine gerichtete Verbindung $X \rightarrow Y$ in allen Modellen einer Modellklasse standhält, dann folgt daraus eine starke Befürwortung der Beeinflussung von Y durch X.

In den Beispielanalysen wird das IC-Software-Paket Tetrad zum Einsatz gelangen (Spirtes et al., 1996). Es bietet Unterstützung in mehrfacher Hinsicht. Beispielsweise enthält es Routinen zur Aufdeckung latenter Variablen oder zur Purifikation der Indikatorensets solcher *latents*. Es empfiehlt Erweiterungen zu vorspezifizierten, aber möglicherweise unkompletten (obige Frage (i)) Modellen und es trägt dazu bei, ein Erklärungsmodell von Null an oder ausgehend von äußerst dürftigen Hypothesensystemen (Frage (ii)) aufzubauen. Zwei Routinen des Tetrad-Systems werden eingesetzt. Die Module Search und Build dienen der Beantwortung der Fragen (i) und (ii). Das Build-Modul vermag auch qualitative Daten zu analysieren. Um mögliche Artefakte wegen Verletzung der Multinormalitätsannahme oder der häufig fragwürdigen Intervalleigenschaft der Messungen zu vermeiden, ist es ratsam, auch eine Analysevariante ohne Erfordernis dieser Voraussetzungen durchzuführen. Daher wird auch eine kategoriale Version der Daten vorbereitet. Eine Transformation auf das einfachste Messniveau mit den binären Ausprägungen {0,1} soll zeigen, welche Ursache-Wirkungs-Beziehungen die Reduktion auf die lapidaren Werte ‚über-‘ und ‚unterdurchschnittlich‘ überleben.

V. Erweiterung eines Ausgangsmodells

Die Abbildung 1 beschreibt ein simples rekursives System als Ausgangsmodell mit sechs Variablen, in dem lediglich fünf gerichtete Pfade – symbolisiert mit durchgezogenen Linien – als Hypothesen aufscheinen. Auf Seiten der abhängigen Variablen liegen den Pfaden höchst einfache logische Überlegungen zu Grunde. Zu Beförderungen (BEF) kommt es nur, wenn sich Schifahrer (SKD) als Nachfrager vor Ort befinden, die je nach Zahlungsfähigkeit und -willigkeit für diese Beförderungen auch Umsätze (UMS) generieren. Je mehr Schifahrer in der Gemeinde nächtigen (GN), desto mehr können sich potenziell in das Einzugsgebiet des Seilbahnbetriebs begeben. Ferner wird noch vermutet, dass die Höhenlage (MH) das personenbezogene Absatzvolumen (SKD) beeinflusst, und die Aufenthaltsdauer (AD) der Gäste auf ihre individuelle Intensität der Inanspruchnahme von Seilbahnleistungen (BEF) Einfluss nimmt. Welche zusätzlichen Beziehungen innerhalb dieses kleinen Variablen-Sets – gekennzeichnet durch punktierte Kanten – empfiehlt die Search-Analyse?

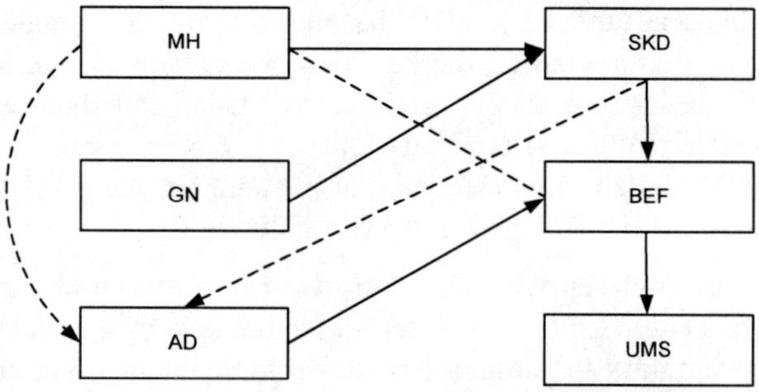

Abbildung 1: Ausgangsmodell mit fünf Hypothesen

Search ermittelt den so genannten Tetrad-Score als Heuristik der Empfehlungsstärke für neu einzuführende Kanten im Modellgraphen. Die Diagnostik beruht auf den partiellen Korrelationen und Kovarianzstrukturen. Der Graph, der einem bestimmten Modell äquivalent ist, erzeugt Restriktionen für die Paare von Kovarianzen von je zwei Variablen (Tetraden) gemäß dem Tetraden-Repräsentationstheorem von Spirtes, Glymour und Scheines (2000). Beispielsweise impliziert ein System mit zwei korrelierten Faktoren wie in (6) eine Tetradendifferenz gemäß (7) vom Wert 0. Wäre die Differenz dieser Kovarianzprodukte in (7) signifikant von Null verschieden, würden die Beobachtungen das Modell widerlegen (Bollen/Ting, 1993).

(6)
$$\begin{array}{ccc} x_1 & & x_3 \\ \downarrow & & \downarrow \\ \xi_1 & \longleftrightarrow & \xi_2 \\ \uparrow & & \uparrow \\ x_2 & & x_4 \end{array}$$

(7)
$$\sigma_{13}\sigma_{42} - \sigma_{14}\sigma_{32} = 0$$

Die Search-Routine sucht also nach solchen verschwindenden Tetraden und zieht Schlussfolgerungen über die bereits spezifizierten und die aus den Daten ergänzend ableitbaren Beziehungen.[4] Die dabei angenommene Multinormalverteilung ist hier nur näherungsweise erfüllt, so dass die Befunde mit Vorsicht zu werten sind. Deshalb seien auch nur die auf höchstem Signifikanzniveau empfohlenen Relationen kommentiert. Die Daten würden einen gerichteten Pfad von der Höhenlage des Seilbahnkomplexes auf die Aufenthaltsdauer der Touristen in der Gemeinde befürworten, eine Relation, die plausibel und daher anhand neuer Datensets prüfenswert erscheint. Wer Schneesicherheit bietet, verspricht anhaltendes Schivergnügen. Zwischen der Höhenlage und den Beförderungen kann die Search-Analyse nur eine Korrelation der Messfehler aufdecken bzw. die Richtung nicht festmachen. Ein solcher Befund ist für gewöhnlich als Hinweis auf eine dritte, beide Variablen beeinflussende, aber ungemessene Größe zu interpretieren. Ein spekulativer Kandidat wäre z. B. ein Konstrukt ‚Erschließungsgrad', das einerseits das Ausbreiten der Seilbahnbetriebe in höher gelegene Schiregionen und daher deren Attraktivität und effektives Beförderungsvolumen bestimmt. Schließlich erscheint eine Relation SKD $\rightarrow$ AD mit den Daten kompatibel. Dies gibt Anlass für die Vermutung, dass Schigebiete mit hoher Frequenz, die daher auch als populär wahrgenommen werden, die Gäste zu längerem Aufenthalt verleiten.

Auch wenn man den Vorschlägen nicht in jedem Fall zu folgen geneigt ist, so demonstriert das Beispiel anschaulich, wie ein Tetrad-Ergebnis den Analytiker zur vertieften Reflexion über seine unterstellten Ursache-Wirkungs-Relationen anregt und auf diese Weise zur disziplinierten Theorieentwicklung beiträgt.

VI. Vereinfachter Modellaufbau unter Rücksicht auf Hintergrundwissen mit sechs Variablen

Das zweite Beispiel einer IC-Analyse verfolgt die Frage (ii). Es verwendet die Build-Prozedur von Tetrad und nimmt seinen Ausgang von elementarem Hintergrundwissen über kausale Notwendigkeiten. Zunächst gibt es nur die schon bisher betrachteten sechs Variablen und den Graphen aus Abbildung 1 (mit den durchgezogenen Kanten), der ein erstes ‚Skelett-Modell' beschreibt. Die weiters verfügbare A-priori-Information, die der Analytiker oder, genau genommen, jedermann sein eigen nennt, besteht in einer pseudo-temporalen Sequenz. Gemeint ist eine zwingende Aufeinanderfolge, die im Fall mehrerer

---

[4] Das Konzept der verschwindenden Tetraden ist in der Geschichte der Pfad- und Strukturgleichungsmodelle nicht neu. Es lässt sich bis zu den Arbeiten von Spearman nach 1920 (siehe Bollen/Ting, 1993) zurückverfolgen und wurde durch die Carnegie-Mellon-Gruppe nach 1980 (Spirtes/Glymour/Scheines, 2000) wieder belebt.

Messzeitpunkte durch die Reihenfolge der Messzeitpunkte, im vorliegenden Fall von Querschnittsdaten hingegen durch logische Präzedenz festgelegt ist. Für die Sequenz der abhängigen Variablen Skier-Days → Beförderungen → Umsatz wurde dies bereits erörtert. Nun können wir auch naturräumliche, Infra/Suprastruktur- und regionale Variablen einbeziehen, so dass vier kausale Sequenzklassen resultieren: (1) Höhenlage, Nächtigungen, Förderkapazität; (2) Skier-Days; (3) Beförderungen; (4) Umsatz. Kausale Wirkungen sind nur in der Richtung von (1) auf (4) zugelassen. In den betriebswirtschaftlichen Anwendungen entstammen die Sequenzierungsargumente, abgesehen vom Hausverstand, auch der Beurteilung der Auswirkungsfrist von Managemententscheidungen. Beispielsweise unterliegt langfristig auch die Höhenlage der Seilbahnanlagen den Interventionen des Managements. Wachsende Mengen- und Wertumsätze motivieren und finanzieren die (konstruktionstechnisch und aufgrund der Umweltauflagen in der Durchsetzung schwierigere) Erschließung höher gelegener Gebiete. Innerhalb der monatlichen Messzeiträume des vorliegenden Datensatzes hingegen ist die Beeinflussungsrichtung Beförderungen → Höhenlage auszuschließen.

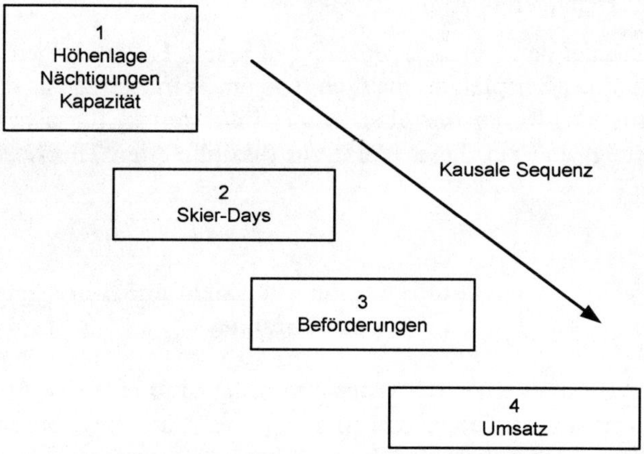

Abbildung 2: Vorgabe von A-priori-Wissen

Unter Rücksicht auf das vorgegebene A-priori-Wissen versucht die Tetrad-Prozedur Build das kausale Muster zu rekonstruieren, das alle mit den Beobachtungsdaten kompatiblen Modelle auszeichnet. Dazu sind weitere Annahmen vonnöten. Die erste mutet kühn an und unterstellt kausale Hinlänglichkeit (*causal sufficiency*). Dies bedeutet, dass das untersuchte Variablen-Set insofern als repräsentativ erachtet wird, als keine Beziehung zwischen je zwei Variablen durch einen ungemessenen dritten Einflussfaktor hervorgerufen ist. Zwei weitere Annahmen sind unkritisch. Die Markov-Eigenschaft (Spirtes/Glymour/Scheines, 2000; Pearl, 2001) wurde bereits oben erwähnt. In präziser Ausdrucksweise fordert sie, dass jede Variable *V* eines kausalen Graphen, gegeben ihre direkten Vorgängerknoten, von jedem Set von Variablen (ausgenommen die Nachfolgeknoten zu *V*) unabhängig ist. Einfacher gesagt braucht man über die indirekten Vorgänger von *V* nichts zu wissen, wenn man ihre direkten Ursachen kennt. Informationen über *X* in der Kausalkette $X \rightarrow Y \rightarrow Z$ vermitteln kein zusätzliches Wissen mehr, sobald *Y* bekannt ist. Die Markov-Eigenschaft ist eine ziemlich alltägliche Bedingung und liegt allen rekursiven Strukturgleichungsmodellen, also der großen Mehrheit aller *structural equation models* (SEMs), zu Grunde (Bollen, 1989).

Die Vertrauensannahme (*faithfulness* oder *stability* in der Terminologie von Pearl, 2001) ist noch weniger restriktiv. Sie impliziert, dass die im Graphen ausgedrückten bedingten Unabhängigkeitsrelationen gegenüber Änderungen in den Modellparametern invariant sind. Es handelt sich um eine Vorkehrung dagegen, dass die Unabhängigkeitsbeziehungen lediglich für sehr spezielle Parameterwerte erfüllt sind.

In der Build-Prozedur verwendet man kausale Entdeckungsalgorithmen wie z. B. das PC- oder FCI-Verfahren nach Spirtes, Glymour und Scheines (2000) und Pearl (2001). Ihre Aufgabe ist die Rekonstruktion jener Klasse kausaler Graphen, die dieselben (bedingten) Unabhängigkeitsbeziehungen in den Beobachtungsdaten nach sich ziehen. Im Seilbahnbeispiel ergeben sich die folgenden Relationen:

- Beförderungen → Umsatz
- Skier-Days → Umsatz
- Nächtigungen → Umsatz
- Skier-Days → Beförderungen
- Nächtigungen → Beförderungen
- Höhenlage → Beförderungen
- Aufenthaltsdauer → Beförderungen
- Nächtigungen → Skier-Days
- Höhenlage → Skier-Days
- Nächtigungen $^{?}$—$^{?}$ Höhenlage
- Nächtigungen $^{?}$—$^{?}$ Aufenthaltsdauer
- Höhenlage $^{?}$—$^{?}$ Aufenthaltsdauer

Drei der 12 aufgefundenen Relationen in diesem *pattern* sind ungerichtet. Neun verstehen sich als gerichtete Kanten. Der in Abbildung 3 visualisierte Graph beschreibt das kausale Muster der gesamten Modellklasse, die mit dem A-priori-Wissen und den Beobachtungsdaten vereinbar ist. Ein Pfeil in Abbildung 3 signalisiert eine Kausalbeziehung und gilt für alle Modelle, die das Muster repräsentiert (Spirtes et al., 1996). Danach wird eine kausale Abhängigkeit der Skier-Days und der Beförderungen von der Höhenlage und den Nächtigungen in der Gemeinde untermauert. Die mittlere Aufenthaltsdauer der Wintergäste in der Gemeinde scheint lediglich die Anzahl der Beförderungen zu beeinflussen. Korrelationen der exogenen Variablen untereinander (wie sie in den meisten SEMs spezifiziert werden) sind plausibel. Die Nächtigungen sind ja eine definitorische Komponente der mittleren Aufenthaltsdauer, die noch von den Gästeankünften mitbestimmt ist. Die Höhenlage der Schigebiete steht mit der Vernetzung zu Regionsverbünden in Zusammenhang und beeinflusst die Menge an Aufenthaltsgästen und Tagesausflüglern.

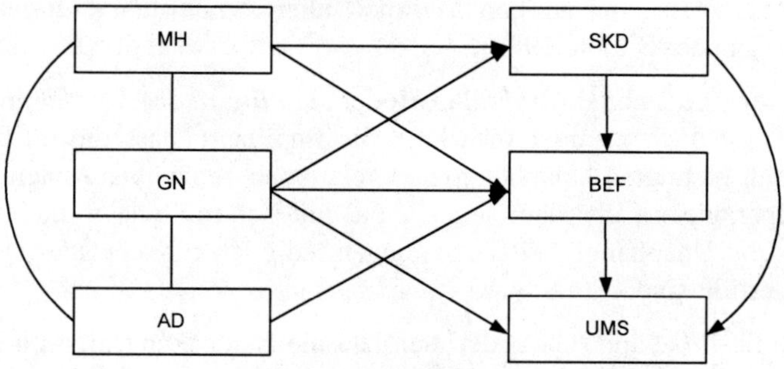

Abbildung 3: Mit A-priori-Wissen und beobachteten Daten konformes Muster der Modellklasse

Für die drei Variablen Höhenlage (MH), Nächtigungen (GN) und Aufenthaltsdauer (AD) lässt das Muster in Abbildung 3 jede mögliche Kombination gerichteter Kanten zu; mit anderen Worten ist die Einflussrichtung anhand der Daten und dem zur Verfügung gestellten A-priori-Wissen nicht entscheidbar. Die Variable Aufenthaltsdauer wurde gemäß Abbildung 2 nicht in die kausale Sequenzierung einbezogen und der Entdeckungsalgorithmus nutzte diesen Freiheitsgrad. Die Variable Beförderungskapazität, die als Einflussfaktor für alle Erfolgsindikatoren erlaubt gewesen wäre, erreicht keine statistische Signifikanz.

VII. Modellaufbau unter Rücksicht auf Analyse- vs. Validierungs-Sample und Hintergrundwissen mit 11 Variablen

Mit den bisher genutzten sechs Variablen wurde der Informationsvorrat der Seilbahndaten noch nicht ausgeschöpft. Im Datenkranz verstecken sich gewiss noch weitere interessante Prädiktoren. Der nächste Arbeitsschritt umfasst alle Erfolgs- und Einflussfaktoren des Seilbahn-Datensatzes. Außerdem befleißigt er sich einer korrekten empirisch-wissenschaftlichen Vorgangsweise, indem er explorative und inferenzstatistische Aufgaben trennt. Für eine Hypothesen verändernde und eine anschließende Hypothesen überprüfende Aufgabe wird der Datensatz randomisiert in gleich große Hälften geteilt.

Die Vorgaben mittels A-priori-Wissen beschränken sich auf die grobe Struktur kausaler Sequenzierung. Die Stufen 2 bis 4 bleiben gegenüber der Abbildung 2 unverändert. Stufe 1 wird geteilt, wobei fünf Faktoren (Höhenlage, Gebäude im Bezirk, Anzahl der Beherbergungs- und Gastronomiebetriebe in der Gemeinde, Beschäftigte in Beherbergung und Gastronomie sowie Förderkapazität) eine vorgelagerte und Nächtigungen, Aufenthaltsdauer und Ausländernächtigungsanteil eine nachgelagerte Stufe bilden. Angesichts der kurzfristigen Messintervalle werden also die angebotsorientierten Faktoren als Treiber angesehen, während die volatileren Nachfragefaktoren als angebotsinduziert beeinflussbar gelten.

Ein Graph eines Startmodells wird nicht festgelegt. Der Build-Algorithmus erhält daher innerhalb der Sequenzierungsrestriktionen vollen Spielraum für die Entdeckung kausaler Strukturen. Das vorgeschlagene Muster für die Modellklasse unter Annahme von *causal sufficiency* zeigt nur in zwei Fällen einen Verdacht (markiert mit <>) auf gemeinsame latente Variablen. Alle übrigen Pfade sind gerichtet (siehe die Ergebnisse für kontinuierliche Variablen in Tabelle 2 und die Visualisierung des Musters in Abbildung 4).

Zur Demonstration der Robustheit der Methode sei ein zweiter Analyseversuch mit der binären Version der Daten im ersten Teilsample unternommen. Zu diesem Zweck werden sämtliche Variablen an ihrem jeweiligen Median in unterdurchschnittliche (Wert 0) und überdurchschnittliche Ausprägungen dichotomisiert. Es handelt sich also um eine extreme Vergröberung des Materials unter erheblichem Informationsverzicht. Die Untersuchung dieses kategorialen Datensatzes setzt jetzt keine Verteilungsannahmen mehr voraus. Als Signifikanztest für die Build-Analyse käme der populäre χ^2-Test nach Pearson in Betracht. Die Build-Prozedur vertraut stattdessen auf den weniger geläufigen G^2-Test nach Fisher. Im Gegensatz zum χ^2-Test ist der G^2-Test additiv und daher für das stufenweise Zusammenbauen des Relationensystems geeignet (Bishop/Fienberg/Holland, 1975).

Die Ergebnisse für die dichotomisierte Datenversion in Tabelle 2 bestätigen 17 der 24 mit kontinuierlichen Variablen entdeckten Pfade, wobei in drei Fällen die Binärversion die Richtung nicht festlegen kann. Während fünf Pfade nicht signifikant rekonstruierbar sind, überstehen den G^2-Test sechs zusätzliche Relationen. Nur ein Fall zeigt eine widersprechende Einflussrichtung. Auch bei drastischer Reduktion der Information in den Daten bleiben also drei Viertel der Befunde aufrecht. Die nachfolgende Parameterschätzung im zweiten Teilsample sei daher mit den kontinuierlichen Variablen vorgenommen.

Tabelle 2: Aufgefundene Pfade für kontinuierliche und binäre Variablen

Ergebnis für kontinuierliche Variablen	**Identisches Ergebnis für dichotomisierte Variablen**
Beförderungen → Umsatz	Ja
Skier-Days → Umsatz	Ja
Kapazität → Umsatz	Ja
Nächtigungen → Umsatz	Ja
Skier-Days → Beförderungen	Ja
Kapazität → Beförderungen	Ja
--	Nächtigungen → Beförderungen
Kapazität → Skier-Days	Ja
Nächtigungen → Skier-Days	Ja
Höhenlage → Skier-Days	Nein
Beherbergung/Gastronomie → Skier-Days	Nein
Kapazität → Nächtigungen	Ja
--	Beherbergung/Gastronomie ?—? Kapazität
Höhenlage → Kapazität	Kapazität → Höhenlage
Beschäftigte → Kapazität	Beschäftigte ?—? Kapazität
Nächtigungen <> Ausländeranteil	Ja
Beschäftigte → Nächtigungen	Nein
Beherbergung/Gastronomie → Nächtigungen	Ja
--	Höhenlage → Nächtigungen
--	Aufenthaltsdauer → Nächtigungen
Höhenlage → Aufenthaltsdauer	Nein
Höhenlage → Ausländeranteil	Ja
Gebäude → Höhenlage	Ja
Beschäftigte <> Höhenlage	Beschäftigte → Höhenlage
--	Beherbergung/Gastronomie → Höhenlage
Aufenthaltsdauer → Ausländeranteil	Aufenthaltsdauer ?—? Ausländeranteil
--	Beherbergung/Gastronomie → Aufenthaltsdauer
Gebäude → Aufenthaltsdauer	Nein
Gebäude → Ausländernächtigungen	Ja
Beherbergung/Gastronomie → Beschäftigte	Beherbergung/Gastronomie ?—? Beschäftigte

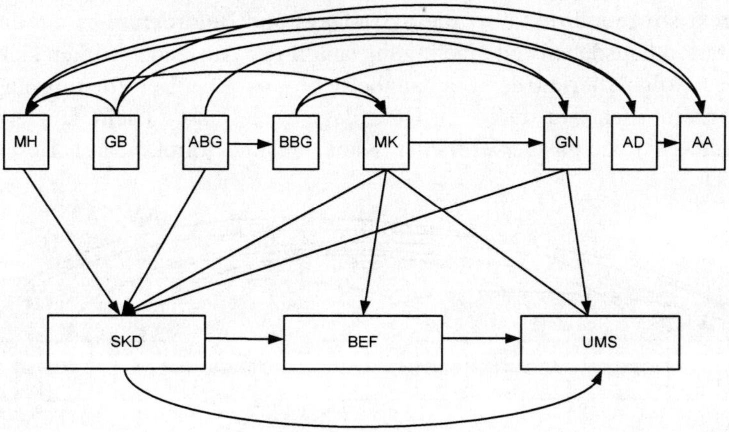

Abbildung 4: Muster der Modellklasse mit allen gerichteten Pfaden

VIII. Schätzung des IC-empfohlenen Modells anhand neuer Daten

Regional- und betriebswirtschaftliche Entscheidungsträger wollen selbstverständlich auch wissen, mit welcher Beeinflussungsstärke in den behaupteten Ursache-Wirkungs-Beziehungen zu rechnen ist. Zu diesem Zweck wurden 50 % der Daten als Validierungs-Sample reserviert. Die Maximum-Likelihood-Schätzung der Parameter des IC-theoretisch empfohlenen Erklärungsmodells erfolgt mit dem Software-Paket *Mplus* (Muthén/Muthén, 2004).[5] Sie versteht sich als inferenzstatistische Übung und wird zeigen, ob und mit welcher Stärke die entdeckten Pfade auch in einem zweiten unabhängigen Datensatz auftauchen.

Die Abbildung 5 ergänzt den Graphen der Abbildung 4 mit den signifikanten Parameterwerten. Die beiden ungerichteten Beziehungen (Tabelle 2) wurden nicht spezifiziert. Mit zwei Ausnahmen sind alle Pfadkoeffizienten signifikant. Die *Goodness-of-Fit* ist akzeptabel (CFI = 0,95; TLI = 0,92; RMSEA = 0,10). Die betriebswirtschaftlich bedeutsamsten abhängigen Variablen Skier-Days, Beförderungen und Umsatz erzielen R^2-Werte von 0,52, 0,80 und 0,87.

Die Maximalkapazität übt den stärksten Einfluss auf die Erfolgsgrößen aus, sowohl direkt auf die Skier-Days als auch direkt und indirekt über die Skier-Days und Beförderungen auf die wertmäßigen Umsätze. Das Nächtigungsaufkommen in der Gemeinde wirkt fast ebenso stark direkt auf die Skier-Days

[5] Siehe www.statmodel.com.

und direkt sowie indirekt über die Skier-Days und Beförderungen auf die Umsätze. Aufenthaltsdauer und Nächtigungsanteil der Ausländer wirken sich nicht auf die Erfolgskriterien der Seilbahnbetriebe aus. Die Beförderungskapazität selbst scheint nicht nur durch die Höhenlage beeinflusst zu sein, sondern folgt auch (indirekt) der gastgewerblichen Kapazität und (direkt) ihren Beschäftigtenzahlen.

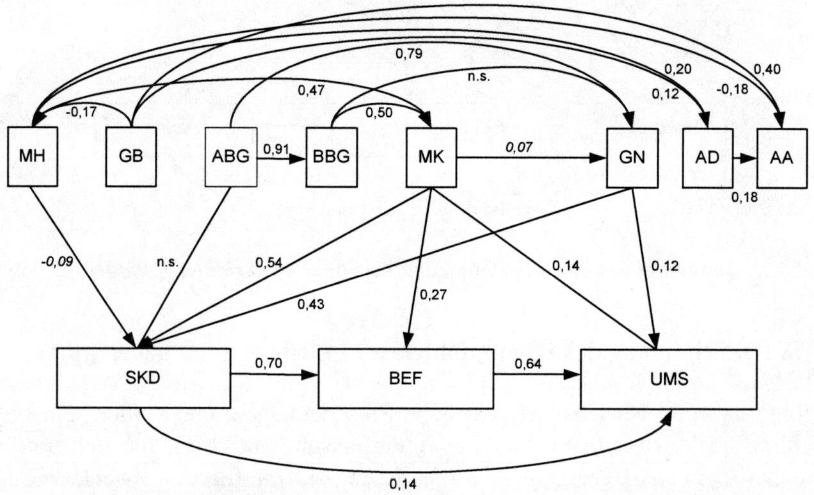

Abbildung 5: Standardisierte Pfadkoeffizienten (p<0,01; p<0,05 kursiv)

IX. Schlussfolgerung

Die von den Proponenten der *Inferred Causation*-Theorie vertretenen Ansichten haben sowohl Skeptizismus (Freedman, 1997) als auch Optimismus (Spirtes/Scheines, 1997) verbreitet. Nach Auffassung der Kritiker hält die kausale Schlussfolgerung nur für jene Systeme, in die sie vorher injiziert wurde. Die Befürworter der ICT beharren hingegen darauf, dass die kausalen Entdeckungsalgorithmen neue Einsichten erzeugen, die unter den Annahmen der Markov- und der Vertrauenseigenschaft sowie bei kausaler Hinlänglichkeit entstehen. Die Kontroverse wird noch andauern und gewiss nicht in der Betriebswirtschaftslehre gelöst werden. Jedenfalls benötigen wir in den Sozial- und Wirtschaftswissenschaften generell ein Verfahren zur Überwindung einer schizophrenen Situation: Die empirische Forschung hat es sich angewöhnt, Befunde anzubieten und es den Adressaten der Politikberatung zu überlassen, eine kausale Interpretation vorzunehmen oder nicht. Die Verantwortung für das Vorhersehen der Wirkungen von Interventionen wird den Entscheidungsträgern gleichsam wie eine heiße Kartoffel weitergereicht.

Was immer die Kritiker der ICT vorbringen mögen, ein fundamentaler Verdienst lässt sich nicht leugnen. Die empirischen Forscher werden nachdrücklich auf die Tatsache hingewiesen, dass es zumeist mehr als eines und mitunter viele empirisch ununterscheidbare Erklärungsmodelle gibt. Diese formen die Klasse all jener Modelle, die durch eben dieselben Daten gestützt werden. Die Kenntnis der Vielfalt möglicher Graphen, die diese Modellklasse repräsentiert, trägt dazu bei, die Bedeutung empirischer Ergebnisse realistisch einzuschätzen. Wenn alle Modelle einer Klasse denselben gerichteten Pfad zwischen zwei Variablen enthalten, dann kommt dieser Beziehung besonderes Gewicht und plausible kausale Interpretierbarkeit zu, auch dann, wenn der Analyse keine experimentell gewonnenen Daten zu Grunde liegen.

Natürlich spielt das Hintergrundwissen eine bedeutende Rolle. Jedoch wird es explizit gemacht und der Kritik zugänglich. Letzten Endes ist die Nutzung von A-priori-Wissen allen Erfahrungserlebnissen gemeinsam. Ein Kleinkind erwirbt im Alltag kausales Wissen ohne kontrollierte Experimente durchführen zu müssen. Es ist schwer verständlich, warum dieselben heuristischen Prinzipien nicht auch für die Analyse nichtexperimenteller sozialwissenschaftlicher Daten gelten sollen.

Das Beispiel der Seilbahndaten zeigte eine IC-Anwendung mit dem Einsatz von Hintergrundwissen über kausale Sequenz und ist prinzipiell auf zahllose betriebs- oder absatzwirtschaftliche Anwendungssituationen übertragbar, wo der gesunde Menschenverstand die kausale Ausrichtung teilweise vorgibt. Eine IC-Übung lohnt sich allemal, selbst dann, wenn man dabei nicht mehr lernt als die Menge jener Modellgraphen, die alle mit denselben Beobachtungsdaten kompatibel sind. Angesichts des schwachen Bestätigungsgrades der sozial- und wirtschaftswissenschaftlichen Theorien sollte dies zur angemessenen Bescheidenheit in der Vermarktung von Modellen und Theorien beitragen.

Die Beispielanwendung demonstrierte die viel versprechende Kombinationsmöglichkeit der Konfigurationsanalyse nach Mugler mit den Werkzeugen der IC-Theorie. Das Denken in Konfigurationen liefert – um in der Sprache der ICT zu bleiben – jenes A-priori-Wissen, das der datengetriebenen Suche nach Ursache-Wirkungs-Zusammenhängen die Anfangsbedingungen vorgibt.

Literatur

Bishop, Y. / *Fienberg*, S. / *Holland*, P. (1975): Discrete Multivariate Analysis, Cambridge.

Bollen, K. A. (1989): Structural Equation Models with Latent Variables, New York.

Bollen, K. A. / *Ting*, K. (1993): Confirmatory Tetrad Analysis, in: Marsden, P. M. (ed.): Sociological Methodology, Washington, pp. 147–175.

Carnap, R. / *Stegmüller*, W. (1958): Induktive Logik und Wahrscheinlichkeit, Wien.

Freedman, D. A. (1997): From Association to Causation via Regression, and, Rejoinder to Spirtes and Scheines, in: McKim, V. R. / Turner, S. P. (eds.): Causality in Crisis? Statistical Methods and the Search for Causal Knowledge in the Social Sciences, pp. 113–161 / 177–182.

Kerlinger, F. N. (1986): Foundations of Behavioral Research, 3rd edition, New York.

Manova (2006): Berichtsblätter: Trendmonitor Saisonbilanz Winter 2005/2006, http://www.seilbahnen.at/presse/wirtschaftsdaten/files/trendmonitor-winter2005_2006_190606.pdf, abgefragt am 10.08.2007.

Müller, J. (2007): Hochrechnung von Branchendaten, Entwicklung von Ersetzungsverfahren für fehlende Werte in Betriebsvergleichs- und Benchmarkingstudien am Beispiel der österreichischen Seilbahnwirtschaft, Diplomarbeit, Wien.

Mugler, J. (1998): Betriebswirtschaftslehre der Klein- und Mittelbetriebe, Band 1, 3. Auflage, Wien / New York.

Muthén, L. K. / *Muthén*, B. O. (2004): Mplus User's Guide: Statistical Analysis with Latent Variables, Los Angeles.

Pearl, J. (2001): Causality, Models, Reasoning, and Inference, Cambridge.

Pearl, J. / *Verma*, T. S. (1991): A Theory of Inferred Causation, in: Proceedings of the Second International Conference on the Principles of Knowledge Representation and Reasoning, Cambridge, April 1991, pp. 441–452.

Scheines, R. (1997): An Introduction to Causal Inference, in: McKim, V. R. / Turner, S. P. (eds.): Causality in Crisis? Statistical Methods and the Search for Causal Knowledge in the Social Sciences, pp. 163–176.

Spirtes, P. / *Glymour*, C. / *Scheines*, R. (2000): Causation, Prediction, and Search, 2nd edition, Cambridge.

Spirtes, P. / *Scheines*, R. (1997): Reply to Freedman, in: McKim, V. R. / Turner, S. P. (eds.): Causality in Crisis? Statistical Methods and the Search for Causal Knowledge in the Social Sciences, pp. 185–199.

Spirtes, P. / *Scheines*, R. / *Meek*, C. / *Richardson*, T. / *Glymour*, C. / *Hoijtink*, H. / *Boomsma*, A. (1996): Tetrad 3: Tools for Causal Modeling, User's Manual, http://www.phil.cmu.edu/tetrad/tet3/master.htm, abgefragt am 16.01.2005.

A Configurational Analysis of Growing SMEs: Entrepreneurial Orientation, Environmental Dynamics and Financial Resources as Predictors of Growth

By *Hermann Frank* and *Alexander Keßler*, Vienna

I. SME Growth and Entrepreneurship

A majority of the new jobs created in the period from 1988 to 2001 can be attributed to micro, small and medium-sized enterprises (based on EU definition). At the same time, the overall number of employees at large companies decreased during the same period. Most of the newly created jobs can be attributed to existing micro businesses, while small businesses showed weaker job growth compared to micro businesses, and medium-sized businesses lagged behind small businesses in this respect (European Commission, 2002). A number of jobs created in that period can be attributed to startups, which are mostly founded as micro businesses. However, only a small percentage of startups show significant growth processes (e. g. Frank/Keßler/Korunka/Lueger, 2006).

Within the category of SMEs, there are substantial differences in (relative) growth. The purpose of this paper is to examine potential explanations for those differences. It attempts to explain SME growth based on a configuration analysis consisting of the predictors entrepreneurial orientation (EO), environmental dynamism and financial resources. To this end, we analyze SMEs which are going through phases of sustainable growth, that is, which show consistent increases in their number of employees over a period of three years.

Business growth can be the manifestation of a basic entrepreneurial orientation, which points to a difference compared to firms without growth ambitions (Penrose, 1959; Shepherd/Wiklund, 2005). With regard to the connection between growth and entrepreneurship, Davidsson/Delmar/Wiklund (2006, pp. 21) argue on the basis of theoretical considerations and empirical findings that growth in small and new firms nearly always occurs as organic growth and can be attributed to entrepreneurship. These arguments are based on entrepreneurial capabilities as a crucial element of organic growth (Penrose, 1959).

Whereas entrepreneurial quality is not attributed to market penetration as a growth strategy because it addresses a known market (more intensively) with a known product (Davidsson, 2004, p. 12), product innovation, market expansion and diversification – as expressions of organic growth – demonstrate entrepreneurial quality. Growth based on product innovation is associated with especially high entrepreneurial quality because it focuses on creating new means-ends-relationships, that is, the discovery (and exploitation) of opportunities (Shane/Venkataraman, 2000).

Growth can be explained using various approaches, the theoretical foundations of which examine its causes in various areas of influence (i. e. person, enterprise, environment). Approaches based on the entrepreneurial person rely on personal motives (Davidsson, 1989, pp. 89), human capital and personal networks (Shepherd/Wiklund, 2005) as explanatory variables. This explanation strategy is mainly relevant in the case of micro and small businesses. In this size category, the entrepreneur's influence on the development of the enterprise is most direct, especially as only few (if any) strategic decisions are made jointly by multiple actors in this context (Mugler, 1998, p. 140). The larger a business becomes, the more difficult it is to identify this direct influence.

In approaches which focus on environmental factors, it is assumed that changes or variations in economic and meta-economic environmental conditions bring about opportunities which innovative firms can leverage selectively in order to grow. In this context, new businesses in particular are predestined to use and to bring about such changes. The environment controls the level of available resources (environment capacity) and thus has an impact on the stability and growth of organizations (Aldrich, 1979; Hannan/Freeman, 1989). In contrast to approaches which focus on the entrepreneur as a person and interpret the business as the 'extended will' of a key actor, environment-based approaches postulate that growth is determined exogenously.

Enterprise-based approaches focus on the strategy and resources of a firm (similar to Davidsson/Delmar/Wiklund, 2006, p. 46), with strategy defining relationships to the environment. In addition, (changing) environmental conditions always involve opportunities which can be used by means of strategic adaptation. Implementing such adaptation measures brings about a need for resources. Businesses which adapt their strategies and have access to the necessary resources are better able to take advantage of growth opportunities as they arise. In this context, EO[1] is gaining importance as a strategic posture, as firms can behave reactively or proactively. EO postulates a proactive posture and thus involves taking an active role in influencing the environment.

---

[1] In the academic discussion, the question of whether EO is the result of certain capabilities (e. g. Madsen/Alsos/Borch/Ljunggren/Brastad, 2006) or represents a (dynamic) capability (e. g. Lee/Lee/Pennings, 2001) is becoming increasingly important.

The configuration approach (see below) represents a synthesis of these approaches to explaining business growth. Due to its high degree of abstraction, this approach attempts to explain a wide variety of organizational developments, and business growth can be regarded as an expression of organizational development.

II. Strategy, Resources and Environment from a Configurational Perspective

1. Configuration Analysis

In contrast to an isolated analysis of the effects of individual variables, configuration analysis relies on the interaction of multiple variables in order to explain how firms develop (Mugler, 2005, pp. 149; Mugler, 1998, p. 108). Taking the interplay of (multiple) variables (or groups of variables) into consideration makes it possible to generate types and thus arrive at an explanation which adequately reflects the complexity of the subject. Such types can be created using cluster or regression analysis methods. In the case of regression analyses, interactions between certain independent variables and their various effects on a dependent variable are used in order to create types. Compared to contingency analysis, the specific benefit of configuration analysis is that it can depict interactions between more than two variables. This is accompanied by the expectation that such analyses will attain higher explanatory power compared to contingency analysis (Dess/Lumpkin/Covin, 1997).

This research approach was originally designed to explain the development of large companies (Miller, 1986; Miller, 1987). In adapting the approach to SMEs, Mugler (1998) postulated that the four imperatives of 'person' (entrepreneur), 'resources', 'environment' and 'management' as well as their mutual interplay determine the development of a business. Imperatives combine multiple variables, thus lending structure to the configuration analysis itself. This configuration structure has proven especially useful in the case of new businesses as well as micro and small businesses. Empirical findings (e. g. Frank/Korunka/Lueger, 2007, pp. 235) indicate that the significance of the entrepreneur (person) decreases as firms develop and grow in size. This does not rule out the possibility that the person may regain significance during specific stages of a business' life cycle (e. g. crises, takeover stages). It is therefore generally useful to consider all four imperatives when attempting to explain the development of SMEs. The selection of imperatives used will depend on the specific research question and the relevant sample, among other things.

This paper attempts to explain SME growth based on a configuration analysis consisting of the predictors EO, environmental dynamism and financial resources. This selection of predictors is based on the areas of management (strategy), environment and resources according to Mugler's configuration model (1998, p. 108) and focuses on one aspect in each of those imperatives: 'entrepreneurial orientation' as a strategic posture in the case of management, 'environmental dynamism' in the case of the environment, and 'access to financial resources' in the case of resources. As the average business size in the sample examined was approximately 55 employees (cf. Section III.1) and our configuration analysis was restricted to the interaction of three variables, the 'person' imperative was not included in the model.

In empirical research on strategic management and entrepreneurship, one can distinguish three basic perspectives with regard to the relationships of independent variables to each other and to performance: the universal (main) effects approach, the contingency approach, and the configuration approach (Wiklund/Shepherd, 2005). The simplest of these approaches – the universal (main) effects approach – describes the relationship between the independent variables and performance as a function in which the independent variables do not interact with one another, for example: performance = f (environmental dynamism, access to financial capital, EO). The contingency approach goes one step further and accounts for (selected) interactions between two variables in the form of two-way interaction. Thus the contingency approach assumes that the extent and direction of an independent variable's impact on a dependent variable will vary under certain circumstances. A formal expression of this relationship can be formulated as follows: performance = f (environmental dynamism, access to financial capital, EO, EO*environmental dynamism, EO*access to financial capital, environmental dynamism*access to financial capital). Finally, the configuration approach considers relationships among all three variables. In this approach, a formal relationship might be expressed as performance = f (environmental dynamism, access to financial capital, EO, EO*environmental dynamism, EO*access to financial capital, environmental dynamism*access to financial capital, EO*environmental dynamism*access to financial capital). Configuration analysis thus accounts for two-way interactions as well as three-way interactions in the case of three independent variables.

2. Generation of Hypotheses

EO is a strategic posture which refers to the business as a whole and enables various enterprise-based strategy options. The connection between EO and growth has been demonstrated in several studies (e. g. Wiklund, 1999). EO consists of the dimensions innovativeness, risk taking and proactiveness (Miller, 1983). The innovativeness dimension represents an aspect of a firm's strategic posture which refers to the willingness and ability to question – and abandon – existing or given circumstances and to create room for creativity, new ideas and experiments. The objective is to produce innovations, which can manifest themselves in the launch of new products, in the exploration of new markets, and in process innovations. The proactiveness dimension embodies an aspect of a firm's strategic posture which refers to the willingness and ability not to wait for new developments and trends and only then react to them, but to anticipate such developments as early as possible and to act as a first mover vis-à-vis competitors. The risk-taking dimension represents an aspect of a firm's strategic posture which refers to its willingness and ability to devote increased resources to projects whose outcome is difficult to predict. Businesses with strong EO are the first to come up with innovations, beating competitors to the punch (Miller, 1983). As product and market life cycles are becoming shorter and shorter, EO is generally gaining in importance. In this context, innovations – especially product innovations – provide a means of stabilizing and increasing revenues. Since innovation is an integral component of this strategy, EO-driven firms strive for superiority over their competitors in terms of innovative success. At the same time, sustained increases in revenues lead to growth in the firm's number of employees. As a result, firms with higher EO should also demonstrate superior growth performance (Zahra, 1991; Wiklund/Shepherd, 2005).

H1: EO has a universal positive effect on growth performance.

Dynamic environments are characterized by the high unpredictability of competitors as well as growth potential. At the same time, the strategic maneuvers of competitors and the expectations of customers have an impact on the environment, thus influencing its dynamics and market trends. Such changes bring about numerous business opportunities which entrepreneurially oriented firms can recognize more quickly and leverage in a more targeted manner, as EO specifically allows latitude for innovations, requires and promotes the proactive use of opportunities, and is associated with a higher willingness to take risks. The targeted use of such opportunities means that entrepreneurially oriented firms can create more growth opportunities and use them more effectively, as EO also provides specific experience in opportunity recognition and exploitation (Lumpkin/Dess, 2001; Wiklund/Shepherd, 2005; Zahra, 2005).

H2: The relationship between EO and growth performance is moderated by environmental dynamism. Growth performance increases with EO, but at a faster rate for SMEs in dynamic environments.

Quantitative business growth requires financing. Among SMEs, access to financial resources is often a factor which limits growth opportunities. At the same time, EO is a resource-intensive strategy (Covin/Slevin, 1991), as risky innovation projects might also fail. Launching such projects places high demands on the firm. In this context, financial resources demonstrate and enable a high level of flexibility. At the same time, entrepreneurship represents a specific form of strategic behavior in which a firm creates and seizes opportunities and pursues them regardless of the resources currently controlled (Stevenson, 2000, p. 8). The more innovation projects a firm launches and the faster it grows, the more financial resources it will require. Having access to more financial resources provides the firm with greater strategic latitude for a wide variety of innovation activities (Tushman/Anderson, 1986; Wiklund/Shepherd, 2005).

H3: The relationship between EO and growth performance is moderated by financial resources. Growth performance increases with EO, but at a faster rate for SMEs with more financial resources.

Configuration research focuses on the interaction of the variables addressed in Hypotheses 1 to 3 (EO, environmental dynamism and financial resources). Studying the interaction of three variables generates higher explained variance compared to the contingency approach, which relies on only two variables at a time (Dess/Lumpkin/Covin, 1997). The interaction of the three variables indicates that entrepreneurially oriented firms which specifically seek out new opportunities in dynamic environments and also possess the necessary financial resources demonstrate higher growth performance than firms which show a lower level of EO, have less financial resources at their disposal and operate in less dynamic environments (Wiklund/Shepherd, 2005).

H4a: The growth performance of SMEs is explained by configurations of EO, environmental dynamism and financial resources. H4b: The growth performance of SMEs is highest among businesses with a high degree of EO, more financial resources, and more dynamic environments compared to other configurations. H4c: The growth performance of SMEs is lowest among businesses with a high degree of EO, less financial resources, and stable environments compared to other configurations.

III. Method

1. Sample

The sample analyzed here was derived from a survey of 2,878 Austrian firms which are classified as small and medium-sized enterprises based on their number of employees (10 to 249 employees). The sample was drawn from the Aurelia database, which comprises nearly 150,000 firms.

The selection of industries[2] is based on the assumption that they demonstrate increased innovation potential and at the same time a certain distribution with regard to actual innovative behavior. In addition, we deliberately combined production and services in the selection.

In order to minimize the risk of including micro businesses in the sample, only firms which, according to the database, had 20 to 249 employees in the year 2006 were contacted in the course of the full survey. A total of 358 firms returned the questionnaire, and only one questionnaire could not be used. This makes for a return rate of 12.4 %. Non-response bias based on the firms' industry (Chi2 = 306.041; p = .999), number of employees (F = 4.769; p = .817), amount of revenues (F = 2.724; p = .446) or capital resources (F = .282; p = .778) could not be identified. The returned questionnaires show a distribution of staff sizes from 11 to 1,311.5 employees. This distribution exceeds the originally defined limits of 20 and 249 employees. Therefore, the 10 firms which employ more than 249 people were omitted from further analysis. In contrast, the 26 firms which have fewer than 20 but more than 9 employees were included in the analysis, thus yielding a sample of 347 small and medium-sized enterprises.

As research has often identified a need to carry out well-founded analyses of the entrepreneurship phenomenon using limited but highly relevant samples (Davidsson/Delmar/Wiklund, 2006), the analysis sample was restricted to growing firms only. The development of firm size was determined on the basis of the number of employees reported at three different times (in our case: 2004, 2005 and 2006). As some of the information was incomplete, the data set was further reduced to 238 cases which contained complete information on full-time and part-time employees as of all three measurement dates. Of those 238 firms, 164 (68.9 %) had increased their number of employees during the observation period. In the period from 2004 to 2006, the growth of the firms in the analysis sample was between one and 550 %, with a mean of 32.3 %. The 164 firms which grew in size showed the following distribution across economic sectors: 109 (66.5 %) in trades and manufacturing, 52 (31.7 %) in services, and 3 (1.8 %) in commerce. It was necessary to include the commerce sector due to the possible response 'Other line of business'.

---

[2] The full survey contained the following industries (ÖNACE classification): food industry; wood industry; paper industry; chemical production; metal production and processing; steel and light metal construction, manufacturing of metal products; mechanical engineering; production of office machines as well as data processing machines and facilities; production of devices for electrical power generation and distribution; communications technology and production of broadcasting and television devices as well as electronic components; production of medical, measurement and control systems and optics; production of motor vehicles and motor vehicle parts; other vehicle construction; recycling; data processing and databases; technical, physical and chemical inspection; advertising; waste water and waste management, other waste disposal.

2. *Variables and Operationalization*

a) Dependent Variable

The concept of the multidimensionality of success (Carton/Hofer, 2006, p. 5) served as the basis for our design of the dependent variable 'growth performance'. We chose this concept because financial performance measures alone are not sufficiently meaningful due to certain discretions in asset valuation, and because different performance measures bring about varied results (Hienerth/Keßler, 2006; for innovation research see Dömötör/Franke/Hienerth, 2007).

One possible way to avoid this problem is to use multiple performance indicators and to merge them into a multidimensional performance measure (Wiklund/Shepherd, 2005, p. 80). In order to account for differences in original values, growth is expressed as the relative change in a firm's size (measured in terms of the number of employees in 2004 and 2006). However, this information alone is not sufficiently meaningful because it does not create a comparison with other firms. As is common in performance measurement (e. g. Chandler/Hanks, 1993), an additional comparison with competitors is also included, although this usually requires subjective assessments. Like the criterion of consistent growth, the following indicators were used as additional performance indicators, each compared with the competition on the basis of a three-year reference period (2004–2006): revenues, firm size, market share, share of regular customers, and success with new products and processes.

The development of market share is an especially important growth or performance indicator in the case of SMEs which compete directly with larger companies. The development of the share of regular customers is also especially important in SMEs (Mugler, 1999, pp. 18). The reference indicator 'Success with new products/processes' measures the outcome of 'entrepreneurial orientation' as a fundamental strategic posture vis-à-vis the competition. The use of a three-year reference period serves to rule out short-term, non-sustainable growth, as growth is associated with the idea of an enduring development (Gutenberg, 1942, pp. 149). Financial performance measures (e. g. ROE) were not included because growing firms invest varying amounts in expansion and thus reduce their profits to different degrees.

Seven-point scales (1 = Far lower performance than the competitors, 7 = Far higher performance than the competitors) were used for all performance indicators. Relative business growth, which is measured in terms of the number of employees, was also mapped to this scale. The values were standardized and then combined (Cronbach's α: 0.79).

b) Independent Variables

Entrepreneurial orientation: In order to measure EO, we used the thirteen-item scale developed by Miller (1983; 1987). The scale consists of five items to measure innovativeness, four items to measure risk-taking, and four items to measure proactiveness, with each item articulated as a pair of opposite statements on a seven-point scale. EO is treated as a single joint construct. The scale yields a Cronbach's α of 0.86.

Access to financial capital: In line with the work of Wiklund/Shepherd (2005, p. 81) we used a subjective measure of the small business owner's/manager's level of satisfaction with his access to financial capital measured on a seven-point scale with the opposite statements 'insufficient and a great impediment to our development' and 'fully satisfactory for the firm's development'.

Environmental dynamism: Environmental dynamism was operationalized using four items from Miller (1987) with pairs of opposite statements on a seven-point scale. The scale indicates sound reliability (Cronbach's α: 0.79).

Control variables: Firm size, firm age and industry (trades/industry vs. services) are used as control variables, as these characteristics can impact performance. Market growth was also included as a control variable in order to control for differences in the surveyed firms' most important sales markets.

3. Analysis

As our objective in this context is to explain the observed distribution of growth in SMEs – and not growth itself, which would suggest a binary logistic regression analysis (growing vs. not growing) – we examine our sample of growing firms using regression analysis. We test our hypotheses in four steps by means of linear hierarchical regression analysis. The control variables and EO, environmental dynamism and financial resources (= first-order variables) are included in the first two steps, followed by two-way interactions (= second-order variables) in the third step and three-way interaction (= third order variable) in the fourth step. Due to missing values, 12 cases were excluded from the final analysis sample, thus reducing the data set to 152 cases.

IV. Results

The correlations of the variables are shown in Table 1. Most correlations between the first-order independent variables are relatively low. However, there are some exceptions with correlations exceeding .3: We find a negative correlation of –.341 between EO and firm age, which is not surprising since younger firms will show more pioneering characteristics. The correlation of .349 between environmental dynamism and the control variable 'market growth' matches our expectations, because market growth is a form of environmental dynamism. The correlation of .517 between EO and environmental dynamism is surprisingly high. However, the literature postulates that EO is especially suitable as a strategic posture in dynamic environments (e. g. Lumpkin/Dess, 2001). In order to check for multicollinearity in the regression analyses, we calculated the variance inflation factor (VIF). The VIF scores for all first-order variables are just over 1, meaning that they are far below critical values.

The results of our hypothesis tests are shown in Table 2. We began by adding the control variables. In the second step, we included the independent variables (universal model). Then we applied the two-way interaction terms (contingency model; Step 3), and finally added the three-way interaction term (configuration model; Step 4).

The control variables explain 7.6 % of the variation in performance. The model attains adequate statistical significance in this step ($p = .041$). Market growth turns out to be a significant predictor. In the next step of the regression analysis, we review the universal influence of EO, environmental dynamism, and access to financial capital on growth performance. These three variables account for an additional 16.1 % of the variance in growth performance ($p = .000$). Explained variance thus attains a value of 23.7 % (adjusted $R^2 = 19.4$ %). The model is statistically significant ($p = .000$). EO has a significant positive relationship ($p = .000$) with growth performance, that is, higher EO is linked to superior growth performance. This serves to confirm Hypothesis 1.

With an explained variance of 24.3 %, the contingency model attains statistical significance ($p = .000$), but the explained variance gained ($\Delta R^2 = .6$ %) does not meet the requirements for statistical significance ($p = 0.767$). Likewise, none of the two-way interactions added (EO*environmental dynamism, EO*access to financial capital, environmental dynamism*access to financial capital) attain statistical significance. This means that Hypotheses 2 and 3 must be rejected.

Finally, the inclusion of the three-way interaction term significantly increases explained variance to 26.8 % and the adjusted R^2 to 20.5 % ($\Delta R^2 = 2.5$ %; $p = 0.031$). This supports Hypothesis 4a. Compared to the contingency model, the configuration consisting of EO, environmental dynamism, and access to financial capital clearly exhibits greater explanatory power.

If we consider these results as a whole, the main effects and interactions have to be taken together for the purpose of interpretation. For higher-order interactions, all lower-order interactions and main effects must be considered.

Based on the coefficients found in the regression analysis, we plotted the effect of EO on growth performance for given values of environmental dynamism and access to financial capital. We used values of environmental dynamism and access to financial capital which were one standard deviation above and below the mean, and we employed a range of values for EO (Cohen/Cohen, 1983). The results are shown in Figure 1. All of the lines show a positive inclination, meaning that growth performance rises along with increasing EO regardless of financial resources and environmental conditions. This result provides further support for Hypothesis 1. At the same time, the results in Figure 1 indicate that EO in stable environments has a greater impact on growth performance than in dynamic environments. The impact of EO in stable environments is highest when combined with low access to financial capital. This refutes Hypotheses 4b and 4c, which state that high EO, high access to financial capital, and environmental dynamism represent the most successful configuration (4b), or that firms with low access to financial capital show an even lower growth performance if they have a high level of EO (4c).

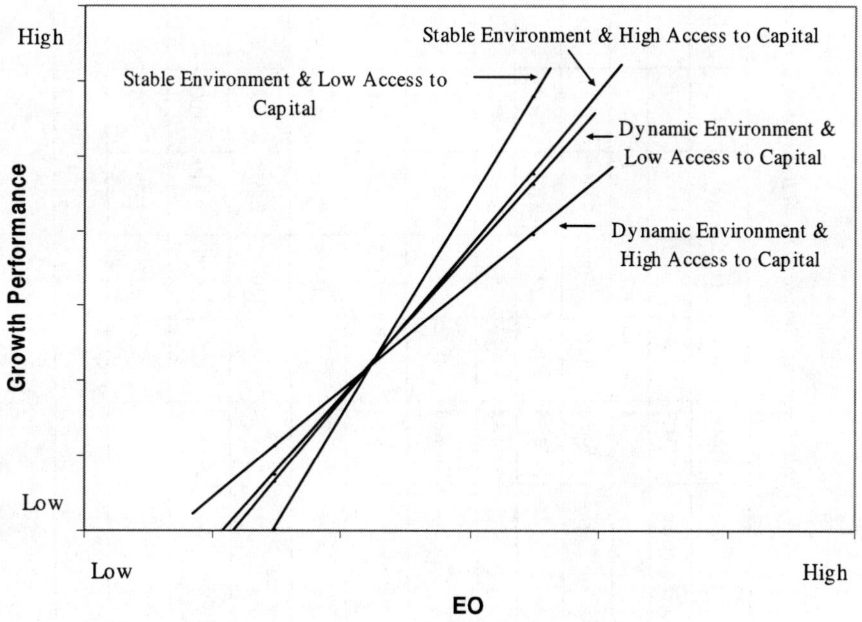

Figure 1: EO x Environmental Dynamism x Access to Capital

Table 1: Means, Standard Deviations and Correlations for Quantitative Variables

	Mean	**S.D.**	**(1)**	**(2)**	**(3)**	**(4)**	**(5)**	**(6)**	**(7)**	**(8)**	**(9)**	**(10)**
(1) Growth performance	5.22	0.62	1									
(2) Firm age	28	15	–.170*	1								
(3) Firm size	54.58	50.36	–.001	.270**	1							
(4) Market growth	4.36	1.46	.225**	–.277**	–.226**	1						
(5) EO	4.32	0.99	.459**	–.341**	–.040	.220**	1					
(6) Environmental dynamism	4.83	0.92	.281**	–.198**	–.075	.349**	.517	1				
(7) Access to financial capital	5.03	1.79	.113	–.059	.066	.098	.107	.272**	1			
(8) EO x env. dynamism			.417**	–.320**	–.082	.315**	.884**	.842**	.192**	1		
(9) EO x finanicial capital			.307**	–.223**	.023	.174**	.582**	.460**	.852**	.594**	1	
(10) Dynamism x financial capital			.197**	–.110	–.005	.241**	.293**	.638**	.897**	.509**	.872**	1
(11) EO x dynamism x financial capital			.327**	–.232**	–.040	.268**	.629**	.702**	.742**	.765**	.939**	0.910**

** $p<0.01$; * $p<0.05$

Table 2: Growth Performance: Universal, Contingency, and Configurational (n = 152)

	Control Variables		Universal Model, Control Variables		Contingency Model		Configuration Model	
	β	S.E.	β	S.E.	β	S.E.	β	S.E.
Firm age	–.130	.021	.013	.020	.014	.021	.009	.021
Firm size	.094	.001	.055	.001	.039	.001	.048	.001
Industry: trades/manufacturing	–.263	.454	–.213	.421	–.191	.426	–.188	.421
Industry: Services	–.227	.460	–.162	.427	–.148	.431	–.157	.426
Market growth	.204*	.045	.131	.044	.129	.045	.123	.044
EO			.418**	.072	.751	.344	2.595**	.757
Environmental dynamism			.016	.079	.355	.360	2.117*	.775
Access to financial capital			.047	.034	.212	.199	3.474*	.688
EO x dynamism					–.505	.069	–3.913*	.174
EO x financial capital					–.048	.044	–4.161*	.160
Dynamism x financial capital					–.170	.042	–4.690*	.159
EO x dynamism x fin. capital							5.770*	.035
R^2	.076*		.237**		.243**		.268**	
Adjusted R^2	.044*		.194**		.183**		.205**	
ΔR^2	.076*		.161**		.006		.025*	

Standardized regression coefficients are displayed in the table.
** $p<0.01$; * $p<0.05$

V. Discussion

Like all others, this study has its limitations. Strictly speaking, it is first important to note that the causal attributions postulated here would require a longitudinal research design. However, this shortcoming is mitigated to a certain extent by the retrospective collection of growth data over a period of three years. We did not review whether the firms in the analysis sample actually pursued explicit growth strategies. In light of our retrospective approach, including this variable would not be particularly useful because the accompanying rationalizations would distort the results. Despite these limitations, the results can be assessed as positive based on the explained variance of 26.8 %.

These results indicate that EO as a strategic posture makes a substantial contribution to explaining growth performance in SMEs. In this context, it is important to emphasize that this connection applies to all of the configurations examined, which highlights the general significance of EO for growth performance. Wiklund/Shepherd (2005) reported similar findings exclusively for small businesses. The general significance of EO already shows itself in the universal (main) effects model, which explains nearly 24 % of the variance in growth performance, with EO being the only significant predictor. The general explanatory power of EO becomes especially visible in the configuration model. While the contingency model does not make a significant additional contribution to explaining growth performance, the configuration model's additional contribution of 2.5 percentage points (= 10.3 %) is statistically significant. This is in line with the theoretically postulated expectations of configuration analysis (Mugler, 1998) as well as other empirical findings (e. g. Dess/Lumpkin/Covin, 1997; Wiklund/Shepherd, 2005).

Our findings do not confirm the hypotheses regarding the extent of EO's impact on growth performance (4b and 4c). While the literature postulates that EO has especially strong effects in dynamic environments (e. g. Zahra, 2005) and given high access to financial capital, our results highlight the special impact of EO in stable environments with low access to financial capital. Findings which corroborate our results can be found in Wiklund/Shepherd (2005), who argue that EO provides a useful differentiation mechanism in stable environments. When a stable environment is combined with low access to financial resources, the effect of EO on growth performance becomes especially clear because it can be used to overcome resource constraints. This configuration-based understanding of relationships between variables also enhances the opportunities to intervene actively and in a targeted manner (Mugler, 1998, p. 99). In this context, EO proves to be a central strategic intervention mechanism due to its general effectiveness. However, this insight was only gained on the basis of a configuration analysis. Thus, the results of a complex configuration analysis could provide an approach for a simple but effective intervention strategy.

References

Aldrich, H. E. (1979): Organizations and Environments, Englewood Cliffs, NJ.

Carton, R. B. / *Hofer*, C. W. (2006): Measuring Organizational Performance: Metrics for Entrepreneurship and Strategic Management Research, Cheltenham.

Chandler, G. N. / *Hanks*, S. H. (1993): Measuring the Performance of Emerging Businesses: A Validation Study, in: Journal of Business Venturing, 8, pp. 391–408.

Cohen, J. / *Cohen*, P. (1983): Applied Multiple Regression/Correlation Analysis for Behavioural Sciences, 2nd edition, Hillsdale, NJ.

Covin, J. G. / *Slevin*, D. P. (1991): A Conceptual Model of Entrepreneurship as Firm Behavior, in: Entrepreneurship: Theory and Practice, 16/1-Fall, pp. 7–25.

Davidsson, P. (1989): Continued Entrepreneurship and Small Firm Growth, Stockholm.

– (2004): Researching Entrepreneurship, New York.

Davidsson, P. / *Delmar*, F. / *Wiklund*, J. (2006): Entrepreneurship as Growth; Growth as Entrepreneurship, in: Davidsson, P. / Delmar, F. / Wiklund J. (eds.): Entrepreneurship and the Growth of Firms, Cheltenham, pp. 21–38.

Dess, G. G. / *Lumpkin*, G. T. / *Covin*, J. G. (1997): Entrepreneurial Strategy Making and Firm Performance: Tests of Contingency and Configurational Models, in: Strategic Management Journal, 18, pp. 677–695.

Dömötör, R. / *Franke*, N. / *Hienerth*, C. (2007): What a Difference a DV Makes…The Impact of Conceptualizing the Dependent Variable in Innovation Success Factor Studies, in: Zeitschrift für Betriebswirtschaft, special issue 2/2007: Innovation Orientation, Innovativeness and Innovation Success, edited by Ernst, H. / Gemünden, H. G., pp. 23–46.

Europäische Kommission (2002): KMU im Brennpunkt: Hauptergebnisse des Beobachtungsnetzes der Europäischen KMU, Luxemburg.

Frank, H. / *Keßler*, A. / *Korunka*, C. / *Lueger*, M. (2006): Gründungsrealisierung und Erfolg von jungen Unternehmen in Österreich. Eine Analyse der Entwicklung im Verlauf von acht Jahren (1998–2005), Forschungsbericht des Instituts für Betriebswirtschaftslehre der Klein- und Mittelbetriebe der Wirtschaftsuniversität Wien, Wien.

Frank, H. / *Korunka*, C. / *Lueger*, M. (2007): The Significance of Personality in Business Start-up Intentions, Start-up Realization and Business Success, in: Entrepreneurship and Regional Development, 19, pp. 227–251.

Gutenberg, E. (1942): Zur Frage des Wachstums und der Entwicklung von Unternehmungen, in: Henzl, F. (Hrsg.): Leistungswirtschaft, Festschrift für Fritz Schmidt zum 60. Geburtstag, Berlin / Wien, S. 148–158.

Hannan, M. / *Freeman*, J. (1989): Organizational Ecology, Cambridge, MA.

Hienerth, C. / *Keßler*, A. (2006): Measuring Success in Family Businesses: The Concept of Configurational Fit, in: Family Business Review, 19, pp. 115–134.

Lee, C. / *Lee*, K. / *Pennings*, J. M. (2001): Internal Capabilities, External Networks, and Performance: A Study on Technology-Based Ventures, in: Strategic Management Journal, 22, pp. 615–640.

Lumpkin, G. T. / *Dess*, G. G. (2001): Linking Two Dimensions of Entrepreneurial Orientation to Firm Performance: The Moderating Role of Environment and Industry Life Cycle, in: Journal of Business Venturing, 16, pp. 429–451.

Madsen, E. L. / *Alsos*, G. A. / *Borch*, O. J. / *Ljunggren*, E. / *Brastad*, B. (2006): Developing Entrepreneurial Orientation – The Role of Dynamic Capabilities and Intangible Resources, paper presented at the RENT XX Conference, Brussels, Belgium, 22–24. November.

Miller, D. (1983): The Correlates of Entrepreneurship in Three Types of Firms, in: Management Science, 29, pp. 770–791.

– (1986): Configurations of Strategy and Structure: Towards a Synthesis, in: Strategic Management Journal, 7, pp. 233–249.

– (1987): The Genesis of Configuration, in: Academy of Management Review, 12, pp. 686–701.

Mugler, J. (1998): Betriebswirtschaftslehre der Klein- und Mittelbetriebe, Band 1, 3. Auflage, Wien / New York.

– (1999): Betriebswirtschaftslehre der Klein- und Mittelbetriebe, Band 2, 3. Auflage, Wien / New York.

– (2005): Grundlagen der BWL der Klein- und Mittelbetriebe, Wien.

Penrose, E. (1959): The Theory of the Growth of the Firm, Oxford.

Shane, S. / *Venkataraman*, S. (2000): The Promise of Entrepreneurship as a Field of Research, in: Academy of Management Review, 25, pp. 217–226.

Shepherd, D. / *Wiklund*, J. (2005): Entrepreneurial Small Businesses: A Resource-based Perspective, Cheltenham.

Stevenson, H. (2000): The Six Dimensions of Entrepreneurship, in: Birley, S. / Muzika, D. (eds.): Mastering Entrepreneurship, London, pp. 8–13.

Tushman, M. L. / *Anderson*, P. (1986): Technological Discontinuities and Organizational Environments, in: Administrative Science Quarterly, 31, pp. 439–465.

Wiklund, J. (1999): The Sustainability of the Entrepreneurial Orientation – Performance Relationship, in: Entrepreneurship: Theory and Practice, 24/1-Fall, pp. 37–48.

Wiklund, J. / *Shepherd*, D. (2005): Entrepreneurial Orientation and Small Business Performance: A Configurational Approach, in: Journal of Business Venturing, 20, pp. 71–91.

Zahra, S. A. (1991): Predictors and Financial Outcomes of Corporate Entrepreneurship: An Exploratory Study, in: Journal of Business Venturing, 6, pp. 259–285.

– (2005): Introduction, in: Zahra, S. A. (ed.): Corporate Entrepreneurship and Growth, Cheltenham, pp. xiii–xxvi.

Regionale Vernetzung von KMB

Von *Dietmar Rößl*, *Gerda Berger* und *Matthias Fink*, Wien

I. Präambel und Begriffsklärungen

Zwischenbetriebliche Kooperationen stellen eine Möglichkeit dar, Ressourcen mit anderen Unternehmen zusammenzuführen und so neue – mitunter einzigartige – Ressourcenkombinationen zu schaffen. Durch eine zwischenbetriebliche Kooperation entsteht – unabhängig von der Frage, ob sie sich nach außen mit eigener Rechtsform darstellt – eine neue Wirtschaftseinheit. In diesem Sinn sind Kooperationen auf derselben Ebene wie Unternehmensgründungen zu sehen. Zwischenbetriebliche Kooperationen sind aber nicht nur als neue Wirtschaftseinheiten relevant, vielmehr muss das Kooperationsphänomen und seine wirtschaftliche Relevanz breiter analysiert werden: Regionale Vernetzungen (regionale Netzwerke[1], Unternehmensnetzwerke[2] und zwischenbetriebliche Kooperationen[3]) sind sowohl der Boden, auf dem Unternehmensneugründungen in der Region entstehen, als auch die Quelle, aus der regionale

---

[1] Regionale Netzwerke bezeichnen das Beziehungsgefüge in einem räumlich definierten Bereich zwischen den ansässigen Akteuren. Während die Zugehörigkeit der Elemente im Netzwerk stabil ist, kommt es zu einem häufigen Wechsel der konkreten Transaktionsbeziehungen. Regionale Netzwerke bezeichnen die „Durchtränkung" der Region „mit einem [...] Netz vertrauensvoller Beziehungen" (Sydow, 1992, S. 47) und die „arena in which the struggle for survival takes place" (Håkansson/Johanson, 1988, S. 369f.). Regionalen Netzwerken können keine Entscheidungen zugerechnet werden, die Beteiligten nehmen sich nicht als System wahr.

[2] Unter Unternehmensnetzwerken sollen hier Beziehungsgeflechte von Unternehmen zu anderen Akteuren zur Abstimmung und Ermöglichung ökonomischer Aktivitäten verstanden werden. Sie korrespondieren zwar mit der ökonomischen Zielsetzung des Unternehmens, umfassen aber neben Unternehmen auch andere, z. B. politisch relevante, Akteure.

[3] Zwischenbetriebliche Kooperationen sind langfristige Verhaltensabstimmungen von Unternehmen mit expliziter betriebswirtschaftlicher Zielsetzung, in denen sich die Beteiligten jeweils für eine Verhaltensoption entscheiden, die nur bei einem bestimmten – entweder durch hierarchische Steuerung sichergestellten oder auf der Grundlage von Vertrauen erwarteten – Verhalten der Kooperationspartner langfristig höheren Nutzen bringt. Da andere Verhaltensoptionen kurzfristig einen höheren Vorteil bringen, geht von ihnen das Risiko opportunistischen Verhaltens der Partner aus (Pleitner/Rößl, 1995, S. 672f.).

Unternehmen Ressourcen beziehen. Vernetzungsbeziehungen stellen daher sowohl Ressourcen der beteiligten Unternehmen als auch der Region dar (Rößl, 2006, S. 79) und beeinflussen daher die wirtschaftliche Entwicklung in der Region. Auch die Konzeptionen von „creative mileus" und „industrial districts" (siehe Abschnitt II) sehen die Art und Intensität der regionalen Vernetzung unmittelbar mit der Dynamik des regionalen Gründungsgeschehens und der wirtschaftlichen Entwicklung der regionalen Unternehmen verbunden. Mitunter erlangt die regionale Vernetzung sowohl hinsichtlich der Art der Netzwerkknoten als auch der Beziehungen eine Qualität als „Nährboden", sodass sie Unternehmen mit überregionalem, eventuell auch globalem Fokus anzieht.

In diesem Beitrag zeigen wir, warum trotz dieser großen Potentiale regionale Vernetzungen und zwischenbetriebliche Kooperationen häufig nicht entstehen und leiten auf Basis der Ergebnisse eines anwendungsorientierten Forschungsprojekts im Lebensmittelbereich wirtschaftspolitische Implikationen und Handlungsempfehlungen für die Entwicklung und das Management regionaler Vernetzungen ab.

II. Regionale Vernetzung und regionale Wirtschaftsentwicklung

Hinsichtlich der Behebung struktureller ökonomischer Defizite in der Region kann ein Paradigmenwechsel konstatiert werden: Die traditionellen wachstums- und angebotsorientierten Regionalentwicklungskonzepte werden von Ansätzen, welche die endogenen Mechanismen einer Region im Fokus haben, abgelöst (Mugler/Fink/Loidl, 2006; Bathelt/Glückler, 2002; Maillat, 1998a; Tödtling, 1994): Versuchte die traditionelle Regionalpolitik die regionale Entwicklung durch Subventionsplanung und -verteilung, durch Umverteilungsaktivitäten von den Zentren in die Peripherien sowie durch regionsexterne Entwicklungsimpulse (z. B. Betriebsansiedlungen, Steigerung der Arbeitskräftenachfrage von außen) zu fördern, geht es den endogen orientierten Ansätzen um eine Betonung der eigenständigen Regionalentwicklung im Rahmen der Begünstigung problem-, lern- und akteursintegrativer Strukturen (Mugler/Fink/Loidl, 2006, S. 11f.; Kilper, 1991, S. 4). Dabei sind es vor allem ein hoher Verflechtungs- und Vernetzungsgrad regionaler Unternehmungen und die kooperative Einbindung regionaler Akteure, welche als zentrale Voraussetzungen zur Herstellung und Aufrechterhaltung der Wettbewerbsfähigkeit einer Region gesehen werden (Maskell/Malmberg, 1999, S. 171f.; Scheff, 1999, S. 55).

Die Erfolgsrelevanz regionaler Verflechtung für das einzelne Unternehmen und für die Region wird mit der Entwicklung zusammenhängender, einander ergänzender Wirtschaftsstrukturen (Scheff, 1999, S. 62) und über folgende Wirkungszusammenhänge begründet (Genosko, 1998, S. 39f.; Meyer, 2002, S. 84f.):

- Stärkung des regional verankerten „tacit knowledge“ durch Vernetzung mit Experten, Bildungseinrichtungen und „lead user“ führt zu einer Verbesserung der Innovationsfähigkeit der Unternehmen;
- Erleichterung und Erhöhung der Verlässlichkeit des regionalen Ressourcenzugangs begünstigen die Kostenpositionen der Unternehmen;
- Intensivierung der regionalen Kommunikation und damit verbesserte Kenntnis der regionalen Marktbedingungen.

Granovetter (1985, S. 487) geht in seinem Ansatz der social embeddedness davon aus, dass ökonomisches Handeln niemals kontextfrei geschieht, sondern stets in soziales Handeln und in Systeme sozialer Beziehungen eingebettet ist. Damit wird der ökonomische Austausch von Strukturen fortdauernder, sich permanent verändernder sozialer Beziehungen überlagert. Aufgrund dieser sozialen Einbettung können die Beziehungen zwischen den Akteuren zu einer maßgeblichen Quelle für Handlungsprobleme, -ziele und -strategien werden (Glückler, 2001, S. 215). Verfügen z. B. einander Unbekannte über gemeinsame Interpretationsschemata, fördert dies den Aufbau einer Vertrauensbeziehung und erleichtert die Zusammenarbeit der Akteure auch unter anfänglichen Unsicherheiten. Vergleichbar einer Klammer ermöglichen geteilte Grundannahmen, dass sich die Teilnehmer des Netzwerkes gegenseitig einen höheren Grad an Akzeptanz und Vertrauen entgegenbringen (Fürst/Schubert, 2001, S. 34). Vor diesem Hintergrund können daher kooperative Problemlösungen und Lernprozesse schneller und effizienter ablaufen, vertrauliche Informationen übermittelt und Austauschbeziehungen auf einer informelleren Ebene abgewickelt werden. Gleichzeitig resultieren jedoch auch die Entwicklungsprobleme regionaler Vernetzungen aus dem soziokulturellen Hintergrund und den soziokulturellen Ressourcen der Teilnehmer: Unterschiede in den Wertorientierungen, alltäglichen Handlungspraktiken, Lebens- und Wirtschaftsweisen können zur Instabilität eines regionalen Netzwerks führen (Segert/Zierke, 2004, S. 343).

Die Vermutung eines Zusammenhanges zwischen einer gemeinsamen Identität der Teilnehmer eines Netzwerkes und einer begünstigten Netzwerkentwicklung lässt sich auch mithilfe der Konzepte des kreativen Milieus und der Industriedistrikte näher belegen:

- Das Konzept des kreativen Milieus (Maillat, 1998b; Camagni, 1991) schreibt den Erfolg regionaler Netzwerke dem effektiven, durch räumliche Nähe begünstigten, vor allem aber sozial verankerten Zusammenwirken verschiedener Akteure zu. Die Kreativität und Innovativität resultiert aus einer Neukombination bisher unverbundener, verschiedener aber hinsichtlich ihrer Mittel und Handlungen kompatibler Akteure. Dabei fungiert die auf gemeinsamen Werten, Handlungsweisen, Erfahrungs- und Lebenswelten basierende gemeinsame Identität der Akteure als Bindeglied zwischen den divergierenden Interessen der Beteiligten und lenkt die unterschiedlichen Aktivitäten in gemeinsame Bahnen. „The collective behaviour that ensures their coherence and consensus that structures them are major components that determine their ability to give rise to innovation." (Maillat, 1998a, S. 7)

– Auch der auf Marshall (1920, S. 267ff.) zurückgehende Ansatz der industrial districts (Piore/Sabel, 1984; Becattini, 1990; Harrison, 1992; Porter, 1998) postuliert einen positiven Zusammenhang zwischen der gemeinsamen Identität der Akteure, der Evolution regionaler Netzwerke und der regionalen Wirtschaftsentwicklung. Entwicklungsvorteile werden aber auf die räumliche Konzentration branchengleicher oder verwandter Betriebe bzw. Akteure sowie auf ähnliche soziokulturelle Ressourcen zurückgeführt. Die Gesamtheit allgemein anerkannter (Bewertungs-)Regeln, Routinen, Traditionen und Konventionen – die aber wiederum auf die sozial verankerten Beziehungen der Akteure rekurrieren – bilden dabei den Rahmen, durch welchen Unsicherheiten reduziert und Lern- und Innovationsprozesse im regionalen Netzwerk gefördert werden (Maskell/Malmberg, 1999, S. 173).

Regionale Vernetzungen haben nicht nur unmittelbare Effekte auf die regionale Wirtschaftsentwicklung. Zusätzlich erhöhen sie den Zusammenhalt in der Region, wirken somit der sozialen Disaggregation (Mugler/Fink/Loidl, 2006, S. 6f.) entgegen, reduzieren Transportwege, stärken das Bewusstsein der Bevölkerung für Herkunft und Produktionsweise von regionalen Produkten und können regionstypische Produktionsmethoden beleben (Fürst/Schubert, 2001, S. 34f.).

Zahlreiche empirische Arbeiten bestätigen die aus den hier skizzierten Ansätzen ableitbare Bedeutung regionaler Vernetzungen für die Regionalentwicklung (Meyer, 2002; Tischer, 2001; Bathelt/Glückler, 2002; Segert/Zierke, 2004; Fürst/Schubert, 2001; Scheff, 1999; Genosko, 1998).

III. Die Unterstützung von Vernetzungsprozessen

Auch wenn regionale Vernetzungen sowohl in der allgemeinen wirtschaftswissenschaftlichen (Hellfeier, 1999, S. 3f.) als auch in der regionalwissenschaftlichen Diskussion (Glückler, 2001, S. 211) beinahe zu einem „Allheilmittel" sowohl für regionale Strukturprobleme (Genosko, 1998, S. 32; Tödtling, 1994, S. 15) als auch für unternehmensindividuelle Ressourcendefizite stilisiert wurden (Combs/Ketchen, 1999; Brush/Chaganti, 1996), entstehen diese Vernetzungen nicht im wirtschaftspolitisch wünschenswerten Maße.

Konkret stellte sich im Bereich der Landwirtschaft und der gewerblichen Lebensmittelerzeugung die Frage, ob durch Vernetzung dieser Gruppen – eventuell unter Einbeziehung von Gastronomie und Handel – Produkte entstehen könnten, die durch ihre regionale Verankerung, durch die regionale Sichtbarkeit der Akteure und durch die damit gesteigerte Glaubwürdigkeit der Produktversprechen deutliche USPs[4] erlangen. Diese Frage gründet sich auf die These, dass mit solchen regionalen Produkten sowohl die Identität und wirtschaftliche Entwicklung der Region als auch die Wettbewerbsposition der beteiligten Unternehmen gestärkt werden können.

1. Die Studie „Kooperationen zwischen landwirtschaftlichen und gewerblichen Unternehmen"

Das Ziel des vom RiCC – Research Institute for Co-operation and Co-operatives – im Auftrag der *Bundesinnungsgruppe Lebensmittel und Natur*, der *AMA Marketing GmbH* und des *Agrar.Projekt.Vereins* zwischen Oktober 2005 und Jänner 2007 durchgeführten Projektes war es, die Entwicklungslogik von regionalen Vernetzungsprozessen zwischen landwirtschaftlichen Erzeugern und Verarbeitungs- und Vertriebspartnern sichtbar zu machen, um auf dieser Basis Handlungsempfehlungen zur Forcierung solcher Vernetzungen für die Wirtschaftspolitik abzuleiten. Auf diese Weise soll ein Beitrag zur wirtschaftlichen Stärkung der einzelnen Betriebe, zur Etablierung eines regionalen Profils und zur gesamten Regionalentwicklung geleistet werden.

Vorerst wurden auf Basis des dokumentierten Vorwissens zu den Faktoren, die solche Vernetzungsprozesse beeinflussen, drei branchenbezogene Expertenworkshops zur Prüfung und Schärfung dieses Vorwissens durchgeführt. Zusätzlich fand ein vierter branchenübergreifender Workshop in Form einer Kooperationssimulation statt. Auf der Basis des aus diesen Workshops resultierenden Verständnisses für solche Vernetzungenprozesse wurde der Kern der Studie – die Aufarbeitung der Entwicklungsprozesse von drei stark unterschiedlichen Vernetzungen (maximale Varianz) – in Angriff genommen. Über 12 narrative Interviews wurde das Datenmaterial erhoben, das in 2er Teams über eine qualitative Inhaltsanalyse nach Mayring (2003) ausgewertet wurde. Trotz der Heterogenität der Erscheinungsformen regionaler, branchenübergreifender Vernetzungen ließen sich typische Akteure, Konfigurationen und Entwicklungsverläufe identifizieren[5], die ein grundsätzliches Verständnis für die Logik der Ver-

---

[4] Diese USPs entstehen aufgrund der bekannten Herkunft oder von besonderen Produktionsweisen – unabhängig von der Frage, ob diese Besonderheiten Einfluss auf die Produktqualität i. e. S. haben.

[5] Hier muss auf die Darstellung der Herleitung dieser Befunde aus den qualitativen Inhaltsanalysen verzichtet und diesbezüglich auf den Forschungsbericht (Rößl/Berger/Fink/Lang, 2007) verwiesen werden.

netzungsprozesse in diesem Kontext ermöglichten. Dieses Verständnis bietet Ansatzpunkte für die Entwicklung von Unterstützungsprozessen.

2. Der Nutzen der Vernetzung für die beteiligten Unternehmen

In der Studie konnten für Landwirtschaft/Gewerbe-Kooperationen die vermuteten positiven Effekte für die beteiligten Unternehmen deutlich nachgewiesen werden:

- Die Landwirte profitieren von den USPs der Produkte (bekannte Herkunft der Rohstoffe, verlässliche Produktionsweisen, geringe Transportwege, artgerechtere Tierhaltung, etc.) und der damit verbundenen gesicherten Abnahme ihrer Produkte, von ihrer aufgrund der spezifischen Produktionsweise reduzierten Austauschbarkeit, vom Know-how Austausch mit gewerblichen Unternehmern und der damit verbesserten Marktkenntnis sowie von der Sichtbarkeit ihrer Rohstoffe am Absatzmarkt der Endprodukte und der damit gesteigerten erfahrenen Wertschätzung ihrer Leistung.
- Die gewerblichen Unternehmen wiederum profitieren gleichermaßen von den durch die Verhaltensabstimmung der beteiligten Unternehmen generierten authentischen USPs der Produkte und den damit verbundenen Differenzierungsmöglichkeiten, von der durch den Know-how Austausch mit den Landwirten gesteigerten Beratungskompetenz und dem daraus resultierenden Wettbewerbsvorteil gegenüber dem Handel im Rahmen von Kundenbindungsstrategien.

Diese Kooperationen tragen somit zur Existenzsicherung landwirtschaftlicher und gewerblicher Betriebe und damit zur regionalen Wertschöpfung bei. Sie unterstützen darüber hinaus die Entwicklung und Schärfung regionaler Profile und begünstigen damit nicht nur die wirtschaftliche Regionalentwicklung. Somit wäre angesichts der kompatiblen Interessen der regionalen Akteure zu vermuten, dass solche regionalen Vernetzungen ohne besondere Unterstützungs- und Förderungsprogramme entstehen. Die geringe Verbreitung[6] wirft aber die Frage auf, welche spezifischen Barrieren die Entstehung von regionalen Vernetzungen behindern.

---

[6] Im Rahmen dieser Studie wurden in Österreich 52 Gruppen im Lebensmittelbereich identifiziert, deren interne Beziehungsintensität aber meist nur geringfügig über Zulieferbeziehungen hinausging.

3. Barrieren der regionalen Vernetzung

a) Kapazitätsprobleme

Die positiven Effekte unternehmerischer Netzwerke und zwischenbetrieblicher Kooperationen gründen sich darauf, dass Ressourcen nicht durch Kapitaleinsatz in das Unternehmen integriert, sondern durch Managementeinsatz verfügbar gemacht werden.

Integration setzt stabile Ressourcenstrukturen voraus, bei denen das Risiko des Kapitaleinsatzes aufgrund des prognostizierbaren Wertes der integrierten Ressourcen begrenzt ist. Bei unsicheren Ressourcenstrukturen (neue Anbieter der Ressource, Substitutionsprodukte, Entwicklung des Wertes der Ressource) ist der Kapitaleinsatz zu riskant, was gegen ressourcenspezifische Investitionen spricht. Mangelnde Möglichkeiten und Fähigkeiten zur Integration (z. B. Zeitbedarf, Kosten, rechtliche Barrieren) führen ebenso zu kooperativen Arrangements (Pfeffer/Salancik, 2003, S. 143f.). Für KMB ist die Integration von Ressourcen schon aufgrund des erschwerten Zugangs zu Kapital verstellt (Mugler, 1998, S. 41f.) und kooperative Arrangements sind somit oft die einzige Chance vitale Ressourcen sicherzustellen (Zentes/Swoboda, 1999, S. 52f.; Pleitner/Rößl, 1995, S. 681; Brush/Chaganti, 1996, S. 1). Kooperationen können zwar den Ressourcenzugang mit wesentlich geringerem Kapitaleinsatz ermöglichen, benötigen aber umgekehrt vor allem in der Aufbauphase erheblichen Managementeinsatz. Selbst wenn KMB über diese Managementreserven für den Kooperationsaufbau verfügen, können sie nur dann entstehen, wenn der Kooperationsaufbau für das Unternehmen oberste Priorität hat. Im Allgemeinen muss aber davon ausgegangen werden, dass die KMB keine „organizational and managerial slacks" zur Abdeckung dieses zusätzlichen Managementbedarfs haben (Mugler, 1998, S. 98). Daher können Kooperationen nicht entstehen, selbst wenn sie nach ihrer Routinisierung aufgrund der Verlässlichkeit der Kooperation mehr Managementkapazität freisetzen als sie binden. Vernetzungen reduzieren aufgrund der kooperativen Stabilisierung eines Umweltbereiches die externe Komplexität – damit sinken die Managementanforderungen. Gleichzeitig steigt aber durch die kooperative Quasiintegration dieses Bereichs die Eigenkomplexität des Unternehmens. Damit steigen zwar die Fähigkeiten zur Bewältigung der Umweltkomplexität (Ashby, 1958), aber auch die Anforderungen zur Handhabung der erhöhten Eigenkomplexität (Probst, 1987, S. 95).

Diese Problematik wird anhand der Abbildung 1 verdeutlicht: Die aktuellen Managementkapazitäten (Q_a) entsprechen nicht der aktuellen Umweltkomplexität (U_a). Zum Abfangen der gesamten Umweltvarietät wäre Q_e erforderlich. Es bestehen somit auch keine Managementslacks zum aktiven Aufbau von Kooperationen. Könnten durch externe Unterstützung im Sinne von Interim Management (Goss/Bridson, 1998; Werther, 1998) die Managementkapazitäten vorübergehend erhöht werden (Q_v), könnte die während der Aufbauphase erhöhte Umweltkomplexität (U_v) bewältigt und das kooperative System aufgebaut werden. Durch die damit verbundene Stabilisierung des von der Kooperation betroffenen Bereiches würde die Umweltkomplexität auf ein Niveau reduziert werden, das mit der aktuellen Managementkapazität bewältigbar wäre. Dies gilt aber nur unter der Bedingung, dass den kooperativen Beziehungen vertraut wird und die Beteiligten defektive Verhaltensmöglichkeiten ausblenden.[7] Andernfalls würde die Verhaltensvarietät der Kooperationspartner nicht begrenzt und damit auch die Umweltkomplexität nicht reduziert werden. Selbst wenn man von einer Entsprechung der aktuellen Managementkapazitäten mit den aktuellen Umweltanforderungen (Q_a entspricht Q_e) ausgeht, zeigt sich analog, dass ein durch externe Managementkapazitäten ermöglichter Kooperationsaufbau die Umweltkomplexität senken und damit Managementkapazitäten freigeben kann. Diese nunmehr freien Managementkapazitäten können anders eingesetzt werden (Wachstumsstrategien, Innovationen, etc.) (Rößl, 1994, S. 187).

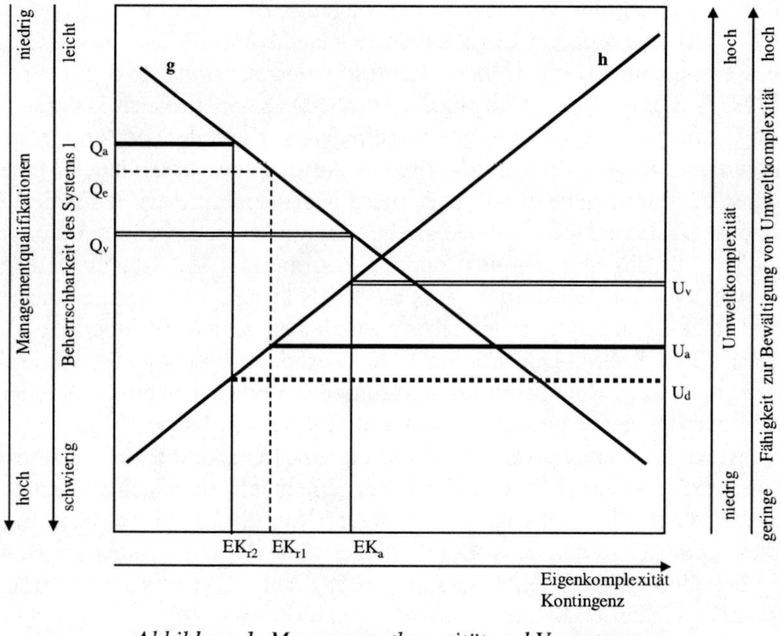

Abbildung 1: Managementkapazität und Vernetzung

[7] Vertrauen ist ein leistungsstarker Mechanismus zur Reduktion der Umweltkomplexität, da das „Wiederzulassen völlig unbestimmter Kontingenzräume zu den Unzumutbarkeiten gehört" (Luhmann, 1984, S. 179). „Wer Vertrauen schenkt erweitert sein Handlungspotential beträchtlich" (Luhmann, 1984, S. 180; siehe auch Luhmann, 1989, S. 26; S. 71; S. 105).

Unsere empirischen Befunde zeigen, dass Vernetzungsprozesse aufgrund dieser Problematik ohne externe Unterstützung über die Kooperationsidee meist nicht hinauskommen. Die gegebene Kapazität reicht aus, um einer schmalen Bandbreite der Umweltvarietät, nicht aber um den Anforderungen von z. B. Innovations- oder Vernetzungsprojekten gerecht zu werden. D. h., stärkere, aber durchaus mögliche „Ausschläge“ der Umweltvarietät stellen Existenzbedrohungen dar. Aus dieser Problematik ergibt sich die Notwendigkeit zur externen Unterstützung des Kooperationsaufbaus.

b) „Grenzüberschreitung“

Die Leistungsfähigkeit regionaler Vernetzungen gründet sich auf der Einbettung in die Region. Dies ist jedoch gleichzeitig die entscheidende Barriere, die die Entstehung regionaler Vernetzungen behindert. Regionale Akteure haben eine in der Region transparente Verhaltensgeschichte, insofern sind sie in ihrem regionalen Handlungszusammenhang vielfach „punziert“ und in unterschiedlichen Lebenswelten und Gruppierungen verankert.

Vernetzungen entlang dieser „Punzierungen“ und Strukturen führen zu Kooperationen von Akteuren mit ähnlichen Defiziten und ähnlichen Stärken und haben damit nur begrenzte Effekte auf die Wettbewerbsfähigkeit der Unternehmen. Um durch die Vernetzung neue Ressourcenkombinationen und damit wesentlich stärkere Effekte auf die Wettbewerbsposition zu ermöglichen, bedarf es Vernetzungen, die regionale Akteure mit unterschiedlichem sozialen und kulturellen Hintergrund verknüpfen. Beispiele sind Vernetzungen zwischen Betrieben unterschiedlichster Sektoren (z. B. zwischen Landwirten, produzierendem Gewerbe, Handelsunternehmen und Gastronomiebetrieben). Unterschiedliche Kulturen und Lebenswelten erschweren vor allem zu Beginn einer Kooperation die gegenseitige Akzeptanz und Zusammenarbeit (Segert/Zierke, 2004, S. 347). Unterschiede bei Werten, Normen und Regeln bilden Grenzen zwischen homogenen Gruppen (Glückler, 2001, S. 213). Die Überwindung dieser Grenzen schafft Managementprobleme, die erhebliche Barrieren für Vernetzungsprozesse darstellen. Beispielsweise kommen Landwirte und Gewerbetreibende aus deutlich unterschiedlichen Lebenswelten: Auf Seiten der kleinbetrieblichen Landwirtschaft wird der eigene Betrieb in erster Linie als Lebensform wahrgenommen. Der Landwirt denkt ausgehend vom Produktionsfaktor „Boden“; er erlebt die Wertschätzung, die seinen Erzeugnissen entgegengebracht wird, als Wertschätzung seiner Person. Der Gewerbetreibende hingegen denkt ausgehend vom Endprodukt produktionsorientiert, wieweit dabei die Perspektive des Konsumenten einfließt, hängt davon ab, wieweit der Unternehmer selbst im Kundenkontakt steht.

Aufgrund der höheren Affinität der Akteure mit ähnlichen Lebensentwürfen verbinden regionale Vernetzungen vorerst nicht individuelle Akteure, sondern diese homogeneren Akteursgruppen (z. B. landwirtschaftliche Unternehmen auf der einen und Gewerbebetriebe auf der anderen Seite). Damit steigt die Komplexität von Kooperationsentwicklungsprozessen: Die potentiellen Kooperateure formen über die Affinität ihrer Lebensentwürfe und Normen Gruppen, die über das Geschäfts- und Organisationsmodell verknüpft werden.

Der beschriebene kulturelle Misfit und die hohen Managementanforderungen können nur schwer durch die Betroffenen selbst überwunden werden.

c) Der Einfluss von Umfeldakteuren

Bei regionalen Vernetzungen haben zusätzlich die Unterstützungsstrukturen und Umfeldakteure, die aus unterschiedlichen Motiven und Perspektiven den Kooperationsentstehungsprozess anstoßen, antreiben oder behindern, erheblichen Einfluss auf die Kooperationsentwicklung (Katz, 1997). So sind Vernetzungen zwischen landwirtschaftlichen und gewerblichen Unternehmen eng mit der Arbeit der Landwirtschafts- bzw. den Wirtschaftskammern und aufgrund der Nähe agrarischer Produkte zur Gastronomie und deren Bedeutung für die Regionalentwicklung auch mit der Tourismus- und Regionalpolitik verbunden.

4. Das Entwicklungsmodell

Das allgemeine Kooperationsmodell (Abbildung 2) verfügt für regionale Vernetzungsprozesse nur über eingeschränktes Erklärungsvermögen. Es beschränkt die Analyse von Kooperationen lediglich auf die Kooperationspartner, das Geschäfts- und Koordinationsmodell der Kooperation. Vor allem vernachlässigt dieses für dyadische Kooperationen entwickelte „bottom-up"-Modell die Einbettung des Kooperationsentstehungs- und -entwicklungsprozesses in sein Umfeld, womit weitere Akteure, die den Vernetzungsprozess beeinflussen können, unberücksichtigt bleiben.

Die Herausforderung besteht nun darin, ein Modell für die Entwicklung von regionalen Vernetzungen zu formulieren, das die Managementkapazitätsgrenzen der Akteure, die Überlagerung der Vernetzungsprozesse durch regional relevante Institutionen und Akteure (Beratungs- und Förderungseinrichtungen, politische Akteure) ebenso berücksichtigt wie die hohen Managementanforderungen von „grenzüberschreitenden" Vernetzungen von Akteursgruppen.

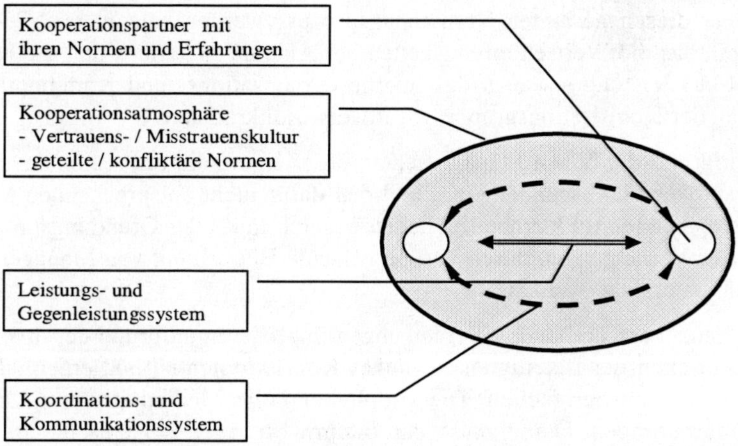

Abbildung 2: Das allgemeine Kooperationsmodell (Rößl, 2006, S. 195)

Der Vernetzungsprozess (Abbildung 3) startet mit einer zumindest ansatzweise bereits organisierten Gruppe. Dabei gehen Landwirtschaftsgruppen oft auf eine vorhandene Erzeugergemeinschaft und Gewerbegruppen auf Initiativen von Interessensvertretungen zurück. Ein Mitglied dieser Gruppe muss im Sinne eines Prozess- und Beziehungspromotors (Hauschildt/Chakrabarti, 1988; Gemünden/Walter, 1995, S. 976) die Initiative ergreifen und sowohl diese Gruppe zusammenhalten als auch die Kontakte zur anderen Seite organisieren. Idealerweise trifft dieser Promotor auf der anderen Seite ein Pendant. Ein Promotor ist ein Akteur, der bei erfolgreichem Kooperationsaufbau selbst Beteiligter sein wird, der sich aber mehr als andere „vor den Karren" spannt. Er tut dies, weil er die besseren Managementkompetenzen hat und/oder glaubt, dass die Erfolg versprechende Sache sonst scheitert (ökonomisches Eigeninteresse) und/oder weil er positive Effekte für die Region erwartet (intrinsische Motivation). Der Promotor lanciert innerhalb seiner Gruppe die Kooperationsidee und wirkt als Integrationsfigur. Er strebt den Kontakt zur gewerblichen bzw. landwirtschaftlichen Seite an – allerdings greift er in der Regel dabei auf die Unterstützung von Umfeldakteuren zurück.

Von besonderer Relevanz ist ein Intermediär, ein Betrieb, der als Zwischenstufe zwischen Landwirtschaft und Gewerbe über die erforderliche Kommunikationskompetenz sowohl im landwirtschaftlichen als auch im gewerblichen Bereich verfügt und in beide Richtungen anschlussfähig ist. In den meisten Fällen hat die Landwirtschaftsgruppe oder die Gewerbegruppe bereits bewährte Beziehungen zu einem Intermediär, der auf Basis seiner absatz- bzw. beschaffungsseitig bewährten Beziehungen den Brückenschlag zur anderen Gruppe unterstützt. Fehlt in der Wertschöpfungskette dieser Intermediär, muss seine Aufgabe vom Promotor wahrgenommen werden.

Über diesen gesamten Vernetzungsprozess werden sowohl das Geschäftsmodell, das die Wertschöpfungsketten der Akteure integriert, und die kooperative Marktleistung als auch das interne Organisations- und Kommunikationsmodell der Kooperationsgruppe schrittweise konkretisiert.

Aufgrund der hohen Managementanforderungen, die mit regionalen Vernetzungsprozessen verbunden sind, und den dafür nicht entsprechenden Managementkapazitäten im kleinbetrieblichen Bereich muss der Gründungsprozess regionaler Vernetzungen durch vorübergehende Beistellung von Managementkapazität unterstützt werden.

„Grenzüberschreitende" Vernetzungen implizieren aufgrund der divergenten Lebenswelten der Beteiligten ein hohes Konfliktpotential und erhebliche Verständigungsschwierigkeiten. Dies impliziert hohe Mediations- und Moderationsanforderungen. Damit muss der Interim Manager (= „Coach") in diesem Zusammenhang nicht nur zusätzliche Managementkapazität, sondern vor allem auch spezifische Kompetenzen einbringen. Er muss den Promotor unterstützen, damit der grundsätzliche kulturelle Misfit den Prozess nicht schon in der Anfangsphase blockiert. Er begleitet den gemeinsamen Prozess der Entwicklung einer von allen Beteiligten geteilten Sichtweise und die Ausformulierung des Geschäfts- und des Organisationsmodells. Zusätzlich identifiziert er den Unterstützungsbedarf der Kooperationsgruppe und stellt den Kontakt zu Experten in der regionalen Beratungsinfrastruktur und zu Förderinstitutionen her. Im Sinne eines Interim Managements muss sich der Coach zurückziehen, wenn sich Promotoren als Brückenköpfe etabliert haben und die Brücke zwischen Landwirtschafts- und Gewerbeseite tragfähig ist.

Obwohl der Coach zentral als Mediator und Moderator tätig wird, bezieht er seine Akzeptanz in den Gruppen aus seiner Fachexpertise. Aufgrund dieser hohen Anforderungen an die Integration der beiden Rollen als Fach- und Prozessberater liegt hier ein spezifischer Beratungskontext vor, der spezifischer Qualifikationen bedarf. Der Mangel an entsprechend geschulten Beratern stellt damit bei der Entstehung und Entwicklung von regionalen Vernetzungen eine zusätzliche Barriere dar.[8]

---

[8] Als ein Ergebnis aus der Studie wurde daher vom RiCC ein Schulungsprogramm für Berater entwickelt und umgesetzt („food connect management").

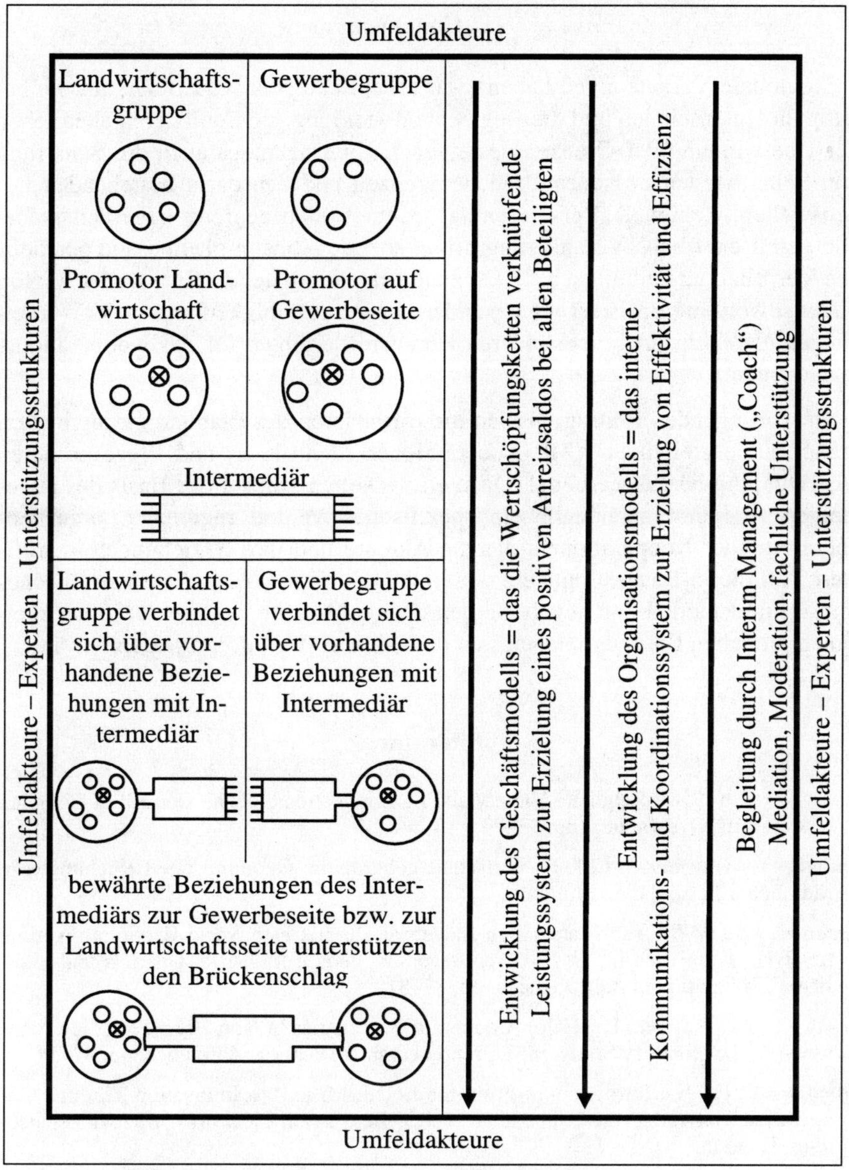

Abbildung 3: Das Kooperationsmodell regionaler Vernetzungen

IV. Conclusio

Regionale Vernetzungen haben zwar erhebliche positive Effekte auf die beteiligten Unternehmen und die Regionalentwicklung, sie implizieren aber neben der Überwindung der Grenzen des eigenen Unternehmens auch die Schaffung von Schnittstellen zwischen Branchengrenzen und den darin bestehenden Lebenswelten. Regionale Verwurzelung bedeutet auch begrenzte Freiheitsgrade. Die gesellschaftliche Verankerung bringt soziale Abhängigkeiten und persönliche Verpflichtungen mit sich. Die soziale Einbettung der Akteure in der Region bildet sowohl die Basis für die besondere Leistungsfähigkeit regionaler Vernetzungen als auch für die besonderen Herausforderungen für das Kooperationsmanagement.

Im vorliegenden Beitrag wurden diese Barrieren der Etablierung regionaler, branchenübergreifender KMB-Kooperationen identifiziert und Wege zu deren Überwindung herausgearbeitet. Dazu entwickelten wir auf der Basis des allgemeinen Kooperationsmodells ein spezifisches Modell regionaler, branchenübergreifender Kooperationen, das die Akteure und ihre Beziehungen identifiziert. Auf dieser Basis konnte ein – hier nicht dargestelltes – phasenspezifisches Interventionsmodell entwickelt werden. Beide Modelle beruhen auf einer breiten empirischen Basis und haben sich im Rahmen von Pilotprojekten bewährt.

Literatur

Ashby, W. R. (1958): Requisite Variety and its Implications for the Control of Complex Systems, in: Cybernetica, pp. 83–99.

Bathelt, H. / *Glückler*, J. (2002): Wirtschaftsgeographie: Ökonomische Beziehungen in räumlicher Perspektive, Stuttgart.

Becattini, G. (1990): The Marshallian Industrial District as a Socio-Economic Notion, in: Pyke, F. / Becattini, G. / Sengenberger, W. (eds.): Industrial Districts and Interfirm Co-operation in Italy, Geneva, pp. 37–51.

Brush, C. G. / *Chaganti*, R. (1996): Cooperative Strategies in Non-High-Tech New Ventures: An Exploratory Study, in: Entrepreneurship Theory and Practice, pp. 37–54.

Camagni, R. (1991): Introduction: From the Local ‚Milieu' to Innovation Through Cooperation Networks, in: Camagni, R. (ed.): Innovation Networks: Spatial Perspectives, London.

Combs, J. G. / *Ketchen*, D. J. (1999): Explaining Interfirm Cooperation and Performance: Toward a Reconciliation of Predicitions from the Resource-based View and Organizational Economics, in: Strategic Management Journal, pp. 867–888.

Fürst, D. / *Schubert*, H. (2001): Regionale Akteursnetze zwischen Bindungen und Optionen, in: Geographische Zeitschrift, S. 32–51.

Gemünden, H. G. / *Walter*, A. (1995): Der Beziehungspromotor. Schlüsselperson für inter-organisationale Innovationsprozesse, in: ZfB, S. 971–986.

Genosko, J. (1998): Netzwerke in der Regionalpolitik, Marburg.

Glückler, J. (2001): Zur Bedeutung von Embeddedness in der Wirtschaftsgeographie, in: Geographische Zeitschrift, S. 211–226.

Goss, D. / *Bridson*, J. (1998): Understanding Interim Management, in: Human Resource Management Journal, pp. 37–50.

Granovetter, M. (1985): Economic Action and Economic Structure: The Problem of Embeddedness, in: American Journal of Sociology, pp. 481–510.

Håkansson, H. / *Johanson*, J. (1988): Formal and Informal Cooperation. Strategies in International Industrial Networks, in: Contractor, F. J. / Lorange, P. (eds.): Cooperative Strategies in International Business, Lexington, pp. 369–379.

Harrison, B. (1992): Industrial Districts: Old Vine in New Bottles?, in: Regional Studies, pp. 469–483.

Hauschildt, J. / *Chakrabarti*, A. (1988): Arbeitsteilung im Innovationsmanagement – Forschungsergebnisse, Kriterien und Modelle, in: ZfO, S. 378–388.

Hellfeier, M. (1999): Strategische Allianzen. Ein wertorientiertes Strategiekonzept zur Steigerung der Performance einer Unternehmung, Zürich.

Katz, J. P. (1997): Managerial Behavior and Strategy Choices in Agribusiness Cooperatives, in: Agribusiness, pp. 483–495.

Kilper, H. (1991): Konzeption und Strategien regionaler Entwicklung, Gelsenkirchen.

Luhmann, N. (1984): Soziale Systeme. Grundriss einer allgemeinen Theorie, Frankfurt am Main.

– (1989): Vertrauen, Ein Mechanismus der Reduktion sozialer Komplexität, 3. Auflage, Stuttgart.

Maillat, D. (1998a): Innovative Milieux and New Generations of Regional Policies, in: Entrepreneurship and Regional Development, pp. 1–16.

– (1998b): Vom ‚Industrial District' zum innovativen Milieu: ein Beitrag zur Analyse der lokalisierten Produktionssysteme, in: Geographische Zeitschrift, S. 1–15.

Marshall, A. (1920): The Principles of Economics, London.

Maskell, P. / *Malmberg*, A. (1999): Localised Learning and Industrial Competitiveness, in: Cambridge Journal of Economics, pp. 167–185.

Mayring, P. (2003): Qualitative Inhaltsanalyse. Grundlagen und Techniken, Weinheim.

Meyer, S. (2002): Strukturerneuerung und Regionalentwicklung durch Kooperationen und Netzwerke, Frankfurt am Main.

Mugler, J. (1998): Betriebswirtschaftslehre der Klein- und Mittelbetriebe, Band 1, 3. Auflage, Wien / New York.

Mugler, J. / *Fink*, M. / *Loidl*, S. (2006): Erhaltung und Schaffung von Arbeitsplätzen im ländlichen Raum, Wien.

Pfeffer, J. / *Salancik*, G. R. (2003): The External Control of Organizations – A Resource Dependence Perspective, Stanford (Original: 1978, New York).

Piore, M. / *Sabel*, C. (1984): The Second Industrial Divide, New York.

Pleitner, H. J. / *Rößl*, D. (1995): Wirtschaftsförderung unterhalb der Wirtschaftspolitik – der Beitrag zwischenbetrieblicher Kooperation, in: Brandenberger, A. (Hrsg.): Standpunkte zwischen Theorie und Praxis, Bern / Stuttgart / Wien, S. 671–691.

Porter, M. (1998): Clusters and the New Policy of Economics, in: Harvard Business Review, pp. 77–90.

Probst, G. J. B. (1987): Selbst-Organisation. Ordnungsprozesse in sozialen Systemen aus ganzheitlicher Sicht, Berlin / Hamburg.

Rößl, D. (1994): Gestaltung komplexer Austauschbeziehungen. Analyse zwischenbetrieblicher Kooperation, Wiesbaden.

– (2006): Relationship-Management. Mit Beiträgen aus Wissenschaft und Praxis, Wien.

Rößl, D. / *Berger*, G. / *Fink*, M. / *Lang*, R. (2007): The Evolution of Co-operation and Co-operatives between Agricultural and Commercial Enterprises: Implications of Empirical Findings, in: Department of Co-Operative Management (ed.): Evropejskite Predizvikatelstva pred Kooperativnija i Semejnija Biznes, Sofia, pp. 47–57.

Scheff, J. (1999): Lernende Regionen: Regionale Netzwerke als Antwort auf globale Herauforderungen, Wien.

Segert, A. / *Zierke*, I. (2004): Akteursnetze nachhaltigen Wirtschaftens in ländlichen Regionen, in: Berichte über Landwirtschaft, S. 334–350.

Sydow, J. (1992): Strategische Netzwerke. Evolution und Organisation, Wiesbaden.

Tischer, M. (2001): Unternehmenskooperation und nachhaltige Entwicklung in der Region, Marburg.

Tödtling, F. (1994): Netzwerke als neues Paradigma der Regionalentwicklung?, in: Tödtling-Schönhofer, H. (Hrsg.): Europäische Netzwerke für die Regionalentwicklung, Wien, S. 9–22.

Werther, W. B. (1998): Interim Management of International Strategic Alliances, in: Management Decision Journal, pp. 339–345.

Zentes, J. / *Swoboda*, B. (1999): Motive und Erfolgsgrößen internationaler Kooperation mittelständischer Unternehmen. Überprüfung kontingenztheoretischer Hypothesen, in: Die Betriebswirtschaft, S. 44–58.

Innovativität von Klein- und Mittelbetrieben (KMB): Gestaltungsvariablen, Konfigurationen und Erfolgswirkungen

Von *Nikolaus Franke* und *Rudolf Dömötör*, Wien

I. Einleitung

Die Innovativität eines Unternehmens, also die Fähigkeit, neue Produkte und Dienstleistungen zu entwickeln und erfolgreich in den Markt einzuführen und zu behaupten, ist von großer Bedeutung für die Wettbewerbsposition des Unternehmens und für dessen mittel- bis langfristigen Erfolg (Capon et al., 1990; Christensen et al., 1998). Die zunehmende Wettbewerbsintensität und die schnellen Änderungen von Technologien, Kundenbedürfnissen und Geschäftsmodellen führen zu einer Verkürzung von Produktlebenszyklen und zwingen Unternehmen dazu, noch effektiver und effizienter zu innovieren (Wind/ Mahajan, 1997). Vor diesem Hintergrund erscheint es wenig überraschend, dass die vierte und jüngste Europäische Innovationserhebung zeigt, dass 41,5 % aller EU-27-Unternehmen aktive Innovatoren sind und im Erhebungszeitraum 2002–2004 neue Produkte oder Dienstleistungen am Markt eingeführt oder Prozessinnovationen implementiert haben (Eurostat, 2007).

Die Notwendigkeit zur Innovation gilt auch für Klein- und Mittelbetriebe (KMB) (De Jong/Vermeulen, 2006; Freel, 2000; Hauschild/Walther, 2003; Kleinknecht, 1987; Motwani et al., 1999; Nooteboom, 1994; Rothwell, 1989; Vossen, 1998). Eine Reihe von Besonderheiten lassen mittelständische Unternehmen als geradezu prädestiniert für Innovationsleistungen erscheinen: Sie zeichnen sich z. B. in der Regel durch sehr kurze Kommunikationswege, relativ informale und schnelle Entscheidungsprozesse und ein höheres Maß an Flexibilität gegenüber Großunternehmen aus (Mugler, 1999a; Nooteboom, 1994). Erstaunlicherweise kommt die vierte Europäische Innovationserhebung zu einem gegenteiligen Schluss. Vereinfacht gesagt gilt: Je kleiner ein Unternehmen, desto geringer ist die Wahrscheinlichkeit, dass es innoviert (Eurostat, 2007). Daraus könnte man schließen, dass die geringeren finanziellen, technologischen und personellen Ressourcen von KMB ein zu großes Hindernis darstellen, um neue Produkte und/oder Dienstleistungen zu entwickeln (Acs/ Audretsch, 1988; Harhoff et al., 1996; Hauschildt/Walther, 2003; Mugler, 1999b; Rothwell, 1989; Vossen, 1998).

Wir stellen daher die Frage, auf welche Weise KMB ihre Innovativität steigern können. *Welche Maßnahmen und organisatorischen Merkmale begünstigen die Wahrscheinlichkeit von innovativem Output, sind also „Erfolgsfaktoren"? Und: gibt es unterschiedliche „Konfigurationen" von Gestaltungsvariablen, die jeweils sinnvoll sind?*

Die so genannte Erfolgsfaktorenforschung hat eine lange Tradition in der Betriebswirtschaft. Bei der Durchsicht der Publikationen fällt jedoch auf, dass sich die meisten Studien auf Großunternehmen beziehen. Erkenntnisse über Innovationsprozesse in KMB sind vergleichsweise sehr dünn.

In diesem Aufsatz versuchen wir daher eine eigene Antwort. Hierzu stellen wir zunächst kurz die Erfolgsfaktorenforschung, ihre Erkenntnisse und die Kritik daran knapp dar. Wir erläutern Besonderheiten des Innovationsmanagements in KMB und präsentieren im Anschluss die Ergebnisse einer eigenen empirischen Untersuchung von 234 KMB. Sie zeigen, dass Innovationserfolge von KMB erstens kein Zufall sind, sondern das Ergebnis einer zielgerichteten Ausrichtung des Unternehmens. Es ist zweitens auffällig, dass diese Besonderheiten innovativer Unternehmen sich auf praktisch alle Organisationsbereiche und -dimensionen beziehen. Innovativität erscheint damit als eine durchgängige Systemeigenschaft, nicht als punktuelle Maßnahme. Wir sehen drittens, dass in der Tat bestimmte Konfigurationen dieser Parameter regelmäßig auftauchen und jeweils zielführend sind.

II. Hintergrund der Untersuchung

1. Innovationserfolgsfaktorenforschung

Die bedeutendsten Meilensteine dieser Forschungsrichtung sind drei Studien(-reihen) aus den 1970er und 1980er Jahren: Projekt SAPPHO an der University of Sussex (Freeman et al., 1972; Rothwell et al., 1974), NewProd I und II in Kanada (z. B. Cooper, 1979; Cooper/Kleinschmidt, 1987) und das Stanford Innovation Project (Maidique/Zirger, 1984; 1985). Seither wurden weit mehr als 300 Innovationserfolgsfaktorenstudien in wissenschaftlichen Zeitschriften publiziert (Ernst, 2002). Die Fülle an einzelnen Studien hat dazu geführt, dass in den letzten Jahren vermehrt Anstrengungen unternommen wurden, die Ergebnisse im Rahmen von Literatur- und Meta-Analysen zu verdichten (z. B. Ernst, 2002; Henard/Szymanski, 2001; Montoya-Weiss/Calantone, 1994; Van der Panne et al., 2003).

Mit der zunehmenden Aufmerksamkeit, die Erfolgsfaktorenstudien in den 1980er Jahren erlangten, nahm auch die *Kritik* an ihnen zu. In der Innovationsforschung schließen etwa Hauschildt und Salomo (2007) aus der Beobachtung, dass die Meta-Analysen nicht zu identischen Ergebnissen kommen, dass die bisherige Forschung mit erheblichen Defiziten behaftet sei.

Einige Kritiker stellen die Grundidee von Erfolgsfaktorenstudien *grundsätzlich* in Frage: der betriebswirtschaftliche Erfolg könne nicht auf einzelne Variablen zurückgeführt werden. Vielmehr bestimme eine Vielzahl interdependenter interner und externer Variablen den Unternehmenserfolg, wobei die Erfolgswirksamkeit einzelner Variablen nicht isoliert werden könne (Prinzip der multiplen Kausalität) (Haenecke, 2002) bzw. die theoretischen Modelle, die den Untersuchungen zu Grunde liegen, zu einfach seien, um die Komplexität der realen Welt abzubilden (March/Sutton, 1997). Nicolai und Kieser (2002; 2005) argumentieren, dass einzelne Erfolgsfaktoren an Wert und Bedeutung verlieren, sobald sie identifiziert und publiziert sind.

Ein schwerwiegender Kritikpunkt bezieht sich auf die wenig reflektierte *Verwendung unterschiedlicher Messkonzepte der Innovationsleistung* in den verschiedenen Untersuchungen, die oft nur eine einzige Erfolgsgröße als Indikator heranziehen (Dömötör et al., 2007; Van der Panne et al., 2003). Auch wird betont, dass die Erfolgsfaktoren hinsichtlich Unternehmensgröße und Branchenzugehörigkeit eigentlich differenziert betrachtet werden müssten, was nicht immer geschieht (De Jong/Vermeulen, 2006; Hauschildt/Salomo, 2007). In der Tat wurden die meisten Erfolgsfaktorenstudien anhand von Stichproben großer, industrieller Produktionsunternehmen durchgeführt.

Auch an der *Methodik* bestehender Erfolgsfaktorenstudien wurde Kritik geübt. Sie betreffen die oft wenig klare Stichprobengestaltung (Hauschildt/Salomo, 2007; Henard/Szymanski, 2001; Montoya-Weiss/Calantone, 1994), systematische Verzerrungen durch Self Selection Biases (Nicolai/Kieser, 2002), Key Informant Biases (Ernst, 2001a), Ex Post Judgement Biases (Hauschildt/Salomo, 2007; March/Sutton, 1997), Fragen der Konstruktmessung (Albers/Hildebrandt, 2006) und -operationalisierung (Ernst, 2002; Henard/Szymanski, 2001; Montoya-Weiss/Calantone, 1994) sowie die Methoden der Datenanalyse (Henard/Szymanski, 2001; Montoya-Weiss/Calantone, 1994).

2. Innovativität von KMB

Seit den Arbeiten von Joseph A. Schumpeter (1939; 1942) werden viele Untersuchungen der Frage gewidmet, ob eher die flexiblen, von Eigentümer-Geschäftsführern geleiteten KMB oder Großunternehmen, die in der Regel über eine bessere Ressourcenbasis und größere Marktmacht verfügen, innovativer sind. Die so genannte „*Schumpeter-Hypothese*", wonach Großunternehmen größere Anreize für Forschung und Innovation hätten, wurde dabei tendenziell bestätigt. Auch wenn die Befunde nicht ganz einheitlich sind, deutet die Mehrzahl darauf hin, dass zwischen der Unternehmensgröße und der Innovationstätigkeit eine positive Beziehung besteht (siehe z. B. Meta-Analysen von Camisón-Zornoza et al., 2004 und Damanpour, 1992).

Warum haben KMB insgesamt also ein Defizit auf der auch für sie zunehmend wichtigen Wettbewerbsdimension der Innovativität? Antworten auf diese Frage liefern Studien, die systematische Nachteile von KMB in Bezug auf Innovationsleistungen untersuchen. Als häufigste Barriere für Produktinnovation werden in KMB *mangelnde finanzielle Ressourcen* genannt (Acs/Audretsch, 1988; Kleinknecht, 1987; Laforet/Tann, 2006; Millward/Lewis, 2005; Rothwell, 1989; Spielkamp/Rammer, 2006; Vossen, 1998). Innovationsprojekte sind in der Regel mit hohen Investitionen, langen Amortisationszeiten sowie großen Markt- und Realisierungsrisiken verbunden. KMB sind oft nicht in der Lage, das Risiko einer Fehlinvestition über ein ausgewogenes Innovationsportfolio zu streuen. Labors und F&E-Einrichtungen haben oft Mindestgrößen, unterhalb einer bestimmten Unternehmensgröße können sie nicht sinnvoll eingerichtet werden. Die Kapitalbeschaffung ist für KMB schwieriger als für Großunternehmen: Hinsichtlich Eigenkapitalfinanzierung haben mittelständische Unternehmen mit dem Problem zu kämpfen, dass ihnen der Weg zu den Kapitalmärkten verschlossen bzw. erschwert ist. Fremdkapitalbeschaffung ist aufgrund der im Vergleich zu Großunternehmen schlechteren Bonität oft teuer. Somit sind einbehaltene Gewinne die wichtigste Finanzierungsform für Innovationsprojekte in KMB (Arvanitis/Marmet, 2002).

Als weiterer ressourcenbezogener Nachteil von KMB gegenüber Großunternehmen wird in der Literatur die *Personalausstattung* gesehen. Mittelständische Unternehmen haben tendenziell eine weniger wirksame Reputation als Arbeitgeber und können bei der Personalakquise daher oft nur auf einen begrenzten regionalen Einzugsbereich zugreifen. Im Fehlen von fachspezifischen Abteilungen und teilweise geringeren Durchschnittsgehältern als in Großunternehmen (Loveman/Sengenberger, 1991) wird ein Grund gesehen, dass spezialisierte Wissenschaftler und Forscher sowie Führungskräfte nicht so leicht über einen längeren Zeitraum gehalten werden können (König/Völker, 2001). Darüber hinaus sind die Aufstiegsmöglichkeiten aufgrund der flachen Hierarchie begrenzt: Nach Erreichen der höchstmöglichen Position kann die individuelle berufliche Situation oftmals nur durch einen Arbeitsplatzwechsel verbessert werden (Mugler, 1997a). In Summe hat dies oftmals einen Fachkräftemangel und fehlendes Know-how zur Folge (Rothwell, 1989; Vossen, 1998). Defizite sind auch hinsichtlich eines institutionalisierten Personalmanagements zu beobachten. Professionelle Personalverantwortung erfordert „Spezialwissen, das in Klein- und Mittelbetrieben entweder nicht vorhanden ist, wegen zu hoher Fixkosten nicht eingerichtet werden kann oder im Fall des Vorhandenseins nicht sinnvoll ausgelastet werden kann“ (Mugler, 1997a, S. 231). Aus diesem Grund unterbleibt in vielen Fällen die notwendige Förderung und Weiterentwicklung von Mitarbeitern, was jedoch einen wichtigen Baustein für eine innovationsfördernde Unternehmenskultur darstellt (König/Völker, 2001). Es fehlt häufig an institutionalisierten Anreizsystemen, welche die Mitarbeiter zur Entwicklung und Äußerung von Ideen und Verbesserungsvorschlägen anregen und in weiterer Folge am Innovationserfolg partizipieren lassen. Weiters können zwischenmenschliche Problematiken, wie etwa Generationenkonflikte in der Unternehmerfamilie aufgrund nicht geregelter Betriebsnachfolge oder Führungsdefizite innovationshemmend wirken (König/Völker, 2001).

Die schlechtere finanzielle und personelle Ressourcenausstattung kann theoretisch durch die gezielte Nutzung externer *Kooperationen* und externer Know-how-Träger vermindert werden (Hauschildt/Walther, 2003). Kooperationen können durch Verminderung des Ressourceneinsatzes der einzelnen Partner Unsicherheiten reduzieren, ermöglichen die Nutzung von Größenvorteilen durch das Erreichen einer kritischen Masse und die Ausweitung des für Investitionen verfügbaren Finanzrahmens. Darüber hinaus können Kooperationen Entwicklungs- und Produktionsprozesse durch die Zusammenführung komplementärer Ressourcen und Fähigkeiten beschleunigen (Ringle, 2004). Die Zahl der KMB, die zur Entwicklung von Innovationen externe Partner einbeziehen, variiert nach bisherigen Forschungsergebnissen zwischen 30 % und 60 % (Blessin, 1998; Eurostat, 2007; Fueglistaller/Wick, 1995; Rogers, 2004; Verworn et al., 2000). Bevorzugte Kooperationspartner sind die Kunden (Freel, 2000; Fueglistaller/Wick, 1995; Rothwell/Dodgson, 1991). Die Zusammenarbeit mit Lieferanten bzw. Innovations- und Marketingberatern ist im Vergleich dazu weniger stark verbreitet (Harhoff et al., 1996; König/Völker, 2002; Verworn et al., 2000). Noch dazu erfolgt deren Einbindung in vielen Fällen erst, wenn Probleme in der Entwicklung auftreten, die vom Innovator intern nicht gelöst werden können (Redl, 2007). Durch solche ungeplanten „Ad-hoc-Kooperationen" kann wertvolle „time to market" verloren gehen. Berührungsängste können vielfach beobachtet werden, wenn es um die Zusammenarbeit mit Universitäten und anderen Forschungseinrichtungen sowie Technologietransferstellen geht. In mehreren Studien wurde gezeigt, dass KMB nur in geringem Maße mit solchen wissenschaftlichen Partnern kooperieren (Blessin, 1998; König/Völker, 2002; Rößl/Keßler, 2005). Ein Grund dafür kann sein, dass bei KMB teilweise die personellen und organisatorischen Voraussetzungen fehlen, um extern verfügbares technisches und ökonomisches Wissen effizient zu nutzen (König/Völker, 2003). Dies äußert sich in unklaren Vorstellungen über Kosten und Nutzen der Inanspruchnahme externer Know-how-Träger und Misstrauen gegenüber der Kompetenz von „Theoretikern". Ein weiteres Hemmnis für das Eingehen von Innovationskooperationen bei Mittelständlern ist deren Geheimhaltungspolitik und die Befürchtung eines Know-how-Abflusses (Redl, 2007). Viele Innovationen sind lediglich inkrementeller Natur und dadurch nur schwer rechtlich schützbar. Noch dazu ist die Patentneigung selbst bei radikalen Innovationen bei KMB aufgrund der hohen Kosten geringer als bei Großunternehmen (Kleinknecht, 1987). Deshalb sind kleine und mittlere Unternehmen zumeist bestrebt, Innovationsideen so lange wie möglich geheim zu halten. In der Zusammenarbeit mit externen Partnern wird die Gefahr gesehen, Wettbewerber auf die eigenen Innovationsprojekte aufmerksam zu machen (Redl, 2007).

Eine weitere strukturelle Schwäche liegt in der zumeist fehlenden *strategischen Planung*. Kraus et al. (2007) kommen in ihrer Literaturanalyse von 22 empirischen Studien zum Ergebnis, dass das Ausmaß der strategischen Planung mit der Unternehmensgröße variiert. Nur etwa ein Viertel der KMB im deutschsprachigen Raum betreiben eine schriftliche strategische Planung mit einem Zeithorizont von mehr als drei Jahren, strategische Instrumente wie z. B. die Portfolioanalyse oder Lebenszykluskonzepte sind vielfach unbekannt (Kraus, 2006; Leitner, 2001). Als Gründe für den Verzicht auf strategische Planung werden einerseits mangelnde Zeitressourcen und fehlendes Know-how (Deimel/Kraus, 2006), andererseits negative Einstellungen bzw. Vorurteile gegenüber der strategischen Planung (Brouthers et al., 1998) gesehen. Teilweise werden Strategien nur intuitiv festgelegt (Leitner, 2001). Die mangelnde strategische Planung hat zur Folge, dass mittelständische Unternehmen oft über kein ausgewogenes Innovationsportfolio mit kurz- und langfristigen bzw. inkrementellen und radikalen Innovationsprojekten verfügen, sondern Innovationen anlassbezogen entwickeln, etwa wenn eine konkrete Kundenanfrage vorliegt.

Aber KMB haben gegenüber Großunternehmen nicht nur Nachteile in Bezug auf Innovativität. Verschiedene Eigenschaften begünstigen sie systematisch. Ihre größte Stärke wird zumeist in ihrer potenziell höheren *Flexibilität* gesehen. Eine flache Organisationsstruktur mit kurzen Entscheidungswegen und direkte (vielfach auch informale) Kommunikation zwischen Mitarbeitern und Unternehmensleitung begünstigen schnelle Entscheidungen (Beaver/ Prince, 2002; Chandler et al., 2000; Ledwith et al., 2006; Motwani et al., 1999; Verworn et al., 2000). Schnelles, flexibles Handeln wird auch durch die Konzentration wesentlicher betrieblicher Funktionen in der Person des Eigentümer-Geschäftsführers begünstigt (König/Völker, 2003). Die geringe Anzahl von Hierarchieebenen und der geringe Formalisierungsgrad können sich positiv auf die Generierung von Ideen auswirken (Spielkamp/Rammer, 2006). Die Flexibilität hat kurze Reaktionszeiten auf Veränderungen im Unternehmens- und Marktumfeld zur Folge. Da KMB vielfach auf Märkten agieren, in denen ein enger Kontakt zu den Abnehmern wichtig ist, können aufgrund der hohen Flexibilität Innovationsentscheidungen rasch umgesetzt werden.

Eine zentrale – und potenziell positive – Rolle im mittelständischen Innovationsmanagement nimmt die *Unternehmerpersönlichkeit* ein. Ist er in die Innovationsprozesse eingebunden, kann er sein Netz von persönlichen Kontakten zu

Kunden, Lieferanten und zur sonstigen Unternehmensumwelt einbringen und damit den Weg zu externen Kooperationspartnern ebnen (Becherer/Mauer, 1999; König/Völker, 2003; Motwani et al., 1999). Darüber hinaus kann eine direkt in Innovationsprozesse involvierte Führungskraft die Funktion eines „Machtpromotors" einnehmen, die notwendig ist, um innerbetriebliche Widerstände gegen Innovationen zu überwinden (Hauschildt, 1998; 1999). Da der Unternehmer weniger stark unter kurzfristigem Erfolgsdruck steht als Großunternehmen, werden mittel- und langfristige Innovationsprojekte leichter möglich (Spielkamp/Rammer, 2006). Insgesamt hat der Unternehmer in KMB einen höheren faktischen Einfluss auf das Unternehmensgeschehen und kann dies zum Wohle der Innovativität einsetzen. Natürlich kann er auch das Gegenteil tun (König/Völker, 2002; Spielkamp/Rammer, 2006; Verworn et al., 2000).

Mittelständische Unternehmen weisen eine *geringere Arbeitsteilung* als Großunternehmen auf, wodurch Mitarbeiter und Management gefordert sind, in Gesamtzusammenhängen zu denken. Dies kann sich positiv auf den Umgang mit der für Innovationsprojekte typischen Komplexität auswirken (König/ Völker, 2003). In der Innovationsliteratur werden als weitere KMB-spezifische Stärken die zumeist hohe *Motivation der Mitarbeiter* und ein geringeres Maß an *Bürokratie* (Beaver/Prince, 2002; Chandler et al., 2000; Pavitt, 1991) sowie die größere *Marktnähe* und der direkte *Kundenkontakt* (Julien, 1995; Soderquist et al. 1997; Verworn et al., 2000) angeführt.

Als Zwischenfazit lässt sich festhalten, dass KMB im Durchschnitt weniger innovativ sind als Großunternehmen. Der Grund dafür sind einige systematische Nachteile und die im Einzelfall wohl mangelhafte Nutzung ihrer potenziellen Vorteile.

Welche Faktoren sind nun dafür verantwortlich, dass es aber durchaus herausragend innovative KMB gibt? Erstaunlich wenige Studien widmen sich diesem Thema. De Jong und Vermeulen (2006) konnten elf empirische, KMB-spezifische Erfolgsfaktorenstudien identifizieren. Beim Vergleich der Ergebnisse dieser Untersuchungen fällt auf, dass zumeist nur relativ wenige erklärende Variablen einbezogen werden. Schwerpunkte sind die Ressourcenausstattung und die Nutzung externen Know-hows. Deren positive Wirkung auf den Innovationserfolg konnte wiederholt gezeigt werden (Bhattacharya/Bloch, 2004; De Jong/Vermeulen, 2006; Freel, 2003; Rogers, 2004; Rominj/Albaladejo, 2002). Auch die potenziell hohe Bedeutung des Eigentümer-Geschäftsführers wurde untersucht und bestätigt (De Jong/Vermeulen, 2006; Hauschildt/Walther, 2003; Rogers, 2004). Zwei Bereiche, die in Studien von Großunternehmen immer wieder als bedeutsam identifiziert wurden, nämlich die Marktorientierung und die Gestaltung des Innovationsprozesses, wurden bei KMB bisher kaum empirisch untersucht. Gewisse Hinweise finden sich lediglich bei De Jong und Vermeulen (2006) und Hauschildt und Walther (2003).

Insgesamt liegen damit wenige gesicherte Erkenntnisse zum Thema dieses Artikels vor, der Frage nämlich nach den Faktoren, die die Wahrscheinlichkeit für Innovationserfolge in KMB begünstigen.

III. Konzeption der eigenen Untersuchung

1. Ein Modell zu Innovativität von KMB

Mit Hauschildt und Salomo (2007), Ernst (2002) und weiteren Autoren vermuten wir, dass es nicht einen einzigen Weg zu erfolgreichem Innovationsoutput von (mittelständischen) Unternehmen gibt, sondern mehrere. Sie werden u. a. mit dem Kontext der Unternehmung variieren, also den bestimmten Rahmenbedingungen, die Wettbewerber, Kunden, Technologie und weitere Institutionen setzen. Anders gesagt: unterschiedliche Bedingungen erfordern unterschiedliche Herangehensweisen und selbst bei gleichen Bedingungen ist denkbar, dass es verschiedene alternative Möglichkeiten zur Zielerreichung gibt. Mugler und seine Schüler haben in zahlreichen Publikationen (Frank et al., 1999; Hienerth/Keßler, 2006; Korunka et al., 2003; Mugler, 1997b; 1997c; 1998; 2004) darauf hingewiesen, dass die reale Erklärungskraft modellhafter Abbildungen zunimmt, wenn man statt des Einsatzes schablonenhafter linear-additiver Modelle versucht, bestimmte *Konfigurationen* von Umfeld und Organisation zu identifizieren, die ihrerseits erfolgversprechend sind. Wir folgen diesem Weg und nehmen an, dass es verschiedene interdependente „Kombinationsmuster" der Dimensionen der Gestaltung des Innovationsprozesses, der generellen Aufbau- und Ablauforganisation, des Innovationsklimas, der Rolle des Top-Managements, der Strategie und des Innovationsmarketings gibt, die jeweils erfolgreich sein können (Abbildung 1).

Dabei abstrahieren wir von (fraglos möglichen) Rückwirkungen, die vom (positiven oder auch nicht positiven) Innovationsoutput wiederum auf das Unternehmen selbst und seine Ausgestaltung ausgehen werden.

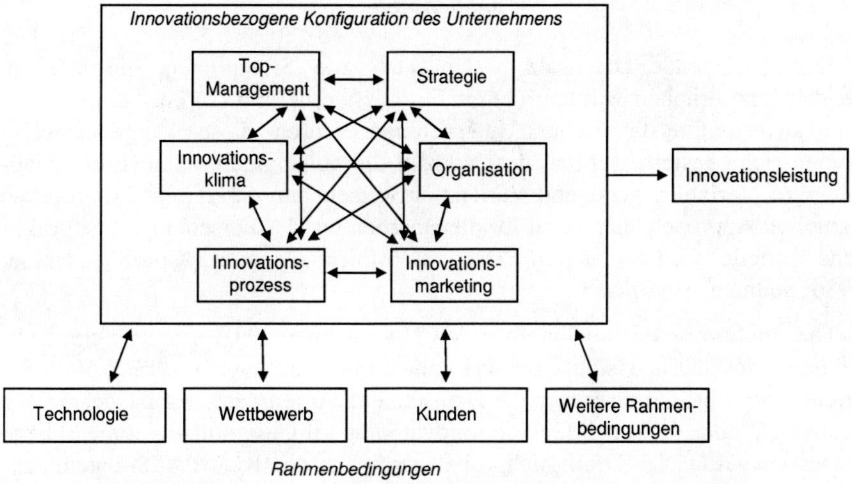

Abbildung 1: Ein theoretisches Modell zu Innovativität von KMB

2. *Operationalisierung*

Wir greifen die Kritik der Erfolgsfaktorenforschung auf und messen die abhängige Variable, den Innovationserfolg, nicht nur anhand einer einzigen Variablen, sondern multivariat. Der Zufallsfehlerterm wird auf diese Weise reduziert. Alle Variablen sind objektive Größen, also Maßzahlen, die nicht von subjektiven Einschätzungen der Befragten beeinflusst werden. Das Problem von *ex post judgement biases* sollte dadurch gering sein. Wir verwenden die am häufigsten verwendeten, objektiven Maße für den Innovationserfolg auf Gesamtunternehmensebene: (1) Umsatzanteil von radikalen und inkrementellen Innovationen aus den vergangenen drei Jahren, (2) Gewinnanteil von radikalen und inkrementellen Innovationen aus den letzten drei Jahren, (3) Anzahl der Innovationen pro Mitarbeiter, (4) Einsparungen durch Prozessinnovationen, (5) Anzahl der Patente pro Mitarbeiter und (6) relative Innovationsaufwendungen (Brouwer/Kleinknecht, 1996; Cooper/Kleinschmidt, 1995; Ernst, 2001b; Griffin/Page, 1993; 1996; Hagedoorn/Cloodt, 2003; Hollenstein, 1996).

Die 37 unabhängigen Variablen wurden in einer umfassenden Literaturanalyse identifiziert und decken sich mit dem Stand der Innovationserfolgsfaktorenforschung (Ernst, 2002). Sie differenzieren die Bereiche (1) Innovationsprozess, (2) Organisation, (3) Innovationsklima, (4) Top-Management und Strategie und (5) Innovationsmarketing. Für ihre genaue Operationalisierung muss auf Dömötör (2007) verwiesen werden. Der Fragebogen war in früheren Durchläufen des TOP 100-Wettbewerbs bereits mehrmals unter realen Bedingungen erfolgreich getestet worden.

3. Stichprobe

Der vorliegende Datensatz besteht aus zwei Stichproben, die 2006 in Deutschland erhoben wurden: (1) ein Zufallssample und (2) ein Sample hoch innovativer mittelständischer Unternehmen. Durch diese Vorgehensweise konnte sichergestellt werden, dass sowohl die abhängigen als auch die unabhängigen Variablen genügend Varianz aufweisen. Ein derartiger „Dispropriate Sampling Approach" hat damit für die Bearbeitung der Forschungsfrage praktische Vorteile, weil er das *Self Selection Problem* reduziert (Kalton/Anderson, 1986; Sudman, 1999).

Die Stichprobe der hochinnovativen Unternehmen setzt sich aus den Teilnehmern des jährlich stattfindenden Innovationswettbewerbs „TOP 100" für mittelständische Unternehmen in Deutschland zusammen[1]. Es ist der größte deutsche Wettbewerb, bei dem die Innovativität auf Gesamtunternehmensebene gemessen wird. Die Zufallsstichprobe wurde aus der KOMPASS-Datenbank[2] gezogen. Bei der Auswahl dieses Samples wurde besonderer Wert auf Strukturgleichheit mit dem TOP 100-Datensatz gelegt, um die beiden Stichproben kombinieren zu können. Zwischen beiden Samples besteht daher kein Unterschied hinsichtlich grundlegender Unternehmensdaten wie z. B. Größe (Anzahl Mitarbeiter, Umsatz) und Branchenzugehörigkeit (produzierender vs. Dienstleistungssektor). Insgesamt wurden im März 2006 1.900 Unternehmen per E-Mail eingeladen, an einer Online-Befragung teilzunehmen. 0,95 % der E-Mail-Adressen waren nicht mehr gültig. Nach der Aussendung von drei Erinnerungs-E-Mails über einen Zeitraum von sechs Wochen lagen die Daten von 120 Unternehmen vor. Dies entspricht einer Rücklaufquote von 6,4 %.

96 % aller Fragebögen wurden von Geschäftsführern ausgefüllt, womit ein Key Informant Bias weitgehend ausgeschlossen werden kann (Ernst, 2001a). Alle Teilnehmer wurden beim Ausfüllen der Fragebögen durch eine 25-seitige Ausfüllhilfe unterstützt, in der alle Fragen detailliert beschrieben waren. Die Rohdaten wurden sorgfältig geprüft. Bei unplausiblen oder inkonsistenten Angaben, wurden die Unternehmen kontaktiert, um die Werte zu bestätigen und gegebenenfalls zu korrigieren. Insgesamt wurden 104 Unternehmen per E-Mail und/oder telefonisch kontaktiert. Die Validität und Reliabilität der Daten dürfte damit vergleichsweise hoch sein. Der endgültige Datensatz umfasst 234 Unternehmen. Nach der Elimination von Fällen mit fehlenden Werten verfügen wir über 176 Unternehmen, die der nachfolgenden Analyse zu Grunde liegen.

---

[1] Http://www.compamedia.de.

[2] Http://www.kompass.com.

IV. Ergebnisse

1. Unterscheiden sich innovative und nicht-innovative KMB?

a) Vorbereitende Typologisierung mittels Clusteranalyse

In einem ersten Schritt verdichten wir die untersuchten Unternehmen entlang ihres Innovationsoutputs zu zwei Typen: denjenigen, die entlang aller sechs Indikatoren des Innovationserfolges erfolgreich sind und denjenigen, die hier nur durchschnittliche oder unterdurchschnittliche Werte erreichen. Formal wird dies durch eine K-Means-Clusteranalyse nachvollzogen. Sie gruppiert Objekte dergestalt, dass die Varianz innerhalb der Cluster minimiert und zwischen den Clustern maximiert wird (De Craen et al., 2006; Everitt, 1993; Gordon, 1999).

Im Ergebnis zeigt sich, dass die Unternehmen in Cluster 1 durchgehend, d. h. entlang aller eingehenden Variablen innovativer sind als die Angehörigen des zweiten Clusters. Die Betrachtung ihrer organisationalen Eigenschaften gibt Auskunft darüber, ob diese die Wahrscheinlichkeit für positiven Innovationsoutput erhöhen oder nicht.

Tabelle 1: Ergebnisse der Clusteranalyse

	Cluster 1[a]		Cluster 2[b]		Sig.[c]
Erfolgsgröße	**Mittelwert**	**Std. abw.**	**Mittel-wert**	**Std. abw.**	
Umsatzanteil Innovationen	73,80 %	19,54	25,25 %	14,72	<0,001
Gewinnanteil Innovationen	78,67 %	15,43	27,38 %	17,93	<0,001
Einsparungen Prozessinnovationen	13,10 %	10,31	7,00 %	6,52	<0,001
Innovationen pro Mitarbeiter	0,51	1,30	0,22	0,44	<0,05
Patente pro Mitarbeiter	0,11	0,35	0,06	0,13	<0,1
Innovationsaufwendungen (% vom Umsatz)	12,15 %	20,31	6,22 %	9,09	<0,01

Alle Werte sind Mittelwerte. [a] n = 91, [b] n = 85; [c] 2-seitiger T-Test für unabhängige Stichproben

b) Eigenschaften innovativer KMB

In der folgenden Analyse untersuchen wir, inwieweit sich die beiden Cluster hinsichtlich der Gestaltungsvariablen des Innovationsmanagements, also jenseits ihrer konstituierenden Merkmale unterscheiden. Signifikante Differenzen können als Indikator dafür verstanden werden, dass die entsprechende Gestaltungsvariable im Mittel tatsächlich einen positiven Beitrag zur Innovationsleistung darstellt.[3] Ein nicht signifikantes Ergebnis muss nicht zwangsläufig das Gegenteil bedeuten, denn es kann sein, dass es nur in einer bestimmten Konfiguration Wirksamkeit entfaltet, diese Konfiguration aber kein häufiger Typus im Sample ist. Auch dass es sich um eine notwendige, aber nicht hinreichende Variable handelt, ist denkbar.

Im Ergebnis zeigt sich, dass sich die innovationserfolgreichen von den „normalen" KMB in fast allen untersuchten Gestaltungsvariablen signifikant unterscheiden (vgl. Tabelle 1). Dies kann als klarer Hinweis darauf gewertet werden, dass Innovationserfolge von KMB kein Zufall sind, sondern das Ergebnis einer zielgerichteten Ausrichtung des Unternehmens. Es ist auffällig, dass diese Besonderheiten innovativer Unternehmen sich auf praktisch alle Organisationsbereiche und -dimensionen beziehen. Innovativität erscheint damit als eine durchgängige Systemeigenschaft, nicht als punktuelle Maßnahme.

Tabelle 2: Innovative vs. nicht-innovative KMB

Erfolgsfaktor	**Cluster 1**[a]	**Cluster 2**[b]	**Sig.**[c]
Innovationsprozess			
Ideenprüfung	4,56	4,26	<0,05
Konzepttests	4,43	3,94	<0,001
Wirtschaftlichkeitsanalysen	4,47	4,15	<0,05
Innovationsstrategien	4,27	3,71	<0,001
Konstruktions-/Entwicklungsphase	4,78	4,55	<0,05
Innovationserfolgsanalysen	4,14	3,66	<0,001
Organisation			
Innovationsabteilung (dichotom)	0,74	0,67	<0,10
Kooperation mit Wettbewerbern	2,36	1,86	<0,01
Kooperation mit Kunden	4,67	4,48	<0,05
Kooperation mit Lieferanten	4,37	3,94	<0,001
Kooperation mit Unis/Forschungseinr.	3,70	3,52	n.s.
Projektmanagement	4,57	4,06	<0,001
Projektcontrolling	4,68	4,25	<0,01

[3] Die Kausalitätsproblematik klammern wir dabei aus. Streng genommen kann aus keinem Korrelationsbefund eine Kausalbeziehung gefolgert werden. Wohl aber ist eine Korrelation eine notwendige Voraussetzung für eine Kausalbeziehung.

Innovationsklima			
Unternehmenskultur unterstützt unternehmerische Aktivitäten der MA	4,78	4,46	<0,001
Unternehmenskultur toleriert Fehler	4,37	4,12	<0,05
„Schutzmechanismen" für radikale Innovationen	4,12	3,68	<0,01
Weiterbildungstage Mitarbeiter (Tage)	7,39	4,83	<0,001
Freiräume für Mitarbeiter (dichotom)	0,76	0,71	n.s.
Anreizsystem (dichotom)	0,79	0,68	<0,10
Verbesserungsvorschläge / Mitarbeiter (Anzahl)	6,87	3,24	<0,01
Interdisziplinäre Projektteams	4,67	4,52	n.s.
Projektleiter sind Promotoren	4,78	4,36	<0,001
Viel Eigenverantwortung für Projektteams	4,32	4,07	<0,05
Top-Management und Strategie			
Top-Management definiert klare Ziele	4,81	4,36	<0,001
Top-Management kontrolliert Fortschritt	4,80	4,52	<0,01
Top-Management übergibt Verantwortung	4,68	4,41	<0,05
Top-Management motiviert ausreichend	4,67	4,46	<0,05
Weiterbildungstage Top-Management	10,67	8,03	<0,01
Innovationsmarketing			
Marketing-Zeitanteil für Innovationen (% der Arbeitszeit)	34,95	26,18	<0,05
Einbindung des Marketings in Innovationsprojekte	4,45	4,40	n.s.
Methode – Kundengespräche	4,82	4,75	n.s.
Methode – Conjoint-Analyse	2,60	2,06	<0,01
Methode – Quality Function Deployment	3,48	2,74	<0,001
Methode – Virtuelle User Communities	1,99	1,68	<0,10
Methode – Toolkits for User Innovation	1,90	1,94	<0,001
Methode – Lead-User-Methode	3,79	2,96	<0,01
Durchführen von Akzeptanztests	4,40	3,89	<0,05

Alle Werte sind Mittelwerte. [a] n = 91, [b] n = 85; [c] 2-seitiger T-Test für unabhängige Stichproben; alle Skalen sind fünfstufig mit 1 = schlechteste Ausprägung und 5 = beste Ausprägung, außer wenn in Klammer anders angegeben

2. *Welche Konfigurationen innovationserfolgreicher KMB gibt es?*

Wie im Theorieteil betont, vermuten wir, dass es für KMB unterschiedliche Vorgehensweisen gibt, wie sie nachhaltig zu innovativem Output gelangen können. Wir versuchen nun in einem zweiten analytischen Schritt, diese Konfigurationen zu entdecken. Dazu beschränken wir uns auf die in IV.1. als besonders innovativ gekennzeichneten Unternehmen und untersuchen, ob es in dieser Gruppe bestimmte Konfigurationen gibt, die sich durch ein jeweils ähnliches Innovationsmanagement auszeichnen.

Hierzu wurde eine zweite Clusteranalyse gerechnet. Inputdaten waren im Unterschied zur ersten Analyse allerdings nicht die Erfolgsgrößen, sondern die Gestaltungsvariablen als standardisierte Summenindices aller fünf Teilbereiche.[4]

Tabelle 3: Konfigurationen innovativer KMB

	Cluster 1[a]	**Cluster 2**[b]	**Cluster 3**[c]	**Sig.**[d]
Innovationsprozess	0,908	0,832	0,933	<0,01
Organisation	0,843	0,791	0,670	<0,001
Innovationsklima	0,718	0,707	0,760	<0,05
Top-Management und Strategie	0,808	0,789	0,825	n.s.
Innovationsmarketing	0,806	0,534	0,583	<0,001

Alle Werte sind Mittelwerte standardisierter Summenindices.
[a] n = 15; [b] n = 52; [c] n = 21; [d] ANOVA

Im Ergebnis zeigt sich, dass in der Tat signifikant verschiedene Konfigurationen von Gestaltungsvariablen sichtbar werden, die sich untereinander jeweils ähnlich sind (siehe Tabelle 2). Cluster 1 scheint dabei besonders außenorientiert vorzugehen. Die in ihm enthaltenen Unternehmen haben die höchsten Werte in Bezug auf Innovationsmarketing und Organisation v. a. von Kooperationen. Anscheinend sehen sie den Ausgleich ressourcenbedingter Nachteile und die Marktnähe als wichtigste Erfolgsfaktoren. KMB in Cluster 3 setzen einen anderen Akzent. Sie konzentrieren sich vergleichsweise stärker auf die internen Prozesse und haben entsprechend ein besonders günstiges Innovationsklima. Vereinfacht gesagt scheint es die beiden gegensätzlichen Konfigurationen einer (tendenziellen) Außen- und einer (tendenziellen) Innenorientierung zu geben. Dabei muss betont werden, dass beide Vorgehensweisen für sich Innovationser-

[4] Die Clusterzahl wurde auf Basis einer hierarchischen Clusteranalyse ermittelt (Ellbow-Analyse). Für methodische Details (Ward-Methode, Korrelationen als Distanzmaß) siehe Dömötör (2007).

folgswirksamkeit beanspruchen können. Dem Cluster 2 gehören die meisten Unternehmen im Sample an. Er hat ein weniger deutliches Profil, verkörpert also die Tatsache, dass die Mehrheit der KMB weder betont innen- noch ausgeprägt außenorientiert sind – und auch damit erfolgreich sind.

V. Fazit

Insgesamt wurden in der vorliegenden Untersuchung einige interessante Befunde zum Innovationsmanagement von KMB sichtbar. Man erkennt deutlich, dass Innovationserfolge wohl kein Zufall, sondern vielmehr die Folgen einer klaren Ausrichtung des Unternehmens auf das Innovationsziel sind. Innovationserfolgreiche KMB unterscheiden sich von weniger erfolgreichen KMB in praktisch allen Aspekten des Innovationsmanagements. Auffällig ist dabei die Durchgängigkeit. Die Innovativität eines Unternehmens scheint keine punktuelle Maßnahme zu sein, sondern Maßnahmen in allen Unternehmensbereichen und -dimensionen zu erfordern, von der Gestaltung des Prozesses über die Organisation der Außenbeziehungen, dem Klima, der Rolle des Managements bis hin zur Anbindung an Markt und Kunden. Dennoch gibt es auch bei der Innovativität nicht „den einen“ Weg, der zum Erfolg führt. Wir haben mit einer verstärkten Außenorientierung, einer Innenorientierung und einer Mischstrategie klare Hinweise darauf gefunden, dass verschiedene Konfigurationen von Herangehensweisen jeweils erfolgreich sein können. Zukünftige Forschung sollte versuchen, diese erfolgversprechenden Konfigurationen noch tiefergehend zu untersuchen. Vor allem stellt sich die Frage, in welchen internen und externen Kontexten sie auftreten bzw. tatsächlich erfolgversprechend sind.

Literatur

Acs, Z. J. / *Audretsch*, D. B. (1988): Innovation in Large and Small Firms: An Empirical Analysis, in: The American Economic Review, 78/4, pp. 678–690.

Albers, S. / *Hildebrandt*, L. (2006): Methodische Probleme bei der Erfolgsfaktorenforschung – Messfehler, formative versus reflektive Indikatoren und die Wahl des Strukturgleichungs-Modells, in: Zeitschrift für Betriebswirtschaft, 58/1, S. 2–33.

Arvanitis, S. / *Marmet*, D. (2002): Finanzierung von Innovationstätigkeiten: Eine empirische Analyse anhand von Unternehmensdaten, Strukturberichterstattung 9, Bern.

Beaver, G. / *Prince*, C. (2002): Innovation, Entrepreneurship and Competitive Advantage in the Entrepreneurial Venture, in: Journal of Small Business and Enterprise Development, 9/1, pp. 28–37.

Becherer, R. C. / *Maurer*, J. G. (1999): The Proactive Personality Disposition and Entrepreneurial Behaviour Among Small Company Presidents, in: Journal of Small Business Management, 37/1, pp. 28–36.

Bhattacharrya, M. / *Bloch*, H. (2004): Determinants of Innovation, in: Small Business Economics, 22/2, pp. 155–162.

Blessin, B. (1998): Innovation und Innovationsmanagement in kleinen und mittleren Unternehmen, Stuttgart.

Brouthers, K. D. / *Andriessen*, F. / *Nicolaes*, I. (1998): Driving Blind: Strategic Decisionmaking in Small Companies, in: Long Range Planning, 31/1, pp. 130–138.

Brouwer, E. / *Kleinknecht*, A. (1996): Determinants of Innovation Output. A Microeconometric Analysis of Three Innovation Output Indicators, in: Kleinknecht, A. (ed.): Determinants of Innovations: The Message from New Indicators, London, pp. 99–124.

Camisón-Zornoza, C. / *Lapiedra-Alcamí*, R. / *Segarra-Ciprés*, M. / *Boronat-Navarro*, M. (2004): A Meta-Analysis of Innovation and Organizational Size, in: Organization Studies, 25/3, pp. 331–361.

Capon, N. / *Farley*, J. U. / *Hoenig*, S. (1990): Determinants of Financial Performance: a Meta-Analysis, in: Management Science, 36/10, pp. 1143–1159.

Chandler, G. N. / *Keller*, C. / *Lyon*, D. W. (2000): Unravelling the Determinants and Consequences of an Innovation-Supportive Organizational Culture, in: Entrepreneurship Theory and Practice, 25/1, pp. 59–76.

Christensen, C. / *Suarez*, F. / *Utterback*, J. (1998): Strategies for Survival in Fast-Changing Industries, in: Management Science, 44/12, pp. 207–220.

Cooper, R. G. (1979): The Dimensions of Industrial New Product Success and Failure, in: Journal of Marketing, 43/3, pp. 93–103.

Cooper, R. G. / *Kleinschmidt*, E. J. (1987): New Products: What Separates Winners from Losers?, in: Journal of Product Innovation Management, 4/3, pp. 169–184.

– (1995): Benchmarking the Firm's Critical Success Factors in New Product Development, in: Journal of Product Innovation Management, 12/5, pp. 374–391.

Damanpour, F. (1992): Organizational Size and Innovation, in: Organization Studies, 13/3, pp. 375–402.

De Craen, S. / *Commandeur*, J. J. F. / *Frank*, L. E. / *Heiser*, W. J. (2006): Effects of Group Size and Lack of Sphericity on the Recovery of Clusters in K-means Cluster Analysis, in: Multivariate Behavioral Research, 41/2, pp. 127–145.

De Jong, J. P. J. / *Vermeulen*, P. A. M. (2006): Determinants of Product Innovation in Small Firms: A Comparison Across Industries, in: International Small Business Journal, 24/6, pp. 587–609.

Deimel, K. / *Kraus*, S. (2006): Strategisches Management in kleinen und mittleren Unternehmen – Eine empirische Bestandsaufnahme, Köln.

Dömötör, R. (2007): Der Einfluss der Konzeptionalisierung des Innovationserfolgs auf das Ergebnis von Erfolgsfaktorenstudien, Dissertation, WU Wien.

Dömötör, R. / *Franke*, N. / *Hienerth*, C. (2007): What a Difference a DV Makes… The Impact of Conceptionalizing the Dependent Variable in Innovation Success Factor Studies, in: Zeitschrift für Betriebswirtschaft, 2/2007 (Special Issue), pp. 23–46.

Ernst, H. (2001a): Erfolgsfaktoren neuer Produkte. Grundlagen für eine valide empirische Forschung, Wiesbaden.

– (2001b): Patent Applications and Subsequent Changes of Performance: Evidence from Time-Series Cross-Section Analyses on the Firm Level, in: Research Policy, 30/1, pp. 143–157.

– (2002): Success Factors of New Product Development: A Review of the Empirical Literature, in: International Journal of Management Reviews, 4/1, pp. 1–40.

Eurostat (2007): Gemeinschaftliche Innovationsstatistiken, http://epp.eurostat.ec.europa.eu/cache/ITY_OFFPUB/KS-SF-07-061/DE/KS-SF-07-061-DE.PDF, abgerufen am 22.09.07.

Everitt, B. S. (1993): Cluster Analysis, 3rd edition, London.

Frank, H. / *Korunka*, C. / *Lueger*, M. (1999): Konfigurationsanalyse von Unternehmensgründungen – Hemmende und fördernde Faktoren beim Gründen von Unternehmen, in: Betriebswirtschaftliche Forschung und Praxis, 3, S. 256–271.

Freel, M. S. (2000): External Linkages and Product Innovation in Small Manufacturing Firms, in: Entrepreneurship and Regional Development, 12/3, pp. 245–266.

– (2003): Sectoral Patterns of Small Firm Innovation, Networking and Proximity, in: Research Policy, 32/5, pp. 751–770.

Freeman, C. / *Robertson*, A. B. / *Achilladelis*, B. G. / *Jervis*, P. (1972): Success and Failure in Industrial Innovation, Report on Project SAPPHO by the Science Policy Research Unit, London.

Fueglistaller, U. / *Wick*, U. (1995): Beziehungsmanagement als Erfolgsfaktor in Klein- und Mittelunternehmen, in: Internationales Gewerbearchiv, 43/2, S. 116–122.

Gordon, A. D. (1999): Classification, 2nd edition, Florida.

Griffin, A. / *Page*, A. L. (1993): An Interim Report on Measuring Product Development Success and Failure, in: Journal of Product Innovation Management, 10/4, pp. 291–308.

– (1996): PDMA Success Measurement Project: Recommended Measures for Product Development Success and Failure, in: Journal of Product Innovation Management, 13/6, pp. 478–496.

Haenecke, H. (2002): Methodenorientierte Systematisierung der Kritik an der Erfolgsfaktorenforschung, in: Zeitschrift für Betriebswirtschaft, 72/2, S. 165–183.

Hagedoorn, J. / *Cloodt*, M. (2003): Measuring Innovative Performance: is There an Advantage in Using Multiple Indicators?, in: Research Policy, 32/8, pp. 1365–1379.

Harhoff, D. / *Licht*, G. / *Beise*, M. / *Felder*, J. / *Nerlinger*, E. / *Stahl*, H. (1996): Innovationsaktivitäten kleiner und mittlerer Unternehmen – Ergebnisse des Mannheimer Innovationspanels, Baden-Baden.

Hauschildt, J. (1998): Promotoren – Projektmanager der Innovation?, in: Franke, N. / Braun, C.-F. von (Hrsg.): Innovationsforschung und Technologiemanagement. Konzepte, Strategien, Fallbeispiele, Berlin et al., S. 175–189.

– (1999): Widerstand gegen Innovationen – destruktiv oder konstruktiv?, in: Zeitschrift für Betriebswirtschaft, 2 (Ergänzungsheft), S. 1–21.

Hauschildt, J. / *Salomo*, S. (2007): Innovationsmanagement, München.

Hauschildt, J. / *Walther*, S. (2003): Erfolgsfaktoren von Innovationen mittelständischer Unternehmen, in: Schwarz, E. J. (Hrsg.): Technologieorientiertes Innovationsmanagement: Strategien für kleine und mittelständische Unternehmen, Wiesbaden, S. 6–22.

Henard, D. H. / *Szymanski*, D. M. (2001): Why Some New Products are More Successful Than Others, in: Journal of Marketing Research, 38/3, pp. 362–375.

Hienerth, C. / *Keßler*, A. (2006): Measuring Success in Family Businesses: The Concept of Configurational Fit, in: Family Business Review, 19/2, pp. 115–134.

Hollenstein, H. (1996): A Composite Indicator of a Firm's Innovativeness. An Empirical Analysis Based on Survey Data for Swiss Manufacturing, in: Research Policy, 25/4, pp. 633–645.

Julien, P. A. (1995): New Technologies and Technological Information in Small Businesses, in: Journal of Business Venturing, 10/6, pp. 459–475.

Kalton, G. / *Anderson*, D. W. (1986): Sampling Rare Populations, in: Journal of the Royal Statistical Society, 149/1, pp. 65–82.

Kieser, A. / *Nicolai*, A. (2005): Success Factor Research: Overcoming the Trade-off Between Rigor and Relevance?, in: Journal of Management Inquiry, 14/3, pp. 275–279.

Kleinknecht, A. (1987): Measuring R&D in Small Firms: How Much are We Missing?, in: Journal of Industrial Economics, 36/2, pp. 253–256.

König, M. / *Völker*, R. (2001): Verbesserung der Innovationsfähigkeit kleiner und mittlerer Unternehmen (KMU) in Rheinland-Pfalz, Arbeitsbericht Nr. 9, Ludwigshafen.

– (2002): Typische Problemfelder des Innovationsmanagements bei KMU, Arbeitsbericht Nr. 1, Ludwigshafen.

– (2003): Innovationsmanagement im gesamtgesellschaftlichen, wirtschaftlichen und betrieblichen Kontext unter besonderer Berücksichtigung kleiner und mittelständischer Unternehmen (KMU), Arbeitsbericht Nr. 12, Ludwigshafen.

Korunka, C. / *Frank*, H. / *Lueger*, M. / *Mugler*, J. (2003): The Entrepreneurial Personality in the Context of Resources, Environment, and the Startup Process. A Configurational Approach, in: Entrepreneurship: Theory and Practice, 28/1, pp. 23–42.

Kraus, S. (2006): Strategische Planung und Erfolg junger Unternehmen, Wiesbaden.

Kraus, S. / *Fink*, M. / *Harms*, R. / *Rößl*, D. (2007): Forschungsergebnisse zur strategischen Planung in KMU: Aktueller Stand und zukünftige Entwicklungsrichtungen, in: Meyer, J.-A. (Hrsg.): Planung in kleinen und mittleren Unternehmen, Köln, S. 31–43.

Laforet, S. / *Tann*, J. (2006): Innovative Characteristics of Small Manufacturing Firms, in: Journal of Small Business and Enterprise Development, 13/3, pp. 363–380.

Ledwith, A. / *Richardson*, I. / *Sheahan*, A. (2006): Small Firm-Large Firm Experiences in Managing NPD Projects, in: Journal of Small Business and Enterprise Development, 13/3, pp. 425–440.

Leitner, K. H. (2001): Strategisches Verhalten von kleinen und mittleren Unternehmen, Seibersdorf.

Loveman, G. / *Sengenberger*, W. (1991): The Re-Emergence of Small-Scale Production: An International Comparison, in: Small Business Economics, 3/1, pp. 1–37.

Maidique, M. A. / *Zirger*, B. (1984): A Study of Success and Failure in Product Innovation: The Case of the U.S. Electronics Industry, in: IEEE Transactions in Engineering Management, 31/4, pp. 192–203.

– (1985): The New Product Learning Cycle, in: Research Policy, 14/6, pp. 299–313.

March, J. G. / *Sutton*, R. I. (1997): Organizational Performance as a Dependent Variable, in: Organization Science, 8/6, pp. 698–706.

Millward, H. / *Lewis*, A. (2005): Barriers to Successful New Product Development Within Small Manufacturing Companies, in: Journal of Small Business and Enterprise Development, 12/3, pp. 379–394.

Montoya-Weiss, M. M. / *Calantone*, R. (1994): Determinants of New Product Performance: A Review and Meta-Analysis, in: Journal of Product Innovation Management, 11/5, pp. 397–417.

Motwani, J. / *Dandridge*, T. / *Jiang*, J. / *Soderquist*, K. (1999): Managing Innovation in French Small and Medium-Sized Enterprises, in: Journal of Small Business Management, 37/2, pp. 106–114.

Mugler, J. (1997a): Die Qualität der Arbeit in Klein- und Mittelbetrieben, in: Zeitschrift für Klein- und Mittelunternehmen, 45/4, S. 217–235.

– (1997b): Strategic Management of Small and Medium-Sized Businesses in the Light of Globalisation of Markets, in: Journal of European Business Education, 7/1, pp. 69–78.

– (1997c): Lebenszyklus und Besonderheiten der Entwicklung von Klein- und Mittelunternehmen, in: Belak, J. / Kajzer, S. / Mugler, J. / Senjur, M. / Sewing, N. / Thommen, J.-P (Hrsg.): Unternehmensentwicklung und Management unter besonderer Berücksichtigung der Klein- und Mittelbetriebe in den Reformländern., Zürich, S. 217–227.

– (1998): Die Entwicklung von Klein- und Mittelbetrieben. Wichtige Theoriebeiträge im Überblick, in: Kailer, N. / Mugler, J. (Hrsg.): Entwicklung von kleinen und mittleren Unternehmen. Konzepte, Praxiserfahrungen, Entwicklungsperspektiven, Wien, S. 15–66.

– (1999a): Betriebswirtschaftslehre der Klein- und Mittelbetriebe, Band 1, 3. Auflage, Wien / New York.

– (1999b): Betriebswirtschaftslehre der Klein- und Mittelbetriebe, Band 2, 3. Auflage, Wien / New York.

– (2004): The Configuration Approach to the Strategic Management of Small and Medium-Sized Enterprises, in: Budapest Tech International Jubilee Conference (ed.): Science in Engineering, Economics and Education, Conference Proceedings, Budapest, pp. 247–256.

Nicolai, A. / *Kieser*, A. (2002): Trotz eklatanter Erfolglosigkeit: Die Erfolgsfaktorenforschung weiter auf Erfolgskurs, in: Die Betriebswirtschaft (DBW), 62/6, S. 579–596.

Nooteboom, B. (1994): Innovation and Diffusion in Small Firms: Theory and Evidence, in: Small Business Economics, 6/5, pp. 327–334.

Pavitt, K. (1991): Key Characteristics of the Large Innovating Firms, in: British Journal of Management, 2/1, pp. 41–50.

Redl, R. (2007): Innovationsmanagement in österreichischen KMU unter besonderer Berücksichtigung der Marktorientierung. Empirische Untersuchung und Kostenanalyse in der Maschinenbaubranche, Diplomarbeit, WU Wien.

Ringle, H. (2004): Erfolgswirkung von Kooperationen kleiner und mittlerer Unternehmen – Eine vergleichende Analyse, in: Meyer, J-A. (Hrsg.): Kooperationen von kleinen und mittleren Unternehmen in Europa, Köln, S. 11–29.

Rogers, M. (2004): Networks, Firm Size and Innovation, in: Small Business Economics, 22/2, pp. 141–153.

Rößl, D. / *Keßler*, A. (2005): Die Rolle von Forschungs- und Technologieorganisationen im Innovationsprozess von Klein- und Mittelbetrieben, in: Weissenberger-Eibl, M. A. (Hrsg.): Gestaltung von Innovationssystemen, Kassel, S. 331–345.

Rothwell, R. (1989): Small Firms, Innovation and Industrial Changes, in: Small Business Economics, 1, pp. 51–64.

Rothwell, R. / *Dodgson*, M. (1991): External Linkages and Innovation in Small and Medium-Sized Enterprises, in: R&D Management, 21/2, pp. 125–138.

Rothwell, R. / *Freeman*, C. / *Horlsey*, A. / *Jervis*, P. / *Robertson*, A. B. / *Townsend*, J. (1974): SAPPHO updated – Project SAPPHO phase II, in: Research Policy, 3/3, pp. 258–291.

Schumpeter, J.A. (1939): Business Cycles, New York.

– (1942): Capitalism, Socialism and Democracy, New York.

Soderquist, K. / *Chanaron*, J. J. / *Motwani*, J. (1997): Managing Innovation in French Small and Medium Sized Enterprises: An Empirical Study, in: Benchmarking for Quality, Management & Technology, 4/4, pp. 259–272.

Spielkamp, A. / *Rammer*, C. (2006): Balanceakt Innovation – Erfolgsfaktoren im Innovationsmanagement kleiner und mittlerer Unternehmen. ZEW-Dokumentation Nr. 06-04, Mannheim.

Sudman, S. (1999): Sampling in the Twenty-First Century, in: Journal of the Academy of Marketing Science, 27/2, pp. 269–277.

Van der Panne, G. / *Van Beers*, C. / *Kleinknecht*, A. (2003): Success and Failure of Innovation: A Literature Review, in: International Journal of Innovation Management, 7/3, pp. 309–338.

Verworn, B. / *Lüthje*, C. / *Herstatt*, C. (2000): Innovationsmanagement in kleinen und mittleren Unternehmen, Arbeitspapier Nr. 7, TU Hamburg-Harburg.

Vossen, R. W. (1998): Relative Strenghts and Weaknesses of Small Firms in Innovation, in: International Small Business Journal, 16/3, pp. 88–94.

Wind, J. / *Mahajan*, V. (1997): Issues and Opportunities in New Product Development: An Introduction to the Special Issue, in: Journal of Marketing Research, 34/1, pp. 1–12.

Integral Management: Concept and Basic Features of the MER Model

By *Štefan Kajzer*, *Mojca Duh* and *Janko Belak*, Maribor

I. The Evolution of Integral Management

From an evolutionary perspective, management has been presented differently in the scientific and professional (business) literature. The early stages of management evolution are often described as budgeting, controlling, and long-term planning. In the later stages, progress was made toward the development of business strategic planning, corporate strategic planning, and strategic management (e. g. Hax/Majluf, 1984). In the past two decades, we can observe substantial progress toward the development of integral management. Among management researchers who foresaw such an evolution of management was the Slovenian researcher Janko Kralj. He described four major stages in the evolution of management: empirical, rational, cognitive, and integrative management (Kralj, 1995).

Among comprehensive models of integral management is the St. Gallen Management Model, which is of major importance. The story of this model began when Hans Ulrich founded the Institute of Management at Hochschule St. Gallen (HSG) in 1954. He was convinced of the necessity for a strong theory of the firm and of its complex embedding in a multitude of environmental spheres. In 1968, his book "The Corporation as a Productive Social System" outlined the basics of a system-oriented education in management. It is regarded as embodying the fundament principles of his overall work. On this basis, the first version of the "St. Gallen Management Model" was published in book form in 1972, and co-authored by Walter Krieg.

From 1984 to 1994, the institute was headed by Knut Bleicher. During this period, the overall idea of an integrated management approach was shaped around a framework captioned the "St. Gallen Management Concept". By emphasizing distinct phases of corporate development, this approach focused particularly on evolutionary conditions of management. This framework incorporates three management levels highlighted by Hans Ulrich, and combines them with what is often regarded as the specific "St. Gallen" demands of successful management: the harmonization of strategic programs, structure, and culture to a common chord. Six editions have made "The Concept of Integrated Management" an acknowledged standard in management literature.

In 1998, the University of St. Gallen initiated a comprehensive project to renew the St. Gallen Management Model. In 2002, these efforts led to the new HSG approach to integrated management. With this, the acknowledged St. Gallen concept of an enterprise and of the accompanying management challenges went into its third generation. The latest HSG approach to integrated management enhanced the original Ulrich model in various ways. First, more importance is attached to the ethical, normative dimension of management. Second, the new model reflects the relevance of a process-oriented view of an enterprise. Third, there is much emphasis on the interpretative, meaning-based dimension of management. With the integrating levels of strategy, structure, and culture, three main pillars of the second St. Gallen Management Model developed during the Bleicher era also play an important role in the new model. Finally, the great contemporary issues of interactions (resources, norms and values, concerns and interests) are bundled in a new way. This is done to draw more attention to the insight that management is very much about interpreting certain facts and giving them meaning. The project was conducted by Johannes Rüegg-Stürm, who introduced the management framework in his book "New St. Gallen Management Model" (Rüegg-Stürm, 2002; Spickers, 2004).

Encouraged by the development of integral management models, especially the one developed at the HSG (i. e. the St. Gallen Management Model), researchers from Slovenia took the initiative to develop the model of integral management (captioned "MER Model of Integral Management" further in the text: "MER Model"[1]), which would take into consideration special transition conditions. The coordination of research activities was taken over by the MER Eurocentre[2].

The MER Model is the product of several years of research cooperation among universities and other research institutions from different countries. This paper presents the concept and basic features of the MER Model.

---

[1] MER is an acronym: M – Management, E – Entwicklung (in German) → Development, R – Razvoj (in Slovene) → Development.

[2] The MER Eurocentre (MER Evrocenter in Slovene) is the institute for research, education and publishing in the field of management and development of enterprises and regions. It is a non-profit and politically neutral institute. Its development is oriented toward the global European environment and the home region represents a space for direct applicative activity.

II. MER Activities in Developing the Model of Integral Management

Although the MER Eurocentre was officially founded in 1997, the beginnings of international cooperation on research projects and publication programs go back to 1992. Among the main reasons for international cooperation on MER projects were the differences in economic development between traditional market economies and post socialists transition countries. Slovenia was one of the transition countries, and its researchers faced difficult conditions caused by upheavals in the transition to the market economy. They had to acquire new knowledge as fast as possible and had to forget knowledge they had accumulated which was useless in the new circumstances.

Those who initiated the MER activities, which are still running today, recognized all these problems in 1992. From its earliest days, the MER mission has been the free exchange of theoretical and practical cognitions and experiences between researchers, managers, and other experts from developed market economies and less developed former socialist countries. Recognizing the need for new knowledge on management and the development of enterprises, Slovenian researchers Štefan Kajzer and Janko Belak decided to invite researchers to jointly prepare a book on this topic. These included scientific colleagues of the Slovenian researchers from Austria, Germany, Switzerland, and Canada. This publication (Belak et al., 1993) represents the beginning of MER activities, which became an important form of scientific cooperation.

1. Symposiums, Research Work and Publications

Cooperation in scientific and research work has also been manifesting through the organization of several international scientific symposiums.[3] These symposiums were based on results of work produced by more than 400 researchers, who have been cooperating on research projects on the following topics for the past ten years (also with the aim of developing an own model of integral management):

- co-dependencies between entrepreneurship, the enterprise's policy, and management,
- transition influences on the development of an economy and enterprises,
- particularities of development and developmental management of small and medium-sized enterprises,
- business planning as a component of the management process,

[3] Annex 1 shows the symposiums held in the context of the MER program.

- synergy effects of start-up and developmental management,
- particularities of crisis management in different environments,
- comparative analysis of integral management models with models of strategic management and an enterprise's policy,
- integration and cooperation particularities of small and medium-sized enterprises (comparing EU countries with other countries),
- developmental particularities of family enterprises.

New knowledge and research results of the symposiums and researches have been published in books, journals, and symposium proceedings (see references). For more than ten years, participants from Austria, Belgium, Bosnia and Herzegovina, Bulgaria, Byelorussia, Canada, the Czech Republic, Croatia, Estonia, France, Germany, Hungary, Italy, Poland, Romania, Russia, the Slovak Republic, Slovenia, Switzerland, Ukraine, and the USA have been cooperating in the MER programs. They come from more than 50 institutions (mainly universities).[4] Thus, scientific doctrines of different universities influenced the development of the MER Model. The process of intensive study and harmonization in striving towards a joint model has been carried out for more than ten years now: from the first researches in 1992 and the first publications in 1993 and 1994 (Belak et al., 1993; Belak/Kajzer, 1994), until the publication of the Slovenian book "Integral Management and Development of an Enterprise" in 2003 (Belak et al., 2003a).

2. *The Contribution of Josef Mugler in Developing the MER Model*

The co-authors of the paper have the honor at this special occasion of highlighting Josef Mugler's contribution to the process of creating the MER Model. Josef Mugler's role has been manifold. He has been a cooperative colleague since 1992. He has cooperated in MER projects as a researcher and author of several written contributions, as a leader and a member of the MER program, and on editorial boards and committees. Importantly, he has contributed to the recognition of MER projects by encouraging many colleagues from Vienna University of Economics and Business Administration and from elsewhere to start cooperating in MER activities. He has also encouraged many of the participants of his summer courses, entitled "Ökonomie der KMU" to join the MER projects. These courses have been offered to teachers from universities and other higher-education institutions from post socialist transition countries.

---

[4] In Annex 2 those partners who had a major influence on the development of the MER Model are listed.

The Institute of Small Business Management and Entrepreneurship at Vienna University headed by Josef Mugler has been co-organizer of most of the MER symposiums. More information about Josef Mugler's role and contributions can be found in the foreword of the book, "Enterprise's Development and Development Management: Particularities of Small and Medium-sized Enterprises" (Belak et al., 1998) and in the contribution entitled "Management and Development: MER Efforts to Moderate Transition Crises" in the book entitled "Crisis Management" (Thommen/Belak/Kajzer, 1999).

Among Josef Mugler's written contributions the following particularly influenced the creation of the MER Model:

- Performance Factors of Starting-up an Enterprise (Mugler, 1993),
- Life Cycle and Particularities of Development of Small and Medium-sized Enterprises (Mugler, 1997),
- Synergies in the Theory of Strategic Management (Mugler, 1998),
- Particularities of Crisis Management in Small and Medium-sized Enterprises (Mugler, 1999),
- The Concept of Synergy in the Theory of Strategic Management (Mugler, 2001).

Fruitful discussions with Joseph Mugler at joint meetings should also be mentioned. At these meetings, Mugler has initiated scientific discussions on understanding and solving problems of enterprises' management and development, especially of small and medium-sized enterprises.

III. MER Model of Integral Management

1. Important Scientific Origins

The MER Model is based on the following scientific origins:

- on fixing boundaries between an enterprise and management as an object and as a subject of managerial activity, and on co-dependencies between management and an enterprise;
- on the process comprehension of an enterprise, on understanding the diversity of enterprises and their influences on the necessary adjustments of management;
- on understanding the life cycle and developmental cycles, special situations and goals of enterprises, and their influences on particularities of management;

- on understanding characteristics of the enterprise's environment, their direct influences on an enterprise as well as their indirect influences on the management of an enterprise;
- on knowing and understanding selected developmental models of an enterprise;
- on knowing and understanding different management models;
- on understanding the importance of philosophy, culture, and ethics for an enterprise and its management;
- on understanding entrepreneurship, synergy, and ecology as the key success factors of enterprises and their management.

All these cognitions and knowledge form an important basis for developing the MER Model.

2. Objective, Time and Space Dimension

Management is not a subsystem but a partial system of an enterprise "which it serves". This means it is present throughout an enterprise: in all processes, instruments, and institutions. The boundaries of management, which is regarded as a partial system of an enterprise, cannot be clearly determined since there are no firm boundaries between the "internal" and "external" environment of an enterprise.

The *objective dimension* of the MER model is expressed by its applicability for all types of enterprises (in the broader sense of the term), regardless of their activity, size, legal form, etc. The MER model is designed for enterprises in different life cycle phases or developmental and growth stages, with certain modifications, of course (Belak/Duh, 2006). These lead to special managements (e. g. start-up management, developmental management, management of an enterprise in bankruptcy, etc.). Such special managements are not isolated parts but partial systems of integral management. The MER Model is designed also for enterprises that find themselves in special situations or follow different sets of goals (Belak et al., 2003b). Typical cases are crisis management, total quality management, and innovation management, which also represent partial systems of integral management. Special managements such as conflict management, risk management, lean management, etc. could also be added to the above list. From the *time perspective*, the MER Model can be used in all time dimensions (longer and shorter time periods in an enterprise's future, present, or past). Regarding the *space dimension* the MER Model enables functioning of management in all three places (market, operational, and cognitive) of an enterprise.

3. Process, Instrumental and Institutional Dimension

a) Process Dimension

The process dimension of the MER Model is based on the integration of:

- hierarchical levels of the management process (political level, strategic management level, and operational management level),
- basic functions of the management process (planning, organizing, directing, controlling) and
- process functions (preparation of information, decision making, undertaking measures).

Process Hierarchy and Levels

The process dimension of the MER Model is based on understanding the hierarchy of the management process. What is typical of management activities is that global and developmental definitions of an enterprise are followed by its more detailed, operational definitions. There is hierarchical order in:

- defining a vision and a policy at the highest political level; an enterprise's policy consists of a mission, purposes, and basic goals;
- identifying strategic opportunities and developing strategies for implementing the policy at the middle, strategic level;
- planning and allocating resources and operational tasks at the lowest, tactical, and operational levels.

Processes at different hierarchical levels, described above, need to be integrated into one holistic and complex process. Therefore, in the MER Model, no special attention is given to distinguishing between governance and management processes because of the need for linking and interweaving processes at all hierarchical levels. The need for integration of governance and management processes into one complex and holistic process is also stressed in other models of integral management.

Basic Functions: Planning, Organizing, Directing, and Controlling

The management process in the MER Model begins with planning, which is followed by organizing and directing of implementation. Control is not the last step in this sequence. It is needed many times in between and together with planning, organizing, directing of implementation and implementation itself. Planning, organizing, directing, and controlling are present at all hierarchical levels of the management process.

Process Functions: Preparatory Information Activities, Decision Making, and Undertaking Measures

The essence of management processes embodies decision making and undertaking measures. Both decision making and undertaking measures are needed in all stages and at all levels of the management process. Decisions are based on information. The preparation of the relevant required data and information is based on collecting, processing, storing, and communicating data and information. Information processes, like decision-making processes, are presented in all basic functions and at all levels of the management process. The purpose of management processes is achieved by the process of undertaking measures. The implementation of measures is always done at a level that is hierarchically lower than the level at which the decision was made. Political decisions are implemented by strategies, strategic decisions by a structuring of resources, decisions on structuring of resources by making decisions at the operational level and by the realization of the basic processes of an enterprise.

b) Instrumental Dimension

Management is an instrumental system consisting of business and management guiding principles, styles, techniques, and management methods. Business and management guiding principles globally define relationships between an enterprise, its environment, and its employees. The chosen management styles and techniques are based on them. Among different management styles, two extremes can be distinguished: authoritarian and participative management styles, and their combinations. Among different management techniques, we distinguish the following: management by objectives, management by exception, management by delegation, and management by system. Regarding management methods, in the process of developing the MER Model priority has been given to business planning methods, especially for start-up and developmental planning of an enterprise.

c) Institutional Dimension

The institutional dimension of the MER Model represents those involved in the governance and management of an enterprise (i. e. governance and management structures). Boundaries between governance and management structure have been disappearing more and more as a result of the development of models of integral management. Researches show the growing need for integration of both structures (for references see Belak, 1999a; Belak, 2002). Those who participate in the governance and management processes hierarchically can be distinguished between: owners making decisions on the policy of an enterprise, top management making decisions on strategies, middle management making decisions on the optimal allocation of resources (tactics), and first-line management making decisions on the distribution of operational tasks.

Management functions holders (i. e. institutional dimension) are defined according to their responsibilities in decision-making processes. Besides decision making, management processes also consist of planning, organizing, directing, and controlling activities. People involved in these activities are experts within the enterprise, very often also managers, or even those from the governance structure, if they possess the requisite expertise.

The horizontal and vertical integration of management processes, instruments, and institutions is done within the MER Model.

4. Incorporation of Success Factors into the MER Model

Philosophy, Culture, and Ethics

The MER Model is based on understanding the philosophy, culture, and ethics of an enterprise as important success factors. The philosophy, culture, and ethics of an enterprise are influenced by those in management. The MER Model predicts such functioning of an enterprise and its management, which is based on the credibility of an enterprise. Such values are an important component of the MER Model.

Synergy, Entrepreneurship, and Ecology

Synergy, entrepreneurship, and ecology are also identified as key success factors of an enterprise. The care for achieving positive synergy effects is built into all dimensions of the MER Model. Entrepreneurship (as a process of seeking for, creating and using business opportunities) and ecologically responsible behavior of an enterprise, are also both integrated into the MER Model.

5. Integration of Management in the MER Model

The MER Model is based on the integration of all discussed factors from an enterprise and from its environment (Figure 1).

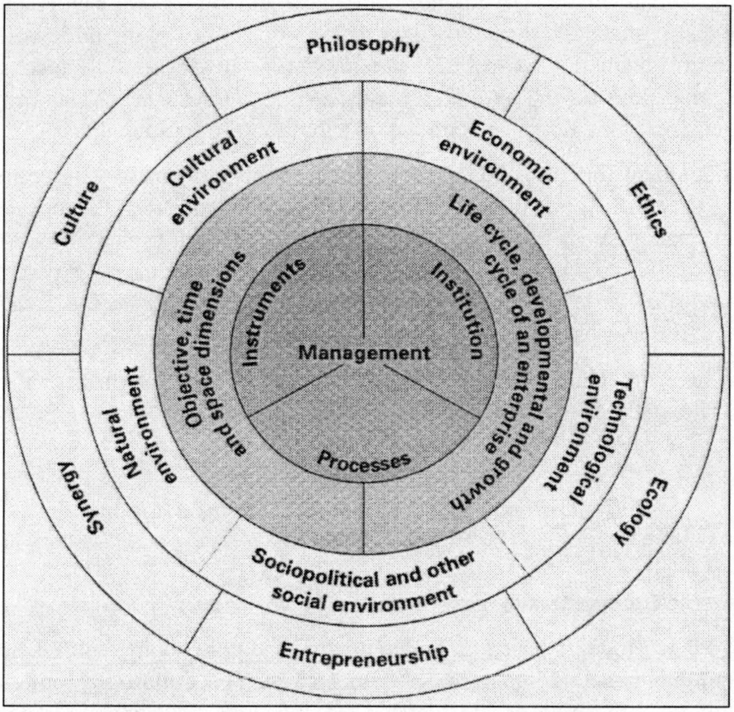

Figure 1: MER Model of Integral Management

Management processes, instruments, and institutions are horizontally and vertically integrated in consistent, functioning wholeness. Process, instrumental, and institutional integration of management is at the same time the fundamental condition for bringing into force all other integration factors.

An enterprise, understood as a narrow environment in which (and for which) the management is active, integrates "its own" management with the characteristics of its own reality (activity, processes, resources, organization and structures) in certain places at certain times. This integration takes place in an enterprise that is in different phases of life, growth, and developmental cycles.

The integration of management with philosophy, culture, ethics, entrepreneurship, synergy, and ecology should not be isolated only to a certain part of an enterprise and/or its environment. This integration of management with an enterprise (as a narrow environment) and the enterprise's environment (as a broader environment) should be carried out in relation to all the previously listed factors (philosophy, culture, ethics, entrepreneurship, synergy, and ecology), all environmental spheres (economic, cultural, natural, technological, political, and social environment), and places (market, operational, and cognitive) of an enterprise.

Results of empirical researches indicate that the MER Model is universal enough and enables adaptation for use in different enterprises.

IV. Conclusion

The MER Model has been verified several times during the process of its creation. Very often verifications of different parts of the MER Model were done in the praxis of participating enterprises or by presenting the MER Model at different scientific symposiums and conferences, at faculties, and at other schools by giving lectures. Many people know the MER Model (or its parts) – possibly not with the name "MER Model" – since mainly academics are among those who were and are still involved in its development. The MER Model has been introduced in many books and reviewed journals. All the responses received have contributed significantly to improving the quality of the MER Model. More than thousand people have learned about the MER Model at different educational meetings, and many of them have used the acquired knowledge for solving management problems. Nevertheless, the MER Model has not yet "survived" the process of verification. It is still being verified and improved. The creation of such a model is a "never-ending job."

References

Belak, J. (1999a): Politika podjetja in strateški management, Zbirka Management in razvoj, MER Evrocenter, Gubno.

– (Hrsg.) (1999b): EU-Integration und Krisenmanagement: Vergleichsanalyse zwischen verschiedenen Ländern, Symposium MER 1999, MER Evrocenter, Gubno.

– (2002): Politika podjetja in strateški management, Druga dopolnjena izdaja, Zbirka Management in razvoj, MER Evrocenter – Založba MER v Mariboru, Gubno.

– (Hrsg.) (2003): Unterstützung des Managements und der Entwicklung von Familienunternehmen, Symposium MER 2003, MER Evrocenter, Gubno.

Belak, J. / *Duh*, M. (2006): The MER Model of Enterprise Development: Research Cognitions for its Creation, in: Proceedings of the 4th International Conference on Management, Enterprise and Benchmarking, June 1 – 2, Budapest, pp. 20–37.

Belak, J. / *Kajzer*, Š. (Hrsg.) (1994): Unternehmen im Übergangsprozess zur Marktwirtschaft mit Fallbeispielen aus Slowenien, Wien.

Belak, J. / *Kajzer*, Š. / *Mugler*, J. / *Senjur*, M. / *Sewing*, N. / *Thommen*, J.-P. (Hrsg.) (1997): Unternehmensentwicklung und Management unter besonderer Berücksichtigung der Klein- und Mittelbetriebe in den Reformländern, Zürich.

Belak, J. / *Mugler*, J. / *Kajzer*, Š. / *Senjur*, M. / *Thommen*, J.-P. / *Hungenberg*, H. / *Lokar*, A. (Hrsg.) (1994a): Unternehmen und Unternehmertum im Übergangsprozess mit Fallbeispielen aus Slowenien, in: Journal für Betriebswirtschaft, 44/9.

– (1994b): Management podjetij v tranziciji in gospodarski razvoj: na primerih iz Slovenije, in: Naše gospodarstvo, 40/5.

Belak, J. et al. (1993): Podjetništvo, politika podjetja in management, Založba Obzorja, Maribor.

– (1998): Razvoj podjetja in razvojni management: Posebnosti malih in srednje velikih podjetij, Zbirka Management in razvoj, MER Evrocenter, Gubno.

– (2003a): Integralni management in razvoj podjetja, Zbirka Management in razvoj, MER Evrocenter – Založba MER v Mariboru, Gubno.

– (2003b): Praktikum managementa, 2nd edition, Zbirka Management in razvoj, MER Evrocenter – Založba MER v Mariboru, Gubno.

Hax, A. C. / *Majluf*, N. S. (1984): Strategic Management: An Integrative Perspective, New Jersey.

Kailer, N. / *Belak*, J. (Hrsg.) (2002): EU-Integration und die Entwicklungsbesonderheiten der Familienunternehmen, Symposium MER 2002, MER Evrocenter, Gubno.

Kajzer, Š. / *Belak*, J. (Hrsg.) (2001): EU-Integration, Synergie, Modelle des Gründungs- und Entwicklungsmanagements, Symposium MER 2001, MER Evrocenter, Gubno.

Kralj, J. (1995): Politika podjetja v tržnem gospodarstvu, Ekonomsko-poslovna fakulteta, Maribor.

Kropfberger, D. / *Belak*, J. / *Kajzer*, Š. (Hrsg.) (2000): EU-Integration und Unternehmenskooperationen: mit Betonung der KMU, Symposium MER 2000, MER Evrocenter, Gubno.

Mugler, J. (1993): Dejavniki uspešnosti pri ustanavljanju podjetij, in: Belak, J. (Hrsg.): Podjetništvo, politika podjetja in management, Maribor, S. 322–338.

– (1997): Lebenszyklus und Besonderheiten der Entwicklung von Klein- und Mittelunternehmen, in: Belak, J. / Kajzer, Š. / Mugler, J. / Senjur, M. / Sewing, N. / Thommen, J.-P. (Hrsg.): Unternehmensentwicklung und Management unter besonderer Berücksichtigung der Klein- und Mittelbetriebe in den Reformländern, Zürich, S. 217–227.

– (1998): Synergien in der Theorie der strategischen Unternehmensführung – eine Spurensuche, in: Thommen, J.-P. / Mugler, J. / Belak, J. (Hrsg.): Synergie und Entwicklungsmanagement, Festschrift für Štefan Kajzer, Maribor, S. 73–90.

– (1999): Besonderheiten des Krisenmanagements in Klein- und Mittelbetrieben, in: Thommen, J.-P. / Belak, J. / Kajzer, Š. (Hrsg.): Krisenmanagement, MER Evrocenter, Gubno, S. 189–200.

– (2001): Das Synergiekonzept in der Theorie der strategischen Unternehmensführung, in: MER Journal für Management und Entwicklung, 3/6–7.

Mugler, J. / *Belak*, J. / *Kajzer*, Š. (Hrsg.) (1996): Theorie und Praxis der Unternehmensentwicklung mit Besonderheiten der Klein- und Mittelbetriebe, Symposium MER 1996, Ekonomsko-poslovna fakulteta, Maribor.

Mugler, J. / *Belak*, J. / *Thommen*, J.-P. / *Kajzer*, Š. (1996): Theorie und Praxis der Unternehmensentwicklung mit Besonderheiten der KMU, in: Naše Gospodarstvo, 42/4.

Rüegg-Stürm, J. (2002): Das neue St. Galler Management-Modell. Grundkategorien einer integrierten Managementlehre, Der HSG-Ansatz, Bern.

Spickers, J. (2004): The Development of the "St. Gallen Management Model", University of St. Gallen, http://www.sim.unisg.ch/org/IfB/ifbweb.nsf/wwwPubInhalteEng/St.Gallen+Management+Model?opendocument/.

Thommen, J.-P. / *Belak*, J. / *Kajzer*, Š. (Hrsg.) (1998): Management zwischen Krise und Erfolg, Symposium MER 1998, in: Naše Gospodarstvo, 44/4.

– (Hrsg.) (1999): Krisenmanagement, Zbirka Management in razvoj, MER Evrocenter, Gubno.

Thommen, J.-P. / *Belak*, J. / *Kajzer*, Š. / *Duh*, M. (Hrsg.) (1998): Management zwischen Krise und Erfolg, Symposium MER 1998, MER Evrocenter, Gubno.

Thommen, J.-P. / *Mugler*, J. / *Belak*, J. (Hrsg.) (1998): Synergie und Entwicklungsmanagement, Zbirka Management in razvoj, MER Evrocenter, Gubno.

Annex 1: Symposiums in the Context of the MER Program

The idea of MER symposiums was born at the 1994 symposium "Management of Enterprises in Transition and Economic Development with Cases from Slovenia" (Belak / Mugler / Kajzer / Senjur / Thommen / Hungenberg / Lokar, 1994a; Belak / Mugler / Kajzer / Senjur / Thommen / Hungenberg / Lokar, 1994b).

MER '96: Theory and Practice of Enterprises Development – With Particularities of Small and Medium-Sized Enterprises (Mugler / Belak / Kajzer, 1996; Mugler / Belak / Thommen / Kajzer, 1996).

MER '97: Enterprises- and Management-Development – With Particularities of Small and Medium-Sized Enterprises in Transition Countries (Belak / Kajzer / Mugler / Senjur / Sewing / Thommen, 1997).

MER '98: Management Between Crisis and Success (Thommen / Belak / Kajzer / Duh, 1998; Thommen / Belak / Kajzer, 1998).

MER '99: EU-Integrations and Crisis Management – Comparative Analysis Among Different Countries (Belak, 1999b).

MER 2000: EU-Integration and Enterprises Cooperation – With an Emphasis on SMEs (Kropfberger / Belak / Kajzer, 2000).

MER 2001: EU-Integration, Synergy and Models of Start-up and Developmental Management (Kajzer / Belak, 2001).

MER 2002: EU-Integration and Developmental Particularities of Family Enterprises (Kailer / Belak, 2002).

MER 2003: Support of Management and Development of Family Enterprises (Belak, 2003).

Annex 2: Cooperation Partners of Major Influence on the Development of the MER Model (in Alphabetical Order)

Austria, Klagenfurt: Department of Controlling and Strategic Management at the University Klagenfurt.

Austria, Vienna: Department of Small Business Management and Entrepreneurship, University of Economics and Business Administration, Vienna.

Bulgaria, Sofia: University of National and World Economy, Sofia.

Croatia, Zagreb: Faculty of Economics and Business, University of Zagreb.

Czech Republic, Prague: Faculty of Economics and Management, Czech University of Agriculture Prague.

Germany, Bochum: Ruhr-University Bochum.

Germany, Kaiserslautern: Department of Small Business, Kaiserslautern University of Applied Sciences.

Germany, Oestrich-Winkel: Department of Organization and Human Resources, European Business School Schloß Reichartshausen.

Hungary, Budapest: Institute for Management and Organization, Keleti Károly Faculty of Economics at the Budapest Tech.

Poland, Katowice: University of Economics Katowice.

Poland, Poznan: Institute of Management Engineering, Department of Informatics and Management, Poznan Technical University.

Poland, Torun: Faculty of Economic Sciences and Management, Nicholas Copernicus University Torun.

Poland, Wroclav: Oskar Lange University of Economics Wroclav.

Slovak Republic, Nitra: Faculty of Economics and Management, Slovak University of Agriculture.

Slovenia, Ljubljana: Faculty of Economics, University of Ljubljana.

Slovenia, Maribor: Institute of Entrepreneurship and Small Business Management, University of Maribor.

Switzerland, St. Gallen: Swiss Research Institute of Small Business and Entrepreneurship at the University of St. Gallen.

Wirtschaftswachstum und Unternehmensgründungen: Beobachtungen in Österreich in den Jahren 1995–2006

Von *Christoph Leitl*, *Walter Bornett* und *Leo Chini*, Wien

I. Problemstellung

Bei Mugler (Mugler, 2005) wird die Gründung von Unternehmen als eine Bedingung für eine dynamische Entwicklung von Volkswirtschaften gesehen. Von den Trägern wirtschaftspolitischer Entscheidungen wird daher die Schaffung von optimalen Gründungsbedingungen gefordert. „Die Bedeutung der Klein- und Mittelbetriebe für eine Volkswirtschaft ist groß: In der Regel haben in entwickelten Volkswirtschaften mehr als 99 % aller Betriebe weniger als 250 Beschäftigte. Sie stellen rund zwei Drittel aller Arbeitsplätze. Ihre Zahl wächst in Europa sowohl durch Neugründungen, als auch durch die Zerlegung großer Einheiten in kleinere.“ (Mugler, 1998, S. 5) Im Vordergrund der Unternehmensgründung stehen die Chancen Märkte zu erobern und zu gestalten, gefolgt von den finanziellen und organisatorischen Möglichkeiten den Businessplan in die Realität umzusetzen. In Österreich wird die Gründungsintensität in der medialen Darstellung eher als zu gering empfunden. Als Gründungshindernisse werden vor allem das fehlende Eigenkapital, die administrativen Hindernisse und der Facharbeitermangel angeführt. Mit einer Selbständigenquote von ca. 11 % (inklusive Landwirtschaft) bzw. ca. 8 % (ohne Landwirtschaft) liegt Österreich allerdings im EU-Vergleich an 6. Stelle. Von entscheidender Bedeutung für eine Volkswirtschaft ist nicht die ausschließliche Anzahl der Gründungen, sondern auch die Anzahl der Unternehmensschließungen. Nur ein positiver Saldo von Unternehmensgründungen und -schließungen kann als positiver Beitrag zur volkswirtschaftlichen Entwicklung gesehen werden. Eine dynamische Ablöse von erfolglosen Untenehmen durch neu gegründete Unternehmen am Markt ist nur dann effizient, wenn daraus eine kontinuierliche Steigerung der Wertschöpfung resultiert. Dies bedeutet, dass es letztlich nicht auf die Anzahl der Gründungen und Schließungen ankommt, sondern auf deren Beitrag zur Wertschöpfung. Mangels ausreichenden statistischen Materials müssen wir uns aber auf die Analyse der Gründungen und Schließungen beschränken. Eine weitere Ungenauigkeit entsteht dadurch, dass die Schließungen nur einerseits über Abgänge von Mitgliedern der Wirtschaftskammer und andererseits an Hand von Insolvenzen erfasst werden können. Beide statistischen Größen haben nur eine bedingte Aussagekraft über die tatsächlichen Unternehmensschließungen. Hinsichtlich der Anzahl der Gründungen ist auch deren Nachhaltigkeit, d. h. ein möglichst langfristiges Überleben, von Bedeutung. Wir versuchen, diese Entwicklungen für Österreich in den Jahren 1995 bis 2006 zu erfassen und darzustellen. Die Datenerfassung soll die Ausgangsbasis für weitere Vorschläge zur Gründungsförderung und Insolvenzvermeidung darstellen.

II. Neugründungen und Gründungsintensität

Im Zeitraum 1995 bis 2006 wurden in Österreich rd. 280.000 Unternehmen gegründet. 1995 lag die Zahl der Neugründungen bei knapp über 14.000; im Jahr 2005 gab es mit 31.000 neuen Unternehmen einen „Gründungsrekord"; für 2006 weist die Gründungsstatistik[1] 30.162 Neugründungen aus.

In Relation zu den aktiven Wirtschaftskammermitgliedern betrug 1995 der Anteil der Unternehmensneugründungen 5,4 %. Seit dem Jahr 2000 liegt die Gründungsintensität bei über 8 %. Auch hier wurde 2005 mit 9 % der Höchstwert erreicht.

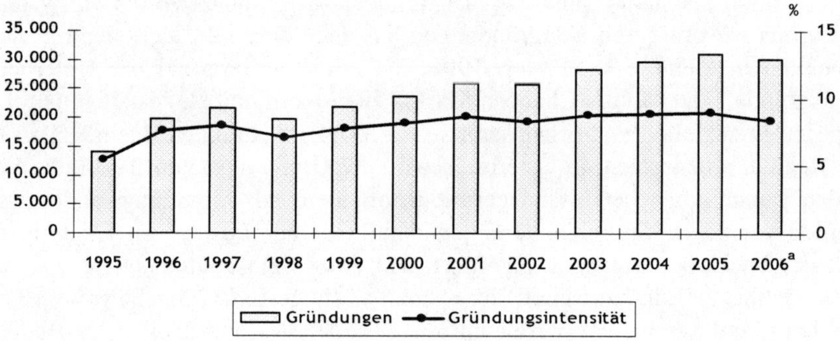

[a] Daten für 2006 vorläufig

Quelle: KMU Forschung Austria, 2007, S. 11

Abbildung 1: Entwicklung der Neugründungen und der Gründungsintensität[2] 1995–2006

[1] Diese Statistik basiert auf den Neuzugängen an Wirtschaftskammermitgliedern. Bei einer Neugründung müssen zwei von drei der folgenden Merkmale vorliegen: Firmenbezeichnung, Standort, Branchenzugehörigkeit neu. Übernahmen bestehender Unternehmen sind nur dann enthalten, wenn sich der Standort oder das Tätigkeitsprofil ändert, z. B. Wechsel der Fachgruppenzugehörigkeit oder Ausweitung des Gewerbeumfanges.

[2] Gründungsintensität: Unternehmensneugründungen in Prozent des Standes an aktiven Wirtschaftskammermitgliedern.

Für den Beitrag der Unternehmensgründungen zur gesamtwirtschaftlichen Entwicklung ist u. a. die Überlebensquote der neu gegründeten Unternehmen ausschlaggebend. Die Mehrzahl der diesbezüglich durchgeführten Studien (z. B. Beyer/Hämmerle/Garbislander, 2006; Frank/Keßler/Korunka/Lueger, 2002; König/Heiss, 2002; Hauth, 2001) weisen eine Überlebensquote von etwa drei Viertel der Betriebe nach fünf Jahren aus.

III. Neugründungen nach Sparten

Mehr als ein Drittel der neu gegründeten Unternehmen (34 %) waren 2006 dem Gewerbe und Handwerk zuzurechnen, 27 % dem Handel, 24 % der Sparte Information und Consulting, 9 % dem Tourismus, 5 % der Transportwirtschaft und lediglich 1 % der Industrie.

Im Zeitraum 1998 bis 2006 hat der Anteil des Gewerbe und Handwerks an den Neugründungen deutlich, im Bereich Information und Consulting geringfügig zugenommen; in allen anderen Sparten ist er rückläufig.

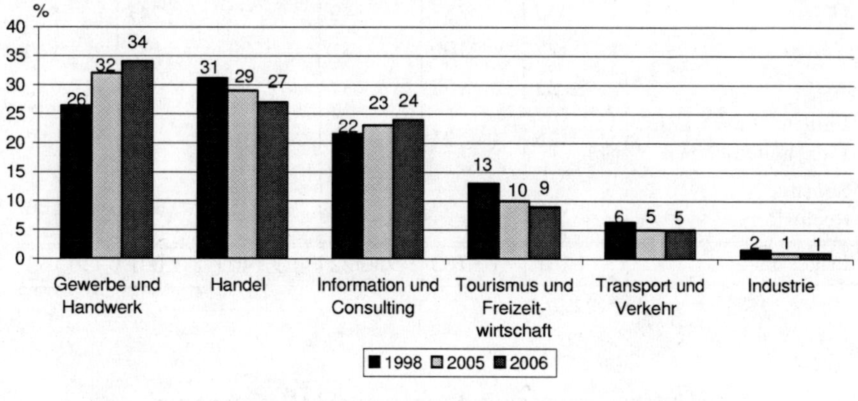

Quelle: KMU Forschung Austria, 2007, S. 12

Abbildung 2: Anteil der Neugründungen in Prozent nach Sparten, 1998[3] –2006

[3] Aufgrund der Neubildung der Sparte Information und Consulting ist ein Zeitvergleich erst seit 1998 möglich.

IV. Unternehmensgründungen nach der Rechtsform

Die häufigste Rechtsform bei der Unternehmensgründung ist die Einzelfirma. Im Jahr 2006 lag der Anteil bei 81 % aller Gründungen. 12 % der Unternehmen wurden als Kapitalgesellschaft gegründet, wobei es sich dabei bei mehr als 99 % um GmbHs handelte.

Seit 1995 ist der Anteil der Einzelfirmen von rd. 69 % auf rd. 81 % gestiegen, während jener der Kapitalgesellschaften von rd. 23 % auf rd. 12 % zurückgegangen ist.

Tabelle 1: Unternehmensgründungen im Bereich der Wirtschaftskammern (ohne Filial-, Um- und „Sternschnuppengründungen") nach der Rechtsform

	1995	**2000**	**2003**	**2004**	**2005**	**2006**
Nicht eingetragene Einzelunternehmen	9.633	18.295	22.601	23.898	25.114	24.299
GmbH	3.166	3.028	3.089	3.294	3.561	3.696
KG	526	1.306	1.490	1.514	1.255	1.201
OG	457	883	849	792	747	648
Verein	127	100	131	109	135	110
AG	33	58	31	30	26	30
Eingetragene Einzelunternehmen	25	23	29	10	12	12
Sonstige Rechtsformen	194	69	102	93	151	166
Insgesamt	14.161	23.762	28.322	29.740	31.001	30.162

Quelle: KMU Forschung Austria, 2007, S. 14

V. Unternehmensgründungen nach Altersgruppen

Die Entwicklung der Anteile der einzelnen Altersgruppen an den Unternehmensgründungen in den Jahren 1995 bis 2006 zeigt folgendes: Mit Ausnahme der Gründungen der unter 20-Jährigen ist das Alter der Gründer deutlich gestiegen. Die Konzentration liegt nunmehr in den Altersgruppen 30 bis 40 und 40 bis 50. Auffallend ist auch die gestiegene Bereitschaft der über 60-Jährigen zu Neugründungen. Der Weg zur Unternehmensgründung erfolgt offensichtlich nach einer längeren Verweildauer in der Unselbständigkeit und einer daran allenfalls anschließenden Arbeitslosigkeit. Die gestiegene Bereitschaft der über 40-Jährigen dürfte in einigen Fällen auch auf den Verlust des Arbeitsplatzes zurückzuführen sein.

Tabelle 2: Unternehmensgründungen nach Altersgruppen

Altersgruppe	Gründungsjahr		Vergleich in %
	1995	2006	
< 20	0,5	1,6	+220 %
20–30	29,9	25,7	–14 %
30–40	42,0	35,3	–15 %
40–50	19,9	26,3	+32 %
50–60	6,7	9,0	+34 %
> 60	0,9	2,0	+122 %

Quelle: KMU Forschung Austria, 2007, S. 15

VI. Unternehmensgründung und gesamtwirtschaftliche Entwicklung

Tabelle 3: Entwicklung des Bruttoinlandsprodukts

	Nominell in Mio. € nicht saisonbereinigt	Real auf Vorjahrespreisbasis Referenzjahr 2000 in Mio. €	Unternehmens-gründungen
1995	175,53	182,04	14.161
1996	181,87	186,81	19.843
1997	185,14	190,24	21.706
1998	192,38	197,02	19.722
1999	200,03	203,56	21.954
2000	210,39	210,39	23.762
2001	215,88	212,14	26.035
2002	220,84	213,96	25.828
2003	226,18	216,56	28.322
2004	236,15	221,56	29.740
2005	245,33	226,08	31.001
2006	257,90	233,55	29.109
Korrelations-koeffizient	0,93110908	0,9349865	
Quartalsdaten können von Jahresdaten aufgrund unterschiedlicher Revisionszeitpunkte abweichen.			

Quelle: Statistik Austria, Eigene Berechnungen; Wirtschaftskammer Österreich 2007a; 2007b

Die Korrelationsberechnung ergibt für den Zusammenhang der Anzahl der Unternehmensgründungen mit dem nominellen Bruttoinlandsprodukt einen Korrelationskoeffizienten von 0,9311 und von 0,9350 für den Zusammenhang mit dem realen Bruttoinlandsprodukt auf Vorjahrespreisbasis. Es besteht somit ein hoher Zusammenhang zwischen beiden Entwicklungen. Es kann angenommen werden, dass sich beide Entwicklungen gegenseitig positiv beeinflussen.

VII. Beschäftigungseffekte der Gründungen

Schwarz/Grieshuber (2003a, S. 107ff.) verzeichnen zum Gründungszeitpunkt 0,83 Vollzeitbeschäftigte[4] pro Unternehmen (Mittelwert). Fast 80 % der Gründungen sind Selbstbeschäftigungsgründungen, von denen die überwiegende Mehrheit (rd. 87 %) Einzelunternehmen, 7,4 % Personengesellschaften und 5,4 % GmbHs sind. Dass neu gegründete Gesellschaften im Durchschnitt deutlich größer sind als Einzelunternehmen, wird auch durch Schwarz/Grieshuber (2003b, S. 68) bestätigt: Zum Gründungszeitpunkt beträgt der Mittelwert der Vollbeschäftigten in GmbHs 4,1 Mitarbeiter pro Unternehmen im Gegensatz zu rd. 0,4 Mitarbeitern in Einzelunternehmen. 86,5 % der Gründer beschäftigen keine Teilzeitkräfte und 89,7 % haben keine geringfügig Beschäftigten angestellt (Schwarz/Grieshuber, 2003a, S. 105).

In der Erhebung von Frank/Korunka/Lueger (1999, S. 114) geben rd. 70 % der Gründer an, keine Mitarbeiter zu haben, 13 % haben 0,5 bis 1 Arbeitnehmer, jeweils 6 % bis zu 2 bzw. 3 Mitarbeiter, 1 % bis zu 4 und 5 % mehr als 4.

Zu einem ähnlichen Ergebnis kommt auch Blumberger (2000), der den durch Unternehmensgründungen im Rahmen des Unternehmensgründungsprogramms des Arbeitsmarktservice Österreich induzierten Beschäftigungseffekt auf 0,8 bis 1,0 Arbeitsplätze pro Gründung schätzt (wobei teilweise auch der Unternehmer selbst mitgezählt wird).

Wanzenböck (1998, S. 30; S. 126) verzeichnet hingegen für das Jahr 1997 eine etwas höhere durchschnittliche Gründungsgröße[5] (Neugründungen) von 1,2 Mitarbeitern (Median: 0) bzw. 1,3 für 1990. In der Sparte Tourismus und Freizeitwirtschaft werden je Neugründung durchschnittlich 2,2 Arbeitsplätze geschaffen, im Handel 1,6, im Verkehr 1,0, in der Industrie 0,7 (wobei hier eine sehr geringe Stichprobengröße angegeben wird) und im Gewerbe und Handwerk 0,8.

---

[4] Beschäftigungsausmaß von mindestens 35 Stunden pro Woche.

[5] Teilzeitmitarbeiter werden mit 0,5 angesetzt.

Auch laut Frank/Keßler/Korunka/Lueger (2002, S. 36ff.) liegt der Mittelwert der Mitarbeiterzahl zum Gründungszeitpunkt bei 1,3, der Median allerdings bei 0,5 und somit etwas höher als bei Wanzenböck (1998). Dies deutet auf große Unterschiede zwischen den Unternehmen hin.

VIII. Entwicklung der Selbständigen

Selbständige sind nach Definition gemäß der vom Statistischen Amt der Republik Österreich durchgeführten Volkszählung Inhaber von Betrieben bzw. Personen, die auf eigene Rechnung arbeiten. Die Zuordnung der Person erfolgt nach dem Schwerpunkt der Tätigkeit (meiste aufgewendete Arbeitszeit). Nicht erfasst werden Personen, die eine selbständige Tätigkeit nur neben einer anderen Erwerbstätigkeit (z. B. als Arbeitnehmer) ausüben.

Im Zeitraum 1995 bis 2006 stieg die Anzahl der Selbständigen in der gewerblichen Wirtschaft (einschließlich freie Berufe) von 231.600 auf 295.200; in der Landwirtschaft kam es zu einem Rückgang von 139.700 auf 99.200. Die Selbständigenquote (Selbständige in Prozent aller Erwerbstätigen) ohne Berücksichtigung der Landwirtschaft stieg von 7,1 % auf 8,4 %.

Eine selbständig erwerbstätige Person ist nicht mit einem Unternehmen gleichzusetzen (Mitunternehmertum = mehrere Inhaber eines Unternehmens). Bei einem großen Teil der Unternehmen[6] handelt es sich jedoch um Einzelunternehmen. Somit kann die Entwicklung der selbständig Erwerbstätigen als indikative Information zum Gründungsgeschehen der letzten Dekade herangezogen werden.

Die Anzahl der Selbständigen liegt je nach Erhebungsart und den darin enthaltenen Branchen zwischen rd. 234.000 und knapp 319.000.

Eine Betrachtung der Entwicklung im letzten Jahrzehnt zeigt Zuwächse zwischen 22 % (Volkszählung) und 55 % (Arbeitsstättenzählung).

---

[6] Gesamtwirtschaft ohne Land- und Forstwirtschaft: rd. 68 % lt. Arbeitsstättenzählung 2001 der Statistik Austria (KMU Forschung Austria, 2007, S. 21).

Tabelle 4: Anzahl der Selbständigen in der Gesamtwirtschaft[a]

	Anzahl	**Veränderung in %**
Volkszählung 2001[b]	299.944	22 (1991/2001)[d]
Arbeitsstättenzählung 2001	286.397	55 (1991/2001)
Leistungs- und Strukturerhebung 2004[b/c]	233.860	49 (1995/2004)
Mikrozensus 2005	318.924	37 (1994/2005)
Hauptverband der österreichischen Sozialversicherungsträger 2005	313.572	23 (2001/2005)
Synthesis 2005	293.290	44 (1995/2005)

[a] ohne Land- und Forstwirtschaft
[b] inkl. mithelfende Familienangehörige
[c] ohne Persönliche Dienstleistungen (Unterrichtswesen, Gesundheitswesen, sonstige Dienstleistungen)
[d] Erwerbspersonen (inkl. Arbeitslosen) exkl. geringfügig Beschäftigten

Quelle: KMU Forschung Austria, 2007, S. 22

Die meisten Selbständigen sind österreichweit im Handel, bei den Wirtschaftsdiensten sowie im Tourismus tätig. Lt. Volkszählung und Arbeitstättenzählung 2001 war die Zahl der selbständig Erwerbstätigen im Handel am höchsten, lt. Mikrozensus 2005 im Bereich der Wirtschaftsdienstleistungen.

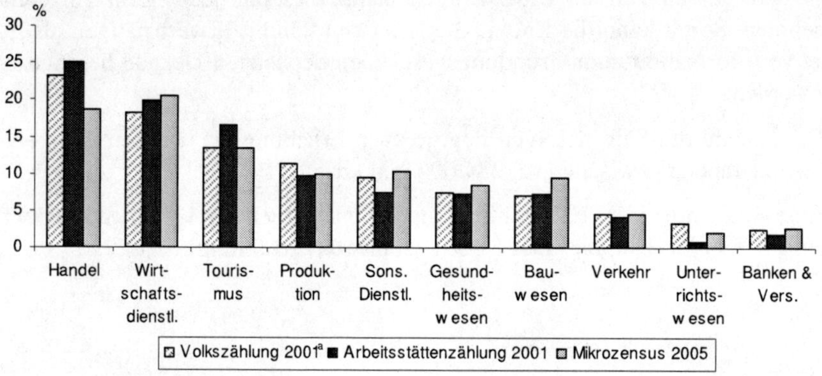

[a] inkl. mithelfenden Angehörigen

Quelle: KMU Forschung Austria, 2007, S. 22

Abbildung 3: Anteil der selbständig Beschäftigten nach ÖNACE Abschnitten in Prozent, Gesamtwirtschaft[7]

[7] Ohne Land- und Forstwirtschaft.

In der letzten Dekade hat sich die Anzahl der selbständig Erwerbstätigen im Kredit- und Versicherungswesen, im Unterrichtswesen und bei den Wirtschaftsdiensten am dynamischsten entwickelt. In der Produktion kam es hingegen je nach Erhebungsart entweder zu einem geringen Wachstum oder sogar zu leichten Rückgängen.

Tabelle 5: Entwicklung der selbständig Beschäftigten im Zeitraum von etwa 10 Jahren nach Branchen[a], Veränderung in Prozent

	Volkszählung 1991/2001[b]	**Arbeitsstättenzählung 1991/2001**	**Leistungs- und Strukturerhebung 1995/2004[c]**	**Mikrozensus 1994/2005**
Banken & Versicherungen	291	392	244	344
Unterrichtswesen	240	151	n. e.	78
Wirtschaftsdienstleistungen	95	157	153	126
Bauwesen	49	80	58	58
Gesundheitswesen	41	50	n. e.	53
Sonstige Dienstleistungen	34	55	n. e.	29
Verkehr	27	73	61	26
Handel	7	32	30	12
Tourismus	–1	33	19	14
Produktion	–10	14	7	–6

n. e. = Diese Branche wird nicht erhoben.

[a] Die Reihung der Branchen erfolgt nach dem Ausmaß der Veränderung der Volkszählung beginnend mit dem höchsten Zuwachs.

[b] inkl. mithelfenden Familienangehörigen

[c] ohne persönlichen Dienstleistungen (genauer: Abschnitte C–K der ÖNACE)

Quelle: KMU Forschung Austria, 2007, S. 24

IX. Insolvenzen und Insolvenzquote

Wie in Tabelle 7 ersichtlich sind die Insolvenzen gesamt seit 1995 mit unterschiedlichen Schwankungen gestiegen, die Insolvenzquote ist bedingt durch die steigende Anzahl an Unternehmen aber gesunken. Unter der Insolvenzquote wird das Verhältnis der Anzahl der Unternehmungen, die neu in ein Insolvenzverfahren involviert sind, zur Anzahl der Unternehmen der gewerblichen Wirtschaft verstanden.

Der Korrelationskoeffizient für die Insolvenzen gesamt (Anzahl der eröffneten Verfahren plus Anzahl der mangels Masse abgewiesenen Insolvenzverfahren) in Relation zu den Unternehmensgründungen ist mit 0,72 gering, für die eröffneten Insolvenzverfahren mit 0,86 deutlich höher. Da der Prozentsatz der eröffneten Insolvenzen an den Insolvenzen gesamt schwankt, könnte der höhere Korrelationskoeffizient auch darauf zurückzuführen sein. Aus den Überlebensquoten ist jedoch ein deutlicher Zusammenhang zwischen Unternehmensgründungen und Insolvenzen zu erkennen. Dies beweist auch die Analyse des Lebensalters der Unternehmen bei Eintritt in die Insolvenz.

Tabelle 6: Entwicklung der Unternehmensinsolvenzen und der Insolvenzquote

Jahr	Gründungen	Insolvenzen				
		gesamt	eröffnet	Abweisungen	eröffnet in %	in % der Gründungen
1995	14.161	4.994	2.043	2.951	40,91 %	35,27 %
1996	19.843	5.698	2.276	3.422	39,94 %	28,72 %
1997	21.706	5.053	2.342	2.711	46,35 %	23,28 %
1998	19.722	4.816	2.887	1.929	59,95 %	24,42 %
1999	21.954	5.860	2.790	3.070	47,61 %	26,69 %
2000	23.762	5.340	2.567	2.773	48,07 %	22,47 %
2001	26.035	5.178	2.939	2.239	56,76 %	19,89 %
2002	25.828	5.281	2.864	2.417	54,23 %	20,45 %
2003	28.322	5.643	2.957	2.686	52,40 %	19,92 %
2004	29.740	6.318	2.972	3.346	47,04 %	21,24 %
2005	31.001	7.299	3.475	3.824	47,61 %	23,54 %
2006	29.109	6.854	3.040	3.814	44,35 %	23,55 %
Korrelations-koeffizient		0,71831	0,85763		Durch-schnitt	24,12 %

Gemessen an den Insolvenzen gesamt gehen im Durchschnitt der Jahre 1995 bis 2006 ca. 24 % der durch Neugründungen zuwachsenden Anzahl an Unternehmen auf der anderen Seite durch Insolvenzen verloren.

Setzt man die Zahl der Unternehmensneugründungen nicht in Relation zu den Mitgliedern der Wirtschaftskammer sondern zur (um Mehrfachmitgliedschaften bereinigten) Zahl der Unternehmen der gewerblichen Wirtschaft, ergibt sich für 1995 eine Gründungsquote von 7,4 % und für 2006 von 9,8 %.

Diesen in den letzten rd. 10 Jahren tendenziell deutlich gestiegenen Gründungszahlen stehen rückläufige Insolvenzquoten, d. h. eine kontinuierlich sinkende Krisenanfälligkeit der österreichischen Unternehmen, gegenüber: 1995 waren 2,6 % der Unternehmen der gewerblichen Wirtschaft in ein Insolvenzverfahren involviert, 2006 waren es „nur" noch 2,2 %.

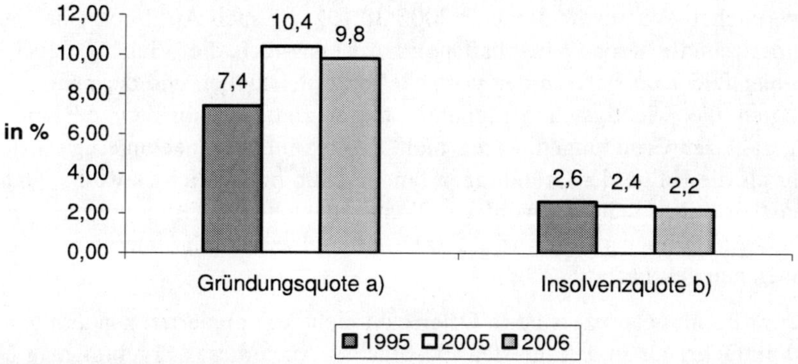

[a] Gründungsquote: Unternehmensneugründungen in Prozent der Unternehmen der gewerblichen Wirtschaft

[b] Insolvenzquote: Anteil der Unternehmen, die in ein Insolvenzverfahren (eröffnetes bzw. eines, das mangels Masse abgewiesen wurde) involviert waren in Prozent der Unternehmen der gewerblichen Wirtschaft

Quelle: KMU Forschung Austria, 2007, S. 21

Abbildung 4: Entwicklung der Gründungsquote und Insolvenzquote, 1995–2006

Insgesamt waren die starken Veränderungen in der Unternehmenspopulation mit Strukturverschiebungen verbunden:

– einer trotz Konzentrationstendenzen in einigen Wirtschaftssektoren sinkenden durchschnittlichen Unternehmensgröße (1995: 10,2 unselbständig Beschäftigte je Unternehmen, 2006: 7,0),

– einer zunehmenden Zahl an Ein-Personen-Unternehmen (rd. 157.000 im Jahr 2006, um 5 % mehr als im Vorjahr),

– einem steigenden Anteil an Unternehmen im Dienstleistungssektor (i. w. S.).

X. Rahmenbedingungen für Unternehmensgründungen

Österreichs Selbständigenquote lag 2006 mit rd. 11 % im EU-Vergleich an 6. Stelle und ist bei weitem nicht so niedrig, wie dies vielfach kommentiert wird. Die sinkende Tendenz ist dabei ausschließlich auf die fortgesetzten

Rückgänge in der Land- und Forstwirtschaft zurückzuführen, die nur teilweise durch die steigenden Selbständigenzahlen in anderen Wirtschaftsbereichen ausgeglichen werden können.

Der kontinuierliche Anstieg der Gründungszahlen seit 1995 im Bereich der gewerblichen Wirtschaft, im Jahr 2006 30.162, ist auch Ausdruck einer unternehmerfreundlicheren Wirtschaftspolitik, wenngleich die Vielzahl neuer Betätigungsfelder im Bereich der Wirtschaftdienstleistungen und der neuen Technologien die wichtigsten Stimulantia dieser Entwicklung sein dürften. Die Mehrzahl der Gründungen waren nicht protokollierte Einzelunternehmen und mehr als die Hälfte der Gründungen fanden 2006 im Bereich Gewerbe, Handel, Dienstleistungen statt. Obwohl ein Trend zu kleineren Gründungsgrößen besteht, werden doch jährlich rd. 35.000 Arbeitplätze durch Unternehmensgründungen neu geschaffen.

Der Gründungsprozess ist in Österreich nicht komplizierter, sondern tendenziell einfacher als in den meisten EU-Staaten. Auch dieses Ergebnis mag überraschen. Um die Situation der Unternehmensgründer in Österreich zu verbessern und die Zahl von Unternehmensgründungen zu erhöhen, wurden in den letzten Jahren einige Maßnahmen getroffen, so z. B. das Neugründungsförderungsgesetzes (NeuFög), das zahlreiche (finanzielle) Erleichterungen für Gründer mit sich brachte. Dennoch besteht kein Grund zur Selbstzufriedenheit. Tatsächlich existieren noch eine Reihe von nicht unmittelbar einsichtigen administrativen Belastungen und nur in wenigen Punkten kann das österreichische Gründungsverfahren im internationalen Vergleich eine absolute Spitzenposition einnehmen.

D. h., den Vereinfachungen und Kostenersparnissen auf der einen Seite folgte die Auferlegung eines zusätzlichen Verfahrensschritts auf der anderen.

Ein zweites Problem ist die fehlende bzw. bestenfalls in Ansätzen vorhandene Koordination der verschiedenen Behörden (One-Stop-Shop-Prinzip).

Unternehmensgründung ist in allen Phasen – der Vor-Gründungsphase ebenso wie der Gründungs- und der folgenden Pionierphase – ein ungemein komplizierter, schwieriger und risikoreicher Prozess. In diesen Phasen wird der Grundstein für spätere Erfolge oder Fehlentwicklungen gelegt. Der denkbar einfachste bürokratische Rahmen würde es Gründern erlauben, sich stärker auf die wesentlichen Aspekte der Gründung zu konzentrieren.

Die folgenden Untersuchungsergebnisse beschäftigen sich mit den Formalerfordernissen der Gründung. Damit wird anderen Beispielen folgend eine Basis für zwischenstaatliche Vergleiche geschaffen.

Tabelle 7: Vergleich formaler Gründungsprozess

Formaler Gründungsprozess (seit NeuFög)

	Einzel-unternehmen[a]	**GmbH**	**KEG**
Anzahl Schritte	6	9	8
Internationale Position[b]	*5*	*12*	*6*
Dauer (in Tagen)	3[c]	25	23
Internationale Position[b]	*1*	*9*	*4*
Kosten (in €)	0	1.729,61	784,87
Internationale Position[b]	*1*	*7*	*5*

[a] nicht protokolliert

[b] Österreichs Stellung im Vergleich mit Deutschland, Großbritannien, Schweden, den Niederlanden, Finnland (und bei der GmbH zusätzlich auch Dänemark, Norwegen, Irland, Neuseeland, Kanada und den USA).

[c] Im Optimalfall ist die Gründung auch an lediglich einem Tag möglich.

Formaler Gründungsprozess (ohne NeuFög)

	Einzel-unternehmen[a]	**GmbH**	**KEG**
Anzahl Schritte	5	8	7
Internationale Position[b]	*4*	*12*	*6*
Dauer (in Tagen)	2	24	22
Internationale Position[b]	*1*	*9*	*4*
Kosten (in €)	175,50	2.498,49	1.396,77
Internationale Position[b]	*5*	*10*	*6*

[a] nicht protokolliert

[b] Österreichs Stellung im Vergleich mit Deutschland, Großbritannien, Schweden, den Niederlanden, Finnland (und bei der GmbH zusätzlich auch Dänemark, Norwegen, Irland, Neuseeland, Kanada und den USA).

Quelle: Österreichisches Institut für Gewerbe- und Handelsforschung, 2001, S. 2

Die Gründung eines nicht protokollierten Einzelunternehmens, der mit großem Abstand häufigsten Rechtsform, erfordert heute 6 Schritte, einen Zeitbedarf von maximal 3 Tagen (im Optimalfall sogar nur einem Tag) und ist kostenlos. In einem internationalen Vergleich mit fünf Ländern, die überwiegend als gründerfreundliche Volkswirtschaften (geringes Ausmaß an Bürokratie und finanzieller Belastung bei der Gründung sowie funktionierende Behördenkoordination) betrachtet werden, nämlich Deutschland, Finnland, Großbritannien, den Niederlanden und Schweden, liegt Österreich zwar hinsichtlich der Anzahl der Verfahrensschritte gemeinsam mit den Niederlanden an der letzten Stelle, in Bezug auf die Verfahrensdauer aber alleine und hinsichtlich der Kosten gemeinsam mit Deutschland und Schweden an erster Stelle. Ohne Berücksichtigung der Kostenersparnis durch das NeuFög läge Österreich in diesem 6 Ländervergleich hinsichtlich der Kostenbelastung allerdings nur an 5. Stelle.

Weniger gut schneidet Österreich hinsichtlich der Gründung einer GmbH ab. Der formale Gründungsprozess einer GmbH erfordert heute 9 Verfahrensschritte, 25 Tage und Kosten von € 1.729,61. In einem auf 12 Länder erweiterten Vergleich – zusätzlich zu den oben genannten Ländern wurden hier auch Dänemark, Norwegen, Irland, Neuseeland, Kanada und die USA einbezogen – liegt Österreich hinsichtlich der Verfahrensschritte an 12. und letzter Stelle, bezüglich des Zeitbedarfs an 9. und hinsichtlich der Kosten an 7. Stelle (ohne Berücksichtigung der Kostenersparnis durch das NeuFög gleichauf mit Irland an 10. und vorletzter Stelle). Es muss nochmals betont werden, dass die ausgewählten Vergleichsländer besonders gründungs- und unternehmerfreundliche Länder sind (siehe obige Definition), in so ferne stellt die schlechtere österreichische Position in diesem Vergleich nur das Potenzial möglicher weiterer Verbesserung dar. In einem allgemeinen Vergleich würde Österreich nichts desto weniger auch eine vordere Position einnehmen.

In der standardisierten Darstellung der formalen Gründungserfordernisse werden Sonderbelastungen, wie sie beispielsweise entstehen, wenn ein genehmigungspflichtiges Gewerbe betrieben wird oder wenn Betriebsanlagengenehmigungen notwendig werden, nicht berücksichtigt. Immerhin sind Betriebsanlagengenehmigungsverfahren aber ein Faktum, von dem ein hoher Anteil der Gründungen betroffen ist, und durch das die Gründungskosten massiv erhöht werden. Es wird geschätzt, dass sich dadurch die Gründungskosten um € 20.348,39 erhöhen. (In dieser Schätzung sind allerdings auch Opportunitätskosten enthalten, d. h. durch Wartezeiten verursachte Einnahmenentgänge!) In einer Hochrechnung der in Österreich heute durchschnittlich anfallenden Gründungskosten entstehen einem Gründer Kosten von durchschnittlich € 279,72, bei Hinzurechnung durchschnittlicher Kosten durch Betriebsanlagengenehmigungen € 4.565,02.

XI. Internationaler Vergleich der Rahmenbedingungen

Bei dem von der Weltbank im Jahr 2007 durchgeführten Gründungsranking (The World Bank Group, 2006) nimmt Österreich bedauerlicherweise keinen Spitzenplatz ein, woraus sich eindeutig ein Handlungsbedarf ergibt. Hier werden beispielhaft einige Positionen in den Rating-Skalen, die aus einer Gesamtheit von 175 untersuchten Volkswirtschaften ausgehen, dargestellt. Zum Vergleich werden auch die Werte für Deutschland, die Schweiz und Dänemark angegeben. Zur Vermeidung semantischer Probleme werden die englischen Originalbegriffe für die Messgrößen verwendet.

Tabelle 8: Ranking Unternehmensgründung

Messgröße	Maßstab	A	D	CH	DAN
Ranking on the ease of doing business (The World Bank Group, 2006, S. 6)	rank	30	21	16	7
Starting a business (The World Bank Group, 2006, S. 80)					
Procedures	number	9	9	6	3
Time	days	29	24	20	5
Cost	% of income per capita	5,6	5,1	2,2	0
Minimum capital	% of income per capita	59,5	46,2	15,1	44,6
Getting credit (The World Bank Group, 2006, S. 86)					
Strength of legal rights index	(0–10)	5	8	6	8
Depth of credit information index	(0–6)	6	6	5	4
Public registry coverage	% of adults	12	0,5	0	0
Private bureau coverage	% of adults	39,9	93,9	24,5	11,5
Paying taxes (The World Bank Group, 2006, S. 89)					
Payments	number per year	20	32	13	18
Time	hours per year	272	105	68	135
Total tax rate	% of the profit	56,1	57,1	24,9	31,5

Quelle: The World Bank Group, 2006

Die folgende Skala zeigt den „Rang“ Österreichs im internationalen Vergleich bei einzelnen Messgrößen.

Tabelle 9: Internationaler Vergleich Messgrößen

AUSTRIA	
Ease of doing business (rank)	30
Starting a business (rank)	74
Registering property (rank)	28
Trading across borders (rank)	15
Getting credit (rank)	21
Dealing with licenses (rank)	50
Enforcing contracts (rank)	14
Employing workers (rank)	103
Protecting investors (rank)	142
Closing a business (rank)	19
Paying taxes (rank)	102

Quelle: The Workd Bank Group, 2006

XII. Maßnahmenvorschläge zur Verbesserung der Gründungsfreundlichkeit

Benchmarking bedeutet die Orientierung an Spitzenwerten. Dies ist allerdings im zwischenstaatlichen Vergleich nur insofern sinnvoll, als es mit den jeweiligen Traditionen, Gewohnheiten und institutionellen Gegebenheiten vereinbar erscheint.

Mit der Verwirklichung des One-Stop-Shop-Prinzips, das eine Verschränkung der durch den Gründungsprozess betroffenen Behörden und Institutionen bzw. die (automatisierte) Weitergabe der jeweiligen Informationen darstellt, könnte die Zahl der Verfahrensschritte deutlich gesenkt werden. Bemühungen zur Umsetzung des e-governments könnten diesbezügliche Bemühungen maßgeblich unterstützen und gleichzeitig dafür sorgen, dass dadurch keine Verzögerungen (Aktenlauf!) entstünden.

Katalog der vorgeschlagenen Maßnahmen:

1. Verbesserung des „Ratings" der Weltbank innerhalb von 3 Jahren,
2. Reduktion des jeweiligen Ertragssteuersatzes um 50 % in den ersten 5 Jahren der Neugründung bzw. der Betriebsübertragung,
3. von AWS garantiertes Mezzaninkapital in der Höhe von € 100.000 zu einem Zinssatz in der Höhe von Euribor 6 Monate netto für die Dauer von 7 Jahren,

4. kostenloser Check des Businessplans durch die Wirtschaftsförderungsinstitute im Ausmaß von 20 Beratungsstunden bei Unternehmensneugründungen und Unternehmensübernahmen, finanziert aus Stermitteln,
5. Umsetzung des „One-Stop-Shop-Prinzips" im Rahmen des Gründer-Services der Wirtschaftskammern,
6. erleichterter Zugang zu öffentlichen Beschaffungsmärkten für neu gegründete und neu übernommene Unternehmen.

Nach den positiven Rahmenbedingungen für die Unternehmensgründung sind die grundsätzlichen Rahmenbedingungen für die Führung von KMB entscheidend. In den Jahren seit 1995 wurden die Rahmenbedingungen, vor allem die steuerrechtlichen Rahmenbedingungen für Großunternehmen in Österreich, erfreulicherweise entscheidend verbessert. Es scheint nun dringend geboten, diese Vorteile auch den KMB zu eröffnen. Hier können nur einige wenige Vorschläge zur Problemlösung dargestellt werden, um eine entsprechende Diskussion zu initiieren.

XIII. Maßnahmen zur Insolvenzprävention

Im Jahr 2004 stand einer Gründungsquote von ca. 8,5 % eine Schließungsquote von ca. 4,8 % gegenüber. Ein nicht unerheblicher Teil der Schließungen ist auf Insolvenzen zurückzuführen. Die Insolvenzquote, gemessen an Insolvenzen je 1.000 Unternehmen, war im Jahre 2006 mit 288 deutlich höher als der EU-Durchschnitt mit 77. Es ist allerdings davon auszugehen, dass das Insolvenzrecht und die damit verbundenen Insolvenzformen nicht unbedingt miteinander vergleichbar sind. Dennoch erscheint es empfehlenswert, die Maßnahmen zur Insolvenzprävention zu verstärken (Mugler/Imgrund, 2007). Im Vordergrund stehen dabei folgende Maßnahmen:

1. Motivation der Eigentümer und Führungskräfte von gefährdeten Unternehmungen rechtzeitig ein Sanierungsverfahren einzuleiten;
2. im Rahmen dieses Sanierungsverfahrens sollen die Unternehmen für einen bestimmten Zeitraum (z. B. 36 Monate) vor dem Zugriff der Altgläubiger geschützt sein;
3. das Sanierungsverfahren soll unter Eigenverwaltung durchgeführt werden;
4. in diesem Zeitraum sollen die Absonderungsrechte beschränkt werden;
5. bei Vorliegen plausibler Businesspläne, die eine Sanierung erwarten lassen, soll die Möglichkeit zu weiteren Kreditaufnahmen, ohne zusätzliche dingliche Sicherheiten, bestehen.

Durch eine entsprechende Insolvenzprophylaxe könnte sichergestellt werden, dass die erfolgreichen Unternehmensgründungen in ihrer volkswirtschaftlichen Effektivität durch insolvenzbedingte Unternehmungsschließungen nicht gemindert werden.

XIV. Statt einer Zusammenfassung

„Die Kumulation dieser Faktoren im Verlaufe der 90er Jahre hat in Europa zwar ein Ansteigen der Insolvenzen, gleichzeitig aber auch der Gründungen bewirkt. Die Umwälzungen in bestimmten Branchen und Regionen haben auch neue Chancen für unternehmerische Betätigung gebracht. Auch in Europa verlagert sich der Bestand der Klein- und Mittelbetriebe allmählich vom Typ des durch Markteintrittsbarrieren oder durch lokale Marktgrenzen geschützten Selbständigen hin zum Typ des chancenorientierten, Barrieren und Grenzen überschreitenden Unternehmers. Verlässliche und international vergleichbare Aussagen über diese Dynamik scheitern derzeit allerdings noch am Fehlen einer internationalen Standardisierung des Gründungs- und Beendigungsbegriffs und eines darauf aufbauenden Unternehmensmonitoring." (Mugler, 1998, S. 63).

Literatur

Beyer, N. / *Hämmerle*, W. / *Garbislander*, S. (2006): Unternehmensgründungen in Tirol: Motive und Herausforderungen, in: Tiroler Regionalpolitische Studien, 33, Innsbruck.

Blumberger, W. (2000): Wege aus der Arbeitslosigkeit: Evaluierung des Unternehmensgründungsprogrammes des Arbeitmarktservice Österreich für den Zeitraum 1995 bis 1997, in: AMS Report, 16, Wien.

Frank, H. / *Keßler*, A. / *Korunka*, C. / *Lueger*, M. (2002): Von der Gründungsidee zum Unternehmenserfolg. Eine empirische Analyse von Entwicklungsverläufen österreichischer Gründungen, Wien.

Frank, H. / *Korunka*, C. / *Lueger*, M. (1999): Fördernde und hemmende Faktoren im Gründungsprozess, Wien.

Hauth, A. (2001): Unternehmensneugründungen in Österreich – Gründungsintensität und Überlebensquoten, in: Wirtschaftspolitische Blätter, 4/2001, Wien.

KMU Forschung Austria (2007): Analyse von Sekundärdaten und Literatur zu Unternehmensneugründungen in Österreich, Internes Working Paper, Wien.

König, G. / *Heiss*, A. (2002): Das Unternehmensgründungsprogramm des Arbeitsmarktservice Österreich – Von der Arbeitslosigkeit in die Selbstständigkeit, in: Buchinger, S. (Hrsg.): Gründerland Österreich, Wien.

Mugler, J. (2005): Welche Beiträge leisten Klein- und Mittelbetriebe zur wirtschaftlichen und gesellschaftlichen Entwicklung?, in: Proceeding from the International Scientific Conference „Future of Small and Medium Sized Enterprises in United Europe“, 12th–13th May, Matej Bel University.

Mugler, J. / *Imgrund*, M. (2007): Die Fortführung und Sanierung insolventer Klein- und Mittelbetriebe, in: 5th International Conference on Management, Enterprise and Benchmarking (MEB), 1st–2nd June 2007, Budapest.

Österreichisches Institut für Gewerbe- und Handelsforschung (2001): Gründungskosten neuer Unternehmen in Österreich und Policy Benchmarking im Bereich der Unternehmensgründung, Wien.

Schwarz, J. / *Grieshuber*, E. (2003a): Vom Gründungs- zum Jungunternehmen. Eine explorative Analyse, Wien.

– (2003b): Qualitative Merkmale junger GmbHs in Österreich, Wien.

The World Bank Group (2006): Doing Business, S. 6, http://www.doingbusiness.org, abgerufen am 30.08.2007.

Wanzenböck, H. (1998): Das österreichische Gründungsgeschehen. Eine Untersuchung der Struktur und des Beschäftigungseffektes der Unternehmensgründung des Jahres 1997, Wien.

Wirtschaftskammer Österreich (2007a): Unternehmensneugründungen in Österreich, Stand Jänner 2007, Wien.

– (2007b): Statistisches Jahrbuch 2007.

Bürokratiebelastung und KMU

Von *Hans Jobst Pleitner*, St. Gallen[1]

I. Ausgangslage

Die kleinen und mittleren Unternehmen (KMU) erfreuen sich durchwegs eines guten Rufs in unserer Gesellschaft als flexible Anbieter von Leistungen und Arbeitsplätzen, als überschaubare Gebilde mit menschlichem Antlitz und humanen Arbeitsbedingungen, als Gegengewichte zu mächtigen, anonymen Konzernen. Gelegentliche Negativmeldungen (mangelnde Einhaltung von Vereinbarungen nach außen, Hang zu patriarchalischem Gehabe nach innen) trüben dieses vorteilhafte Image nicht nachhaltig. Der interessierten Öffentlichkeit ist es daher nicht gleichgültig, wenn die KMU durch ungünstige Rahmenbedingungen unverdient zu leiden haben. Und erst recht gilt das für die unternehmerisch und die mitarbeitend tätigen Menschen in den KMU selbst. Als eine der besonders schmerzlichen Erschwerungen gilt die Belastung der Unternehmen durch bürokratische Anforderungen, wie sie von öffentlichen Institutionen ausgehen. Öffentliche Instanzen sind hier angesprochen, weil sich der einzelne Unternehmer ihnen in der Regel nicht entziehen kann.

Vielleicht hat dadurch der Begriff der „Bürokratie" eine negative Konnotation erhalten, die ursprünglich nicht mit ihm verbunden wurde, wie zum Beispiel bei Ludwig von Mises (1997, S. 56ff.) und Max Weber (1999, S. 650ff.) nachgelesen werden kann. Möglicherweise haben auch überzogene „generell geordnete behördliche" (Max Weber) Maßnahmen das Phänomen der Bürokratie in Verruf gebracht. Mit anderen Worten wird der öffentliche Regelungswille bei den Adressaten (namentlich den mittelständischen Unternehmern) weitherum als übertrieben, gelegentlich als pervertiert empfunden. Die harsche Beurteilung ergibt sich daraus, dass bürokratische Auflagen von seiten öffentlicher Instanzen in den davon betroffenen Unternehmungen Kosten verursachen, ohne dass damit konkret oder überhaupt Erträge generiert werden: Weder Entschädigung noch Überwälzung kommen in Betracht (SGV, 2004, S. 3). Andererseits sind die Kosten unausweichlich, weil die Quellen der Auflagen Normen des Gesetzgebers oder der Verwaltung darstellen (Schorn, 2006, S. 3). Sie ergeben

[1] Ich danke Margrit Habersaat und Irene Müller für die Assistenz.

sich vor allem aus dem zu erbringenden Zeitaufwand, um sich zu informieren, um die Auflagen betrieblich zu erfüllen sowie um ständig eine Auskunftsbereitschaft gegenüber dem Staat vorzuhalten.

Dabei bedeuten die zu produzierenden Leistungen keine konkrete, verlässliche Größe, sondern zeigen – zumindest (aber nicht nur) in der Wahrnehmung der Betroffenen – die Tendenz ständiger Zunahme. So sind nach einer Einschätzung des schweizerischen KMU-Verbandes zwei Drittel der bürokratischen Vorschriften weniger als 20 Jahre alt (SGV, 2004, S. 3).

Soweit die Bürokratiepraxis Missstände darstellt, wären die Behörden seit Jahren gefordert, Verbesserungsmaßnahmen vorzusehen. Die Geschichte solcher Maßnahmen ist freilich noch nicht lang. Zunächst fällt dem Betrachter auf, dass die fraglichen Instanzen von jeher Begriffe wie Bürokratie und Bürokratiekosten meiden und stattdessen von Regeln und Regulierung sprechen, was den davon Betroffenen besser in den Ohren klingen mag, aber ihnen nicht hilft. Für unsere Erörterungen verwenden wir beide Begriffskomplexe.

Wann ist die Diskussion um die Bürokratiebelastung in Gang gekommen: Während die Belastung von Untertanen mit Steuern, Abgaben, Zöllen u.ä. durch eine staatliche Obrigkeit in frühe Epochen der Menschheitsgeschichte zurückreicht und sich die so Belegten schließlich damit arrangiert haben, begann die Diskussion um die Verpflichtung von strapazierten Individuen und Unternehmungen durch den Staat zu zusätzlichen Leistungen systematisch erst im letzten Viertel des vergangenen Jahrhunderts (z. B. Rall/Wied-Nebbeling, 1975; US Small Business Administration, 1980; Nijsen, 2006). Eine erste empirische Studie für die Schweiz (Hunkeler) erschien 1985 am Gewerbeinstitut (heute KMU-Institut) der Universität St. Gallen. Sie wies damals aus, dass ein mittelständischer Unternehmer für die Erledigung administrativer Arbeiten infolge öffentlicher Vorschriften im Monat durchschnittlich 30 Stunden aufwenden musste (Hunkeler, 1985, S. 145), also mehr als eine halbe Arbeitswoche. Dieses Ergebnis löste beträchtliches Aufsehen aus und verband sich mit dem Postulat an die Adresse von Verwaltung und Politik, energisch an den Abbau dieser Behinderung heranzugehen.

Das geschah jedoch nicht. Im Gegenteil nahm die Regelungsdichte weiter zu, so dass 1997 eine Folgeuntersuchung fällig wurde (Müller, 1998). Ergebnis: Die Belastung erreichte in der Schweiz 55 Stunden pro Monat und Unternehmen, also fast eine Verdoppelung in nur zwölf Jahren (Müller, 1998, S. 82). Zum Vergleich wurde die Studie auf Deutschland und Österreich ausgedehnt und ergab dort sogar je rund 120 Stunden.

In Geldeinheiten und auf die gesamte Volkswirtschaft hochgerechnet, erreichen solche Aufwendungen in Deutschland gegen € 50 Mrd. pro Jahr. (Für 2004 ermittelte das Institut für Mittelstandsforschung Bonn € 46 Mrd.; IfM,

2006, S. 3.) Angesichts des Gewichts dieser Belastung ist zu betonen, dass sie für KMU relativ bis zu zehnmal größer ist als für Großunternehmen, weil sie im Wesentlichen fixen Charakter hat (Europäische Kommission, 2007a, S. 1).

In dieser Situation ist nun eine weitere Verschleppung des Themas Bürokratiebelastung, namentlich der KMU, durch Politiker und Regierungen nicht mehr hinnehmbar. In der Tat beginnen die teilweise dramatisch anmutenden Ergebnisse in jüngster Zeit Früchte zu tragen, zumal Fachleute sich seit Jahren darüber Gedanken machen, wie sich dem Problem (der Messung und der Reduktion) adäquat beikommen lässt, so dass die Phase einer Konkretisierung über politische Deklamationen hinaus mittlerweile erreicht worden ist.

Pionierarbeit wurde dazu in den Niederlanden geleistet, wo die Bürokratiekosten*messung* dem Bürokratiekosten*abbau* voranging. Nijsen entwickelte noch in den 90er Jahren ein „Standardkostenmodell" (SKM), das die Quantifizierung des Regulierungsaufwandes präzise ermöglicht. Sie bedeutet natürlich per se noch keine Reduktion, hat aber zusammen mit flankierenden Maßnahmen gewirkt und in der Politik und Regierung einen Bewusstseinswandel hervorgerufen, der schon um die Jahrtausendwende über einen Zeitraum von acht Jahren eine Senkung der Bürokratiekosten um immerhin gut 6 % auslöste (als Ziel wurde nunmehr 25 % bis Ende 2007 angepeilt; Nijsen, 2006, S. 7; Frick/Brinkmann/Ernst, 2005, S. 28ff.). Inzwischen wird das SKM in etlichen EU-Ländern eingesetzt oder eingeführt.

II. Ursachenkonstellation und Arten regulatorischer Lasten

Wer namentlich als Unternehmer den Eindruck gewinnt, die Regulierung wuchere trotz begonnener Dämpfungsanstrengungen einstweilen weiter, sollte sich Rechenschaft darüber geben, dass die dadurch hervorgerufene objektive Belastung weniger gewichtig sein mag als die „gefühlte" Belastung (Karpen, 2006, S. 19). Dass die Lasten real massiv zugenommen haben, scheint aber außer Frage zu stehen. So wird aus Deutschland berichtet, die Anzahl der Gesetze sei in den sieben Jahren vor 2005 um 33 %, die der Verordnungen gar um 66 % vermehrt worden (Fuchs, 2005, S. 7). Selbst wenn das Nachbarland diesbezüglich einen besonders krassen Fall darstellt (Fuchs, 2005, S. 9), darf übergreifend davon ausgegangen werden, dass die Pflanze Regulierung sich eines überaus ausgeprägten Wachstums erfreut (dabei resultiert die Zunahme nicht nur aus der puren Anzahl an Gesetzen und Verordnungen, sondern auch aus der Art und Weise ihrer Umsetzung durch die Exekutive), und das auf einem bereits hohen Niveau. So berichtet eine Studie der OECD schon 2001 für elf Länder, die Bürokratiebelastung („Red Tape") erreiche mittlerweile 4 % des Umsatzes der betroffenen Unternehmungen (OECD, 2001). Damit allein drohen viele Firmen rechnerisch unter die Rentabilitätsgrenze abzusinken.

Die Ursachen für diese bedrohlich zunehmende Belastung sind indessen nicht einfach bei regulierungswütigen Gesetzgebern oder Regierungs- bzw. Verwaltungsfunktionären zu suchen. Sie „produzieren“ ja die Belastung, können sich aber auf ihren Auftrag berufen (der durchaus auch auf die später Belasteten zurückgehen kann). Bei ihnen darf zumeist unterstellt werden, dass sie guten Willens sind, dass es ihnen aber an Augenmaß oder an einer übergeordneten Abstimmungsperspektive fehlt, wenn es an die Umsetzung geht. Die Plage übermäßiger bürokratischer Regulierungen hat also tiefere bzw. breiter gestreute Ursachen. So folgt die skizzierte Zunahme der Gesetze und Verordnungen keinem Automatismus im Sinne eines Selbstläufers, sondern ist generiert durch eine Zunahme von Ansprüchen und Aufgaben unserer Gesellschaft, die durch Gesetzgebung und Verwaltung kanalisiert werden. Diese wiederum ist eine Folge von Einflüssen aus unterschiedlichen Richtungen, unterschiedlicher Qualität und in unterschiedlicher Intensität. Die Skala der Quellen dieser Einflüsse reicht von Internationalisierung / Globalisierung, den demographischen Verschiebungen, dem veränderten Werte-Kanon, dem Klimawandel, der technischen Hochentwicklung bis zu neuen Sicherheitsbedürfnissen. Es geht nicht mehr nur um isolierte neue Einflüsse, es geht um eine völlig neue Einflusskonstellation. Alle diese Veränderungen, so schlagwortartig sie auch klingen, wirken sich bis in die Unternehmungen aus, auch in die KMU.

Die öffentliche Hand sieht sich ihrerseits vor gigantischen Regelungsaufgaben in einer Welt, die noch nie so komplex und so schnelllebig war. Umso heftiger bemühen sich Gesetzgeber, Regierung und Verwaltung um Rechtsklarheit, Entscheidungssicherheit und Risikobegrenzung. Diese Anstrengungen generieren eine Vervielfachung der Normen, wie wir sie oben angesprochen haben, und zwar umso ausgeprägter, je größer der Drang nach Perfektion bei den Normproduzenten ist. Ohne situativ adäquate Regeln andererseits droht Chaos. Pointiert ausgedrückt, stecken wir also in einem Dilemma, entweder in überzogener Regulierung zu ersticken oder in unbewältigtem Chaos zu ertrinken.

Eine Lösung besteht offenbar einzig darin, die sich durch die skizzierten Entwicklungen aufdrängende Regulierung so auszugestalten und so zu dimensionieren, dass die Betroffenen, in unserem Falle die KMU, in ihrer Entfaltung nicht bedrohlich behindert werden und doch eine einigermaßen funktionierende Wirtschaftsordnung gewährleistet bleibt. Diese Formulierung stellt keine Überspitzung mehr dar, kann doch kein Zweifel daran bestehen, dass Dynamik und Wachstum der Unternehmen und die Schaffung neuer Arbeitsplätze durch wuchernde administrative Belastungen gehemmt werden (IfM, 2006, S. 1).

Angesichts dieser Tatsache war es überfällig, dass in einzelnen westeuropäischen Ländern Anstrengungen zum Abbau der Bürokratielasten angelaufen sind und dass dieses Anliegen nach den ersten Erfolgsberichten in der EU auf breiter Front in Gang kommt.

Bevor wir uns mit den Zielen und der Realisierung von Entlastungsprogrammen beschäftigen, sei etwas näher erläutert, um was es bei den Bürokratielasten geht. Sinnvoll sind zwei Arten auseinanderzuhalten (Schweizerischer Bundesrat, 2006, S. 9; Europäische Kommission, 2007b, S. 2; SGV, 2004, S. 2): Zum einen ergeben sich aus der Regulierung *administrative Kosten* im Zusammenhang der Beschaffung, Lieferung und Speicherung (Dokumentation) von Informationen, des Ausfüllens von Formularen, der Abwicklung von Kontrollen usw. Dabei ist der Begriff „Informationen" weit definiert und umfasst auch die Vorkehrungen zu ihrer speziellen Ermittlung, wenn die Unternehmen noch nicht darüber verfügen.

Zum anderen resultieren aus der Regulierung *substanzielle Kosten*, die für konkrete Sicherheits- oder Hygienemaßnahmen anfallen, z. B. Schutzhelme oder -schuhe, aber auch Kosten aus der Verpflichtung von Unternehmen, Produkte und/oder Produktionsprozesse an neue Vorgaben anzupassen. Das sagt sich leicht, kann aber erhebliche Aufwendungen bedeuten, z. B. in Form zusätzlicher Investitionen. Solche Kosten werden auch als *Einhaltungskosten* bezeichnet (Einhaltung neuer Vorschriften infolge der Regulierung).

Um vollständig zu sein, sind auch *Opportunitätskosten* aufzuführen, die entstehen, wenn durch Regulierung der Handlungsspielraum der Unternehmen eingeengt wird und dadurch Gelegenheiten verpasst werden, z. B. Unterbindung eines Marktzugangs durch Regulierung (Brunetti/Scheidegger, 2006, S. 5).

III. Ziele und Umsetzung eines Abbaus der regulatorischen Lasten

Angesichts der bis jetzt skizzierten Überlegungen und Beobachtungen scheint die Zielsetzung im Kontext der Bürokratiebelastung recht einfach zu sein: Eine radikale Reduktion tut not. Wir haben aber bereits darauf hingewiesen, dass die Regulierung eine Aufgabe zwischen Szylla und Charybdis darstellt. In dieser Konstellation kommt ein uneingeschränkter Allround-Abbau bestehender Regelungen offenbar nicht in Betracht. Die angemessene Ordnung des Gesamtsystems muss vielmehr im Sinne einer Optimierung zwischen den beiden zu „zähmenden" gegenläufig wirkenden Größen „Erstickung" (von Aktivitäten durch Überregulierung) und „Ertränkung" (von Handlungen im Chaos durch mangelnde Regulierung) geschehen, wenn wir im oben strapazierten Bild bleiben wollen. Hier wird die Aufgabe der adäquaten Bemessung des Gesamtrasters der Regelungen in einer Wirtschaft zu einem subtil auszubalancierenden Komplex und damit zu einer permanenten politischen Herausforderung, von der nota bene nicht nur die Unternehmungen betroffen sind. Der Verfasser erlebte hierzu soeben ein handgreifliches Beispiel: Für die Erstellung einer neuen Identitätskarte durch die Wohngemeinde (wegen zeitbedingten Ablaufs der alten) erhält er eine fünfseitige Anleitung zur Vorbereitung und Einreichung des betreffenden Antrags (noch ohne das Antragsformular selber), mit 36 Beispielen, wie die Fotografie aussehen muss bzw. auf keinen Fall aussehen darf.

Führungskräfte in kleineren Unternehmen, die sich mangels spezialisierter Stäbe selber mit den Auswirkungen der öffentlichen Regulierung auseinandersetzen müssen, können dem Betrachter jederzeit eine umfassende Auswahl bürokratischer Exempel vorführen, und zwar namentlich solcher, die mit erheblichem Erfüllungsaufwand verbunden sind und so über das Amüsierpotenzial des obigen Beispiels hinausführen.

Wenn wir hier die Perspektive der KMU nachvollziehen, drängt sich daher eine Verschiebung von der oben angesprochenen Optimierung zur Minimierung des Regelwerks auf, d. h. ökonomisch der Verminderung des Regelinputs unter Beibehaltung der unverzichtbaren Normenordnung. Dieses Postulat drängt sich auch deswegen auf, weil es den betroffenen Unternehmungen nicht viel nutzen würde, bei Unzufriedenheit wegen der Bürokratiebelastung in ein anderes Land auszuweichen: Sie würden dort vergleichbare Verhältnisse antreffen und bestenfalls eine graduelle Entlastung erreichen.

Das Gewicht der Bürokratielasten, die von den öffentlichen Organen und ihren (wiewohl zumeist gutgemeinten) Aktivitäten ausgehen, stellt also eine schwere Bürde für die Unternehmen dar, und zwar eine Bürde, die sie, absolut gesehen, alle vergleichbar schwer trifft. Pro Mitarbeiter sind die Lasten somit umso größer, je kleiner die einzelne Unternehmung ist. Daher scheinen die KMU in ganz besonderem Maße darauf angewiesen, eine Erleichterung zu erfahren. Diese Botschaft, verbreitet durch KMU-nahe Institutionen, hat sich nunmehr während der letzten Jahre in Politik und Regierungskreisen der entwickelten Länder (sprich der OECD-Länder) herumgesprochen und konkrete Versuche ausgelöst, die Belastung erträglicher zu gestalten. Die eingeleiteten Anstrengungen werden dadurch betont, dass mit ihrem Anstoß vorzeigbare quantitative Zielgrößen angekündigt wurden. So strebt zum Beispiel das Aktionsprogramm „Vereinfachung des unternehmerischen Alltags – Maßnahmen zur administrativen Entlastung und Erleichterung der Regulierung“ der schweizerischen Bundesregierung eine Entlastung von gut 14 % an (Schweizerischer Bundesrat, 2006, Ankündigung; S. 7). Für Deutschland könnte gemäß dem Institut für Mittelstandsforschung „sehr schnell“ eine Entlastung der Wirtschaft von Bürokratiekosten um „mindestens 15 %“ erreicht werden (IfM, 2006, S. 3). Die EU-Kommission hat sich gar „verpflichtet, die administrative Belastung […] um 25 % abzusenken“. Sie rechnet damit aber bis zum Jahr 2012 (Verheugen, 2007, S. 12). Die österreichische Regierung setzt dieses Ziel bereits für 2010 (Österreichische Bundesregierung, 2007, S. 1).

So weit ein paar Beispiele für großzügig angekündigte Entlastungsambitionen (wobei die Zielkomplexe materiell nicht einheitlich erscheinen). Im Folgenden wollen wir skizzenhaft versuchen aufzuzeigen, durch welche Art Maßnahmen der besagte Abbau der Bürokratielasten realisiert werden soll bzw. bereits vorgenommen wird. Es geht dabei um nicht weniger als einen „whole-of-government approach […] embedding administrative simplification in the overall regulatory […] system at the national level" (OECD, 2006, S. 1). Das „Regulatory System" lässt grundsätzlich drei Arten von Erleichterungen zu:

– Entlastungen bei der Ausführung bestehender Regeln, z. B. Verringerung der Periodizität von zu liefernden Berichten, Dekomplizierung von Formularen,

– Verbesserung / Neufassung bestehender Regeln zugunsten der Vereinfachung ihrer Handhabung,

– Verzicht auf neue Regeln im Interesse der Vermeidung weiterer Belastung für ihre Adressaten (Brunetti/Scheidegger, 2006, S. 4; OECD, 2006, S. 1; IfM, 2006, S. 3).

Es liegt auf der Hand, dass im politischen Meinungs- und Normenbildungsprozess mit jeder Variantenstufe die Durchsetzung von Entlastungsimpulsen schwieriger wird, weil je nach politischem Lager diejenigen Normen befürwortet werden, die die Abbau-Apologeten eliminieren oder vermeiden möchten.

Angesichts dieser Schwierigkeit wurde schon in den 90er Jahren – in den Niederlanden – der oben bereits erwähnte Vorschlag gemacht und umgesetzt, vor der Entscheidung über Einführung neuer oder Abschaffung bestehender Normen zunächst einmal überhaupt zu messen, welche Regeln welche quantitativen Effekte generieren, um die nur „gefühlten" Bürokratiekosten zu überwinden. Damit wird zwar noch nicht systematisch eine Entlastung erreicht, ist aber als Nebenwirkung eines sorgfältigen Messprocederes durchaus möglich, wie jeder Fachmann aus beliebigen (auch betriebswirtschaftlichen) Gebieten bestätigen kann. Ein positiver Effekt ergibt sich allein schon aus dem Zwang, standardisierte Begriffe zu verwenden (Nijsen/Frick, 2006, S. 15). Nijsen hat sein Messverfahren zu einem Standard-Kosten-Modell (SKM) entwickelt, das heute international anerkannt ist und in vielen Ländern, namentlich der EU, eingesetzt wird. Die Ergebnisse der SKM-Erhebungen haben buchstäblich maßgebend Transparenz zur Erarbeitung von Reduktionsvorschlägen in Sachen Bürokratielasten geschaffen. Sie waren freilich ein Stück weit durch zusätzliche Erhebungen in den Unternehmungen zu „erkaufen" und stellen insofern einen Wurf mit der Wurst nach der Speckseite dar.

An dieser Stelle kann und muss nicht auf Einzelheiten des Modells eingegangen werden. Seine weite Verbreitung spricht aber für die Brauchbarkeit und Sinnhaftigkeit im Einsatz für unser thematisches Anliegen. Das gilt wohl ebenso für die Tatsache, dass mittlerweile ein weiteres Konzept dieser Ausrichtung entwickelt worden ist, das Informationsverpflichtungen von Unternehmen auch gegenüber privaten Dritten umfasst und die Bürokratiebelastung auch z. B. bei Bürgern messen soll (Rösener/Precht/Damkowski, 2007, S. 9). Es handelt sich um ein eigenes Kosten-Modell der EU, dessen genauer Titel noch nicht festzustehen scheint und das in der Literatur einstweilen als „EU-K-M“ bezeichnet wird. Es verfügt aber nicht über die Akzeptanz und Verbreitung des von der OECD empfohlenen SKM (Frick/Brinkmann/Ernst, 2006, S. 28; Rösener/Precht/Damkowski, 2007, S. 86) und soll hier nicht weiter betrachtet werden.

Die Niederländer werden inzwischen ihrer Vorreiter-Rolle bezüglich der Versuche zur Bürokratie-Entlastung weiterhin gerecht. Zum einen verwenden sie für Komplexe, die der präzisen, detaillierten Messung (noch) nicht zugänglich sind, oder für rasch benötigte Ergebnisse ein speziell entwickeltes Schätzverfahren („Quick Scan“; Nijsen/Frick, 2006, S. 16). Auch hier geht es also um eine Quantifizierung von Regulierungskosten. Fällig bleiben damit zum anderen gezielte Schritte zur Reduktion dieser Kosten, bedeutet doch die bloße Ermittlung (Berechnung oder Abschätzung) zunächst nur – in günstigen Fällen – einen Abbau als Nebeneffekt. Der Abbau stellt aber das Oberziel dar, getreu dem (abgewandelten) Zitat von Keynes, wonach die Vermeidung von Bürokratie-Aufwand die einzige administrative Beschäftigung ist, die Geld bringt.

Eine erste Messung, besser Schätzung der Bürokratiekosten in den Niederlanden ergab einen so hohen Betrag (€ 6 Mrd.), dass sich in der Regierung die Einsicht zu konkreten Maßnahmen rasch einstellte. Der Regierungschef verpflichtete die Ministerien, jährlich *Pläne* zur Reduktion vorzulegen und durchzusetzen, mit dem Ziel einer Reduktion von 10 % in den folgenden vier Jahren. Die eingeleiteten Maßnahmen generierten allerdings in der Folge eine Senkung von lediglich 6,5 % in acht Jahren.

Dieses Resultat hatte eine doppelte Konsequenz: Das *Messinstrument* wurde verfeinert und das Vorgehen „entpolitisiert“. Betrachtet wurde demnach nicht mehr die Effektivität gesetzlicher Regelungen, sondern nur noch die Effizienz ihrer Umsetzung, also die technisch-organisatorische Seite. Als unabhängiges Beratungsgremium fungierte ein schon im Jahre 2000 neu geschaffenes Organ, das ACTAL (Advies College Toetsing Administratieve Lasten). Es berät und unterstützt Regierung und Parlament in allen Fragen der Messung und Reduktion der Bürokratielasten und verfolgt laufend die Entwicklung mit Einschluss des gebotenen kulturellen Wandels. Zudem wurde drei Jahre später ein weiteres Organ (die Interdepartementale Projectdirectie Administratieve Lasten, IPAL) geschaffen, das mittlerweile im Finanzministerium angesiedelt ist und – auf der Basis des oben skizzierten SKM – mit allen Ministerien Einsparungsziele vereinbart, deren Erreichung von ACTAL und IPAL gemeinsam überwacht wird.

Das System ist seinerseits aufwendig, scheint aber nunmehr die in den Niederlanden angestrebten 25 % Senkung der Regulierungskosten fristgemäß zu erreichen (Frick/Brinkmann/Ernst, 2006, S. 30–32).

Warum diese Hervorhebung eines einzelnen nationalen Programms zur Senkung der hier diskutierten Bürokratiekosten? Weil in den Niederlanden dieses Problem frühzeitig erkannt und ebenso resolut wie umfassend angegangen wurde. Es erwies sich als erfolgversprechend und dient seit seiner Umsetzung als Inspirationsquelle für eine ganze Reihe weiterer Länder. Als Beispiele werden im Folgenden Hinweise auf die Programme in der Schweiz, in Deutschland und in der EU skizziert.

In der *Schweiz* wurde, ähnlich wie in den Niederlanden, das Phänomen der hohen und zügig wachsenden Bürokratiebelastung schon früh erkannt. Bereits 1985 erschien im Schweizerischen Institut für gewerbliche Wirtschaft (heute KMU-Institut) an der Hochschule St. Gallen die oben angesprochene empirische Studie mit dem damals überraschenden Ergebnis eines durchschnittlichen Aufwands für ein mittelständisches Unternehmen zur Erledigung administrativer Arbeiten infolge öffentlicher Vorschriften von 30 Stunden pro Monat (Hunkeler, 1985). Das Aufsehen verging und politisch geschah nicht viel. Erst die Folgestudie zwölf Jahre später (Müller, 1998) schuf den politischen Druck, der die schweizerische Bundesregierung schließlich seit 1998 zu Gegensteuerungsmaßnahmen veranlasste (Fueglistaller/Schliesser/Federer, 2007, S. 16). Im Mittelpunkt standen drei Projekte, die bis heute – mit Verbesserungen – praktiziert werden (Schweizerischer Bundesrat, 2006, S. 105f.):

- Regulierungsfolgenabschätzung (RFA): Danach müssen alle Gesetzes- und Verordnungsentwürfe von einer Einschätzung ihrer wirtschaftlichen Auswirkungen begleitet sein, damit die Legiferenten sie bei Entscheiden berücksichtigen und Bürokratiekosten im Rahmen halten können.
- KMU-Verträglichkeitstest: Auch hier wird der Versuch unternommen, geplante Erlässe auf ihre möglichen Effekte zu untersuchen. Dazu werden in ausgewählten KMU gezielt Erhebungen angestellt. Die Ergebnisse können in die RFA eingehen und werden publiziert.
- Forum KMU: Hier handelt es sich um ein außerparlamentarisches Expertengremium, welches sich dafür einsetzt, dass der Bund bei vorgesehenen Maßnahmen beachtet, welche Lasten für KMU sich aus ihrem Vollzug ergeben (würden). Von den zwölf Mitgliedern des Gremiums sind mindestens sieben Unternehmer, so dass der Praxisfokus gewährleistet ist.

Alle drei Instrumente werden ausdrücklich als KMU-Tests verstanden (Schweizerischer Bundesrat, 2006, S. 112). Die Mittelstandsorientierung ist also zweifelsfrei gegeben. Die hier vorgestellten Instrumente konzentrieren sich auf die oben genannte dritte Kategorie von Regeln, also auf neu zu schaffende Regeln. Bestehende Normen werden jedoch nicht übergangen. Als Beispiele seien hier aus dem zitierten Bericht der Schweizer Bundesregierung (Bundesrat) existierende Vorschriften aufgeführt, die hinsichtlich der Regulierung verbessert werden sollen:

- Einfuhr von Fleisch und Fleischerzeugnissen: Ersatz von Einzelbewilligungen durch Jahresbewilligungen (ebenda, 2006, S. 33),
- Bewilligung von Seilbahnen: Anstelle von drei Verfahren soll eines ausreichen (ebenda, S. 34),
- Lohnausweis: Die neue Lohnbescheinigung durch den Arbeitgeber soll vereinheitlicht und vereinfacht werden (ebenda, S. 36),
- Indirekte Steuern: Vereinfachungen und administrative Entlastungen bei der Mehrwertsteuer (ebenda, S. 36).

Für sich allein genommen, klingen solche Beispiele nicht eben spektakulär, aber in ihrer Summe stellen sie beachtliches Entlastungspotenzial dar. Immerhin ist von über 100 Maßnahmen allein auf Bundesebene die Rede (Verlautbarung zum hier behandelten bundesrätlichen Bericht, S. 1). In diesem Jahr setzt im Übrigen der Bundesrat ein spezielles Koordinationsorgan für seine KMU-Politik ein, zu dessen Aufgaben u. a. ausdrücklich die Überwachung der von der Regierung beschlossenen Maßnahmen zur administrativen Entlastung der Unternehmen gehört (Schweizerischer Bundesrat, 2007, S. 1f.), was zugleich eine Rückenstärkung für das Forum KMU bedeuten sollte.

Wenn wir versuchen, die hier an Exempeln festgemachten Ansätze zum Abbau der Bürokratiebelastung zu generalisieren, ergibt sich folgende ansehnliche Liste (Codoni/Wallart, 2007, S. 58): Verzicht auf bestimmte öffentliche Aufgaben, Vereinfachung von Normen, Verbesserung der Abläufe in der Exekutive, mehr Verlass auf Eigenleistung und Eigenverantwortung der Normadressaten, Tolerieren eines höheren Grades an Unsicherheit, Mut zur Lücke, Reduktion von Ausnahme- und Spezialfällen.

In *Deutschland* wird ebenfalls vom Versuch einer Bewertung der Folgen ausgegangen, die sich aus öffentlichen Normen als Belastung für die mittelständischen Unternehmen ergeben, einer Bürokratiekostenfolgenabschätzung (GFA). Der Methodik dient eine ausgefeilte Studie im Auftrag des Bundeswirtschaftsministeriums, die sich nicht nur mit einem plausiblen Procedere, sondern auch mit den implizierten Problemen befasst (Schorn, 2006).

Fast zeitgleich ist die Gesetzesmaschinerie zum Bürokratieabbau in Gang gebracht worden (BMWi, 2006), so dass der externe Betrachter nicht umfassend übersieht, inwieweit bei der Formulierung der neuen Normen deren Bürokratiekostenfolgen bereits berücksichtigt werden konnten. Es geht um drei „Mittelstands-Entlastungsgesetze" mit insgesamt 72 Maßnahmen bzw. Maßnahmenpaketen, z. B. die Befreiung von Statistikpflichten, die Vereinfachung von Auskunftsverfahren, die Anhebung der Buchführungsgrenze. (Die Dreiteilung hängt mit der Fristigkeit zusammen, von Sofortmaßnahmen im ersten bis zu längerfristigen Vorhaben im dritten Gesetz.) Für die Bewertung der Bürokratielasten wird das oben beschriebene niederländische Standard-Kostenmodell vorgeschrieben.

Um die Steuerung des Bürokratieabbau-Prozesses hat sich ein „Koordinator für Bürokratieabbau und bessere Rechtsetzung" zu kümmern, der direkt im Bundeskanzleramt angesiedelt ist. Ihm untersteht ein Ausschuss von Staatssekretären („Satelliten") aus den Fachministerien, die deren Rechtsbereiche überwachen (Frick/Brinkmann/Ernst, 2005, S. 39f.).

Schließlich ist ein „unabhängiges Gremium von Fachleuten" eingerichtet worden, das die bestehenden und geplanten Normen auf daraus sich ergebende Bürokratielasten überprüft und gegebenenfalls Verbesserungsvorschläge macht. Dieses Gremium trägt die obrigkeitlich angehauchte Bezeichnung „Normenkontrollrat". Seine Besetzung mit acht Fachleuten wurde in der Presse mit zurückhaltendem Enthusiasmus aufgenommen, weil der Eindruck entstand, die Plätze seien nach Proporz vergeben worden (Polke-Majewski, 2006a). Vor allem aber, bleibt anzufügen, überrascht, dass sich unter den Mitgliedern kein einziger Unternehmer findet. Dabei hat der Rat die Bürokratieentlastung des Mittelstands zur Aufgabe! Es bestehen darüber hinaus Zweifel, ob die Kompetenzen des Gremiums für seine Aufgaben ausreichen (Karpen, 2006, S. 20f.), und das angesichts einer Zielvorgabe von 25 % (= € 20 Mrd.) Reduktion der Regulierungslasten bis 2011 (BMWi, 2007) und eines Bestands von 27.000 Normen, der sich jährlich um 500 vergrössert (Polke-Majewski, 2006b). Da ist nicht auszuschließen, dass den Normenkontrollrat seine Aufgabe überfordert und dass die Mittelstandsentlastung überhaupt an Grenzen stößt.

Werfen wir schließlich einen Blick auf die „Bürokratie-Politik" der *Europäischen Union*, könnten wir zunächst meinen, sie spiele keine allzu große Rolle, gilt doch das Subsidiaritätsprinzip, wonach fällige Regelungen, wenn immer möglich, auf nationaler, teilstaatlicher oder lokaler Ebene getroffen werden und wonach sich die EU auch weiterhin in dieser Richtung entwickeln soll (Barroso, 2006). Dadurch verbleibt im Grunde nur eine begrenzte Regulierungsaufgabe der EU – mit entsprechend limitiertem Bürokratiebelastungspotenzial. Dies bedeutet freilich eine idealistische Sichtweise. Die Kommission selber sah sich denn auch angesichts einer auch auf EU-Ebene anschwellenden Regelflut bereits im Jahre 2002 genötigt, einen „Better Regulation Action Plan" vorzulegen, mit dem Ziel „to up-date and simplify [...] community legislation" und eine „impact assessment procedure" zu starten (Commission of the European Community, 2005, S. 14f.). Im Jahr darauf beschlossen das Europäische Parlament, der Ministerrat und die Kommission ein „Inter-Institutional Agreement on Better Regulation" (ebenda, S. 14), mit der realistischen Einschätzung, die Implementierung werde wohl ein langfristiger Prozess. Sie soll dem Appell folgen, immer zuerst an die KMU zu denken („think small first“; ebenda, S. 8).

Inzwischen hat die KMU-Entlastungspolitik der EU eine Konkretisierung erfahren. Mit einem Bericht vom 30.05.2007 präsentiert die Kommission ihre „Modelle zur Reduzierung der überproportionalen Belastung kleiner Unternehmen durch öffentliche Regulierung“. Diese Modelle werden zehn Kategorien zugeordnet (Kommission der Europäischen Gemeinschaften, 2007, S. 3):

1. Gesamtbefreiung von einer regulatorischen Belastung,
2. Teilbefreiung,
3. vereinfachte Pflichten,
4. zeitliche Ausnahmeregelung,
5. Verwaltungskoordination durch zentrale Anlaufstellen („One-stop-shops“),
6. einheitliche Termine,
7. Coaching, Schulung,
8. elektronische Dienste,
9. Vorzugsbehandlung für ganz kleine Unternehmen,
10. frühzeitige Regulierungsfolgenabschätzung (s. o. impact assessment procedure).

Zu diesen „Modellen“ werden im Sinne von „good-practice“-Fällen rund 30 Anwendungsbeispiele aus verschiedenen EU-Ländern aufgeführt, die ihrerseits aus rund 100 Fallbeispielen ausgewählt wurden (ebenda, S. 2; S. 13f.). Die Auswahlarbeit oblag einer Gruppe von 15 Rechtsetzungsexperten, wie sie uns in ähnlicher Form (aber kleiner) in den oben skizzierten Ländern begegnet sind. Neuer Vorsitzender wird der bisherige bayrische Ministerpräsident Stoiber (der bisher freilich nicht als typischer Bürokratieskeptiker, geschweige denn „Paragraphenjäger“ galt). Inwieweit die Gruppe Praxisaffinität zu mittelständischen Unternehmen entwickelt, lässt sich noch nicht abschätzen. In die Kommission selbst eingebettet ist schließlich ein weiteres Spezialorgan, der KMU-Beauftragte (ebenda, S. 1), der den direkten Draht der KMU zur Kommission gewährleisten soll (Verheugen, 2007, S. 9).

Der geballte Einsatz der EU-Maßnahmen soll für eine Reduktion von 25 % der Bürokratiebelastung bis 2012 sorgen, jener offenbar magischen Zahl, der wir in unseren Recherchen mehrfach begegnet sind. Überdies rühmt sich die Kommission, zehn „Fast Track Actions“ umzusetzen, um „die administrative Belastung auch kurzfristig [zu] verringern“ (Verheugen, 2007, S. 12).

An Plänen, Versprechungen, ja Verpflichtungen fehlt es also nicht, wohl aber, so scheint uns, einstweilen an der Zuversicht mancher Betrachter bezüglich ihrer Erfüllung. Ein Schweizer Kritiker verweist darauf, die Erfolge der EU (genauer der EU-Kommission) im Kampf gegen die Bürokratie seien nur sehr bescheiden: So sollten allein im Jahr 2007 54 überflüssige Gesetze ersatzlos gestrichen werden. Bis zur Sommerpause waren es erst vier, „darunter eine EU-Vorschrift zur Größe von Astlöchern“ (Israel, 2007, S. 7).

IV. Fazit

Die Belastung namentlich der kleinen und mittleren Unternehmen infolge einer allenthalben wuchernden Bürokratie wächst permanent und erreicht allmählich ein Ausmaß, das deren Überlebensfähigkeit bedroht. Wenn hier und da betroffene Unternehmer gegen staatliche Kontrolleure sogar handgreiflich werden (wie neulich im Kanton St. Gallen), so ist das nicht nur eine provinzielle Farce, sondern eher ein Signal, dass eine Schmerzgrenze zu Belastungen überschritten wird, die die Betroffenen als schikanös oder gar ruinös empfinden. Wie dem auch sei, es scheint nur zu gerechtfertigt, dass die Bürokratielasten zum Objekt einer Gegenbewegung geworden sind. Paradoxerweise haben zunächst kleinere Länder die Entlastungsaufgabe aufgenommen und scheinen damit erfolgreicher umzugehen als die großen Länder und die EU, die die Entlastung indessen aber nötiger hätten (Beralk/Borst, 2007, S. 204).

In den Katalogen der Maßnahmen finden sich durchaus machbare, oft naheliegende, etwa die Sorge für bessere Verständlichkeit, Vereinfachung, Reduktion der Periodizität, Koordination zwischen verwandten Auflagen, Streichung redundanter Regeln, Verzicht auf unplausible oder unergiebige Vorschriften, Befreiung von wenig sinnhaften Verpflichtungen, Zusammenfassung von Anlaufstellen, reduzierte Gebühren, verbesserte Dienstleistungen, elektronische Abwicklung, Reduktion von Sonderfällen, Verzicht auf Perfektion, bessere Adressaten-Orientierung. Eine solche Liste streift triviale Positionen, derer sich aber niemand schämen muss, wenn sie durch Verschlankung oder Eliminierung heute Betroffene entlasten. Zugleich haben diese selbst die Chance, im Rahmen z. B. organisatorischer Maßnahmen, etwa durch Outsourcing oder Kooperation, ihrerseits zur Erleichterung des Gewichts auf ihren Schultern beizutragen.

Aus der Perspektive der Arbeitsplatzerhaltung kommt gelegentlich das Argument, allzu resoluter Lastenabbau bedrohe die Position der mit der Bewältigung der Bürokratielasten Beschäftigten. Dieses Phänomen des Freiwerdens von Kapazitäten und einer Senkung der Verwaltungspersonalkosten dürfte jedoch in KMU selber „eher selten“ und von begrenztem Ausmaß sein, wie Mugler schon vor vielen Jahren ebenso berechtigt wie trocken betonte (Mugler, 1987, S. 9). Es ist schon viel erreicht, wenn die Strapazierung der Ressourcen nicht mehr ständig zunimmt.

So oder so ist nicht zu übersehen, dass der angestrebte Abbau von Bürokratielasten kaum ohne Widerstände möglich wird und ohnehin nicht bis auf null: Die hoch komplexe Welt lässt kein einfaches Leben mehr zu. Die Schöpfer von Normen hängen an ihnen, weil sie ihnen Einkommen und Status sichern. Trägheit hält zudem auch auf diesem Gebiet Veränderungen auf. Entlastungsversuche generieren neue Bürokratie. Wir sind aus dem Paradies vertrieben, aber es kann „per Saldo" viel getan werden, das Leben der Bürokratieopfer erträglicher zu gestalten, als es sich heute darstellt.

Literatur

Barroso, J. M. (2006): Wer profitiert, soll sich auch solidarisch zeigen, in: NZZ am Sonntag, 09.07.06, S. 20f.

Beralk, O. / *Borst*, S. (2007): Aufräumen in Brüssel, in: Focus, 41, S. 204.

BMWi – Bundesministerium für Wirtschaft und Technologie (Hrsg.) (2006): Die Mittelstandsinitiative der Bundesregierung, Berlin, 10.07.06.

– (Hrsg.) (2007): Der deutsche Mittelstand auf Erfolgskurs, ein Jahr Mittelstandsinitiative, Berlin, 19.07.07.

Brunetti, A. / *Scheidegger*, E. (2006): Grundlinien des Aktionsprogramms für vereinfachte Regulierungen, in: Die Volkswirtschaft, 1/2, S. 4–9.

Codoni, D. / *Wallart*, N. (2007): Die internationale Konferenz in Bern zur Messung der administrativen Belastung, in: Die Volkswirtschaft, 9, S. 58f.

Commission of the European Community (ed.) (2005): The Activities of the European Union for Small and Medium-sized Enterprises (SMEs), Working Paper, Brüssel, 08.02.05.

Europäische Kommission (ed.) (2007a): Models to Reduce the Disproportionate Regulatory Burden on SMEs, Entrepreneurship, Brüssel.

– (Hrsg.) (2007b): Verringerung der Verwaltungslasten, Ref.IP/07/294, Brüssel, 07.03.07.

Frick, F. / *Brinkmann*, H. / *Ernst*, T. (2005): Das Standard-Kosten-Modell. Ein neuer Ansatz für effektiven Bürokratieabbau, in: Empter, St. / Frick, F. / Vehrkamp, R. (Hrsg.): Auf dem Weg zu moderner Regulierung, Gütersloh.

Fuchs, M. (2005): Arbeitsbericht Arbeitsgruppe Bürokratieabbau, Berlin.

Fueglistaller, U. / *Schliesser*, J. / *Federer*, S. (2007): Administrative Belastung von Kleinunternehmen – Analyse, Herausforderungen und Chancen, St. Gallen.

Hunkeler, U. (1985): Zur Belastung der Klein- und Mittelbetriebe durch staatliche Regelungen, Dissertation, St. Gallen.

IfM – Institut für Mittelstandsforschung (Hrsg.) (2006): Stellungnahme an den Deutschen Bundestag zu den Themen der öffentlichen Anhörung am 29. Mai, Bonn.

Israel, S. (2007): Gladiator Stoiber bekämpft jetzt die EU-Bürokratie, in: NZZ am Sonntag, 16.9.07, S. 7.

Karpen, U. (2006): Wachhund, in: Frankfurter Allgemeine Zeitung, 11.7.06, S. 19.

Kommission der Europäischen Gemeinschaften (Hrsg.) (2005): Umsetzung des Lissabon-Programms der Gemeinschaft, Mitteilung, Brüssel, 10.11.05.

– (Hrsg.) (2007): Modelle zur Reduktion der überproportionalen Belastung kleiner Unternehmen durch öffentliche Regulierung, Brüssel, 30.05.07.

Mises, L. von (1997): Bürokratie, Sankt Augustin.

Mugler, J. (1987): Der Beitrag der EDV zur Informationsbewältigung in KMU, in: IGA – Internationales Gewerbearchiv, S. 1–11.

Müller, Chr. A. (1998): Administrative Belastung von KMU im interkantonalen und internationalen Vergleich, Bern.

Nijsen, A. (2006): Kein Kampf gegen Windmühlen, in: InnovatorsClub (Hrsg.): TIC-Trendletter, 5, S. 14–16.

Nijsen, A. / *Frick*, F. (2006): Das Standard-Kosten-Modell. Anwendung in den Niederlanden, in: Bertelsmann Stiftung (Hrsg.): Agenda Moderne Regulierung, Gütersloh.

OECD (ed.) (2001): Businesses' View on Red Tape. Administrative and Regulatory Burdens on Small and Medium-sized Enterprises, Paris.

– (ed.) (2006): Cutting Red Tape: National Strategies for Administration Simplification, Paris.

Österreichische Bundesregierung (Hrsg.) (2007): Verwaltungskosten senken für Unternehmen, Wien.

Polke-Majewski, K. (2006a): Licht im Dschungel, in: Die Zeit-online, 04.01.06.

– (2006b): Die Anti-Regulierer, in: Die Zeit-online, 13.09.06.

Rall, L. / *Wied-Nebbeling*, S. (1975): Die Belastung der gewerblichen Wirtschaft durch Gesetzgebung und Verwaltungsmaßnahmen seit 1968, Tübingen.

Rösener, A. / *Precht*, C. / *Damkowski*, W. (2007): Bürokratiekosten messen – aber wie?, Berlin.

Schorn, M. (2006): Ein Konzept zur Bürokratiekostenfolgenabschätzung, 2. Auflage, Köln.

Schweizerischer Bundesrat (Hrsg.) (2006): Vereinfachung des unternehmerischen Alltags. Maßnahmen zur administrativen Entlastung und Erleichterung der Regulierung, Bern.

– (Hrsg.) (2007): Verordnung über die Koordination der Politik des Bundes zugunsten der kleinen und mittleren Unternehmen, Bern.

SGV – Schweizerischer Gewerbeverband (Hrsg.) (2004): Administrative Entlastung der KMU, Bern.

U.S. Small Business Administration (eds.) (1980): Background and Summary Statement of the Advocacy Paperwork Measurement and Reduction Project, Washington DC.

Verheugen, G. (2007): Die KMU in der Lissabon-Strategie für Wachstum und Beschäftigung, Vortragsmanuskript, Berlin, S. 12.

Weber, M. (1999): Wirtschaft und Gesellschaft, Berlin.

Finanzierungssituation von österreichischen KMU: Aktuelle Aspekte der Kapitalbeschaffung

Von *Anton Schmoll* und *Herta Wanzenböck*, Wien

Aufgrund zahlreicher gesetzlicher Maßnahmen entstanden für österreichische Klein- und Mittelbetriebe in der jüngsten Vergangenheit geänderte Bedingungen am Kapitalbeschaffungsmarkt. Der nachfolgende Beitrag soll ein Schlaglicht auf drei ausgewählte Bereiche werfen, welche durch Änderungen des Bankenrechts, des Börserechts und des Steuerrechts bewirkt wurden. In diesen drei Bereichen wurden die größenmäßigen Nachteile der KMU berücksichtigt und in allen drei Bereichen eröffnen sich neue Gestaltungspotentiale, die für KMU von Vorteil sein können, sofern sie diese nutzen.

I. Die Finanzierungssituation in Klein- und Mittelbetrieben

Grundsätzlich lassen sich zwei Möglichkeiten der Unternehmensfinanzierung unterscheiden: die Innenfinanzierung und die Außenfinanzierung. Letztere kann in Form von Eigen- oder Fremdkapital erfolgen.

Der Bereich der *Innenfinanzierung* ist dadurch geprägt, dass die dazu erforderlichen Mittel aus dem betrieblichen Umsatzprozess stammen. Hier wieder ist die *Selbstfinanzierung*, also die Einbehaltung von Gewinnen für viele KMU die Quelle langfristigen Kapitals schlechthin. Selbstverständlich hängt die Kraft zur Selbstfinanzierung eines Unternehmens vor allem von der Gewinnsituation ab, die ihrerseits wiederum von der jeweils geltenden Steuergesetzgebung beeinflusst wird. Die weiteren Möglichkeiten der Selbstfinanzierung über Abschreibungen oder durch Bildung von Rückstellungen spielen bei den KMU – im Gegensatz zu den Großbetrieben – nur eine eher bescheidene Rolle.

Die Auswahl der für die *Außenfinanzierung* in Frage kommenden Möglichkeiten ist gerade für Klein- und Mittelbetriebe eher eingeschränkt. Eine Finanzierung über die Börse kann auf Grund der geringen Größe der Unternehmen in den überwiegenden Fällen ausgeschlossen werden. Meist erfolgt die Kapitalaufstockung aus eigenen privaten Mitteln oder über die Aufnahme von Gesellschaftern. Durch die bereits über viele Jahre beobachtbare und nach wie vor anhaltende Eigenkapitalschwäche bei Klein- und Mittelbetrieben kommt der *Fremdfinanzierung* in der Praxis eine weitaus größere Bedeutung zu als der Eigenfinanzierung.

Die typische *Kapitalstruktur* eines österreichischen Unternehmens weist daher auch eine sehr hohe Fremdkapitalquote auf. Der Anteil der Bankverbindlichkeiten ist zwar in den letzten Jahren etwas rückläufig, hat aber mit rd. 65 % aller in Anspruch genommenen Finanzierungsformen noch immer einen überdurchschnittlich hohen Stellenwert.

Es ist daher nicht verwunderlich, dass die österreichischen Klein- und Mittelbetriebe im Vergleich mit anderen EU-Staaten ein Defizit in der Eigenkapitalausstattung aufweisen. Nur die KMU in Deutschland, die eine ähnliche Finanzierungsstruktur wie österreichische Betriebe haben, besitzen vergleichbar niedrige Eigenkapitalquoten.

Tabelle 1: Eigenkapitalquoten von KMU im internationalen Vergleich

Größe nach Umsatz	**Österreich**	**Belgien**	**Frankreich**	**Deutschland**	**Italien**	**Portugal**	**Spanien**
€ < 7 Mio.	13 %	40 %	34 %	14 %	26 %	31 %	42 %
€ 7–40 Mio.	27 %	38 %	35 %	22 %	25 %	40 %	43 %
€ > 40 Mio.	31 %	39 %	35 %	31 %	28 %	51 %	37 %
Alle Größen	28 %	39 %	35 %	30 %	27 %	42 %	38 %

Quelle: Europäische Kommission, 2001

Betrachtet man nun den Zusammenhang zwischen der Ausstattung eines Unternehmens mit Eigenkapital und der Unternehmensgröße (gemessen am Jahresumsatz), lässt sich unschwer feststellen, dass der Mangel an Eigenkapital umso stärker zu Tage tritt, je kleiner das Unternehmen ist. Um die entstehende Finanzierungslücke zu schließen, sind die Unternehmen gezwungen, Fremdmittel in Anspruch zu nehmen. Diese werden – neben Lieferantenkrediten – zum überwiegenden Teil von Banken aufgebracht.

Abbildung 1 ist zu entnehmen, dass Unternehmen mit weniger als € 300.000 Jahresumsatz in mehr als der Hälfte der Fälle ein negatives Eigenkapital, also ein Fehlkapital, aufweisen. Daher ist auch die durchschnittliche Eigenkapitalquote dieses Unternehmenssegmentes eher gering.

Nunmehr wurden durch *Basel II* die Spielregeln zur Vergabe der Bankfinanzierung verändert. Dies trifft jene Länder am stärksten, deren Unternehmen die höchsten Bankfinanzierungsquoten aufweisen. Das Spannungsfeld der geringen Eigenmittelausstattung einerseits verbunden mit dem bisherigen hohen Stellenwert der Kreditfinanzierung andererseits ergibt für die österreichischen KMU einen dementsprechenden Handlungsbedarf.

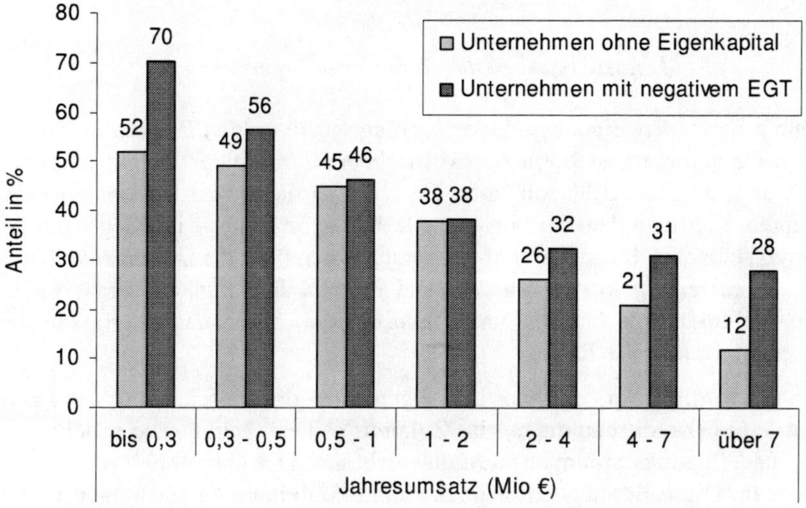

Quelle: KMU Forschung Austria, 2006 – Jahresabschlüsse 2004/2005, Sparte 1–7, 68.019 Betriebe

Abbildung 1: Eigenkapitalsituation österreichischer KMU

Absicht dieses Beitrages ist es, Handlungsalternativen vor dem Hintergrund der in der jüngeren Vergangenheit speziell für KMU geschaffenen rechtlichen Rahmenbedingungen sowohl hinsichtlich der Fremdkapital- als auch hinsichtlich der Eigenkapitalbeschaffung darzustellen. Zuerst wird auf die neuen Herausforderungen bei der Fremd- und erst im zweiten Schritt auf ausgewählte Entwicklungen bei der Eigenkapitalbeschaffung eingegangen.

II. Neue Herausforderungen bei der Fremdkapitalbeschaffung

Im Bereich der Fremdkapitalbeschaffung ergeben sich die neuen Herausforderungen in erster Linie durch die seit 1.1.2007 in Kraft getretenen Änderungen im österreichischen Bankwesen, die aufgrund der EU-Richtlinie Basel II erfolgten. Diese Änderungen regeln die Mindesteigenkapitalerfordernisse der Banken neu. Die Eigenkapitalsituation der Bankkunden wirkt sich nunmehr direkt auf die Mindesteigenkapitalerfordernisse der Banken und damit auf deren Kostenstruktur aus. Hier sollen die daraus resultierenden rechtlichen Handlungsoptionen für Banken nicht näher analysiert werden. Aus betriebswirtschaftlicher Sicht ist davon auszugehen, dass die Banken langfristig die kostenminimierenden Alternativen wählen werden. Diese stellen höhere Ansprüche an die bankinterne Bewertung einzelner Kundenbeziehungen als bisher.

1. Auswirkungen des Ratings für Unternehmen

Durch die neuen Eigenkapitalvorschriften wird von den Banken in Zukunft noch mehr gefordert, sich ein nachvollziehbares, transparentes, gut dokumentiertes und aktuelles Bild von ihren Geschäftspartnern, und hier insbesondere von ihren Kreditkunden, zu besorgen. Dabei wird heute – im Gegensatz zur früheren statischen Substanzwertbetrachtung – verstärkt die *dynamische Unternehmensbeurteilung* in den Vordergrund gestellt. Die Banken versuchen dadurch, die zukünftige *Ertrags- und Finanzkraft* noch genauer zu erfassen. Das Instrument dazu ist das Rating.

Unter *„Rating"* versteht man im Allgemeinen die Einschätzung der Fähigkeiten eines Kreditschuldners, in Zukunft seinen Zahlungsverpflichtungen (Zins- und Tilgungszahlungen) termingerecht und in voller Höhe nachkommen zu können. Diese Bonitätseinschätzung kann von einem unabhängigen Dritten stammen, wie beispielsweise einer anerkannten internationalen Ratingagentur. Die Bank kann aber auch interne Verfahren zum Rating ihrer Kunden heranziehen, d. h. selbst eine Bonitätseinstufung vornehmen.

Die von den Banken verwendeten Ratingsysteme bestehen üblicherweise aus zwei Teilbereichen:

1. Quantitative Kriterien (Hard Facts);
2. Qualitative Kriterien (Soft Facts).

Die Analyse des Jahresabschlusses bildet den Kern der *„Hard Facts"*. Aus der Bilanz und der Gewinn- und Verlustrechnung werden bestimmte, institutsspezifische Kennzahlen errechnet. Diese aus der so genannten *Bilanzanalyse* stammenden Ziffern werden unter Verwendung statistischer Verfahren zu einem Bilanzbonitätsindikator verdichtet, mit dem das zukünftige Insolvenzrisiko des gerateten Unternehmens prognostiziert werden soll. Dieser Wert fließt dann in das Rating ein. Ein für die Banken wichtiges weiteres quantitatives Kriterium bildet die *Kontendatenanalyse*. Wie bei der Bilanzanalyse werden die bisherigen Erfahrungen mit dem Kunden, insbesondere sein Zahlungsverhalten überprüft. Auch die daraus gewonnene Kennziffer fließt in das Rating ein.

Die quantitativen Kriterien befassen sich mit Ziffern und Zahlen. Ein wesentlicher Faktor in der Risikobeurteilung sind jedoch auch die qualitativen *„Soft Facts"*. Sie beinhalten die individuellen Stärken und Schwächen eines Unternehmens und lassen sich zunächst nur schwer in Zahlen ausdrücken. So sind es beispielsweise Kriterien wie Managementfähigkeiten, Markt- und Branchenentwicklung, Produkt- und Dienstleistungsqualität u.ä., die auf Grund ihrer stark qualitativen Ausprägungen zu den so genannten „Soft Facts" gezählt werden. Um ein dementsprechendes *unternehmensbezogenes Risikoprofil* erarbeiten zu können, werden in der Praxis strukturierte Fragebögen verwendet.

Aufgrund der Richtlinien zu Basel II ergibt sich eine differenziertere Kalkulation, die sich am konkreten Risiko des betreffenden Unternehmens orientiert. Durch die neuen Ratingmethoden lassen sich nun die erwarteten Verluste aus dem Kreditgeschäft exakter bestimmen und auf die einzelnen Kunden risikogerechter zuordnen. Die dazu errechneten Ausfallswahrscheinlichkeiten finden also über das Rating in der Folge auch in die Bepreisung eines Kredites Eingang. Dies bedeutet ganz konkret: Je schlechter ein Rating ausfällt, desto mehr Eigenkapital der Bank wird gebunden und desto höher werden die Kreditzinsen für den Kunden. Der *Stellenwert* des durch Basel II geforderten Ratings kann somit wie folgt zusammengefasst werden:

- Das Rating ist die Grundlage für die Kreditentscheidung und für das bankinterne Risikomanagement.
- Das Rating ist ausschlaggebend für die Höhe der Eigenkapitalunterlegung der Banken und beeinflusst dadurch die Höhe der Kreditkosten.
- Das Rating ist die Basis für die Konditionengestaltung.
- Das Rating wird zu einem wesentlichen Bestandteil der Geschäftsbeziehung zwischen Unternehmen und Bank werden.

2. Der Ratingdialog

Der Ratingprozess ist kein Vorgang, der unabhängig vom Unternehmer erfolgt. Ein sinnvolles Ergebnis kann nur in einem engen Dialog mit dem Firmenkundenbetreuer der Bank erfolgen. Offenheit, Transparenz und Vertrauen auf beiden Seiten sind dafür die unabdingbaren Voraussetzungen. Nur wenn Unternehmer und Betreuer offen miteinander kommunizieren, entsteht ein Nutzen für alle Beteiligten.

Die Ratingermittlung lediglich für die Konditionenfestsetzung zu sehen, wäre eine verkürzte Betrachtungsweise. Vielmehr ist sie ein aussagekräftiges Urteil über die Stärken und Schwächen eines Unternehmens. Der Unternehmer soll die für ihn wesentlichen Informationen erhalten und erfahren, wie die Bank zu dem Ratingergebnis gekommen ist.

Rating ist somit die Aufforderung zum Dialog über die Stärken und Schwächen eines Unternehmens. Unter diesem Aspekt handelt es sich beim Ratingdialog um eine betriebswirtschaftliche Standortbestimmung („Business

Check“). Damit erhält der Unternehmer die Chance, betriebliche Verlustquellen bzw. Risikopotentiale zu entdecken. Diese Analyse schafft die Voraussetzung, um kritischen Entwicklungen rechtzeitig entgegenzusteuern und Verbesserungsmaßnahmen zu ergreifen. Das Rating soll somit einen Beitrag leisten, die Unternehmensführung und damit die Wettbewerbsstärke insgesamt zu verbessern. Dadurch kommt es auch zu einer Ratingverbesserung.

3. Ansätze zur Bonitätsverbesserung

a) Von der Kreditvergabe zum „Financial Engineering“

Der Ratingdialog bietet eine ideale Chance, die bestehende Finanzierungsstruktur eines Unternehmens zu durchleuchten und zu optimieren. Diese ist unter anderem von der Branche, der Unternehmensgröße, der Lebensphase des Unternehmens usw. abhängig.

Gerade im Firmenkundengeschäft gibt es keine „Fertigprodukte von der Stange“. Gefragt sind vielmehr umfassende und individuelle Finanzierungslösungen. Dieser Trend zu beratungsintensiven Finanzdienstleistungen führte zu neuen Geschäftsfeldern, die unter den Begriffen „Financial Engineering“, „Corporate Finance“ oder „Integrated Corporate Finance“ zusammengefasst werden. Aus diesem breiten Feld sollen hier einige Beispiele herausgegriffen werden, die besonders für mittelständische Unternehmen von Bedeutung sind:

- *Verbesserungen der Eigenkapitalausstattung*: Bei allen Ratingsystemen der Banken kommt der Eigenkapitalausstattung eines Unternehmens ein sehr wesentlicher Stellenwert zu. Um den neuen Bonitätsanforderungen zu entsprechen, sind viele Unternehmer gezwungen, ihre Eigenkapitaldecke nachhaltig zu verbessern. Auf die Vielzahl der Möglichkeiten, Eigenkapital zu beschaffen, soll hier nicht weiter eingegangen werden, da dies den Rahmen dieser Publikation sprengen würde. Vielmehr sollen unter Punkt 3 zwei in Österreich relativ „neue“ Formen der Eigenkapitalbeschaffung behandelt werden.
- *Alternative Finanzierungsformen*: Heute ist der Bankkredit für den Mittelstand nach wie vor die wichtigste Quelle der Fremdfinanzierung. Unter dem Blickwinkel „Basel II“ ist die Zeit gekommen, dem Firmenkunden verstärkt Finanzierungsalternativen anzubieten, die die Liquidität des Unternehmens schonen bzw. die Bilanzstruktur verbessern. Derartige alternative Finanzierungsformen sind beispielsweise Leasing, Factoring oder Mezzaninfinanzierung.

- *Finanzierungsförderungen*: Erleichterungen bei der Kreditfinanzierung bieten die öffentlichen Finanzierungshilfen in Form von Sonderkrediten und Förderungsaktionen. Durch die Erarbeitung eines betriebsindividuellen „Förderungs-Mix" können die Finanzierungskosten erheblich reduziert werden. Auf der anderen Seite kann die Haftungsübernahme durch eine Förderinstitution zu Konditionenverbesserungen führen. Angesichts der nahezu unüberschaubaren Vielfalt der öffentlichen Fördermittel (z. B. EU-Förderungen, Bundesförderungen, Förderungen der Länder) besteht oftmals ein Informationsdefizit bei mittelständischen Unternehmen. Hier sind die Kreditinstitute aufgefordert, derartige Aktionen aktiv in ihre Finanzierungsberatung zu integrieren.

b) Aktives Liquiditätsmanagement

Die Bonität eines Unternehmens wird maßgeblich von seiner Liquidität beeinflusst. Die Sicherstellung der Liquidität sowie eine laufende Liquiditätsplanung ist eines der obersten Gebote einer kaufmännischen Unternehmensführung. Der für die Liquidität notwendige Geldfluss stammt in erster Linie aus den Debitoren. Forderungseingänge stellen meist die Haupteinnahmequelle der Unternehmen dar. Jede Störung dieses Geldkreislaufes bedeutet somit eine Verschlechterung der eigenen Zahlungsfähigkeit.

Ein *professionelles Debitorenmanagement* zielt daher darauf ab, die Einnahmen zu beschleunigen. Maßnahmen, wie zum Beispiel ein möglichst rasches Erstellen von Schlussrechnungen oder die Gewährung von Zahlungsanreizen, schaffen bereits wesentliche Verbesserungen.

In den Lager- und Warenbeständen ist bei manchen Betrieben oftmals viel Kapital gebunden. Nur eine *gut organisierte Lagerbewirtschaftung* gibt die Sicherheit, nicht auf „Ladenhütern" sitzen zu bleiben. Sie dient aber auch dazu, den Bestand an Roh-, Hilfs- und Betriebsstoffen zu optimieren. Eine gezielte Reduzierung der Lagerbestände (z. B. durch Erhöhung der Durchlaufgeschwindigkeit) bewirkt eine spürbare Verbesserung der Liquidität. In diesem Zusammenhang sollte auch der Wareneinkauf kritisch hinterfragt werden. Änderungen im Bestellrhythmus oder bei den Bestellmengen können ebenfalls zu Liquiditätsvorteilen führen.

c) Integrierte Finanz- und Ertragsplanung

Es ist nahe liegend, dass man im Rahmen des Ratingdialogs ausführlich auf die *aktuelle finanzielle Situation* des Unternehmens zu sprechen kommt. In diesem Zusammenhang sind die derzeitige Liquidität, freie Kreditlinien, bestehende Kreditverpflichtungen usw. ebenso von Interesse wie zukünftige Projekte und Vorhaben. Im Vordergrund stehen daher die weiteren *Planungen* und eventuelle *Investitionsvorhaben.*

Gerade bei mittelständischen Unternehmen bedeuten betriebliche Investitionen manchmal erhebliche Veränderungen und meist auch spürbare finanzielle Belastungen. Fehler bei der Investitions- und Finanzplanung haben meist schwer wiegende Auswirkungen, die unter Umständen sogar zu einer Existenzgefährdung führen können.

Für eine integrierte Erfolgs- und Finanzvorschau bieten manche Kreditinstitute eigene Beratungsprogramme an. Mit diesen Angeboten soll dem Unternehmer ein Werkzeug zur Verfügung gestellt werden, das ihm zu einer finanzwirtschaftlichen Transparenz und zu einem praktikablen Finanzmanagement verhilft.

d) Bilanzstrukturmanagement

Die Bilanzierungspraxis der meisten mittelständischen Unternehmen ist heute vom Grundsatz der Steuerersparnis geprägt. Das Rating wird hier allerdings ein Umdenken im gesamtheitlichen Bilanzierungsprozess erforderlich machen, denn die Bilanz wird in Zukunft immer mehr zur „*Visitenkarte des Unternehmens*". Das bedeutet: An Stelle einer *steuerschonenden Bilanzierung* muss zukünftig eine *ratingorientierte (bonitätsorientierte) Bilanzierung* treten.

Es bleibt allein der unternehmerischen Entscheidung vorbehalten, ob und ab wann diese nicht nur rational, sondern auch emotional schwierige Umstellung des Bilanzierungsprozesses begonnen wird. Die Umstellung der Bilanzpolitik ist sicher ein mehrjährig andauernder Prozess, der nur unter Mithilfe des Steuerberaters erfolgen kann.

e) Positive Gestaltung der Kunde-Bank-Beziehung

An anderer Stelle wurde bereits betont, dass durch den Ratingprozess die Kunde-Bank-Beziehung eine neue Qualität erhalten soll. Dabei geht es im Wesentlichen um folgende Verbesserungsansätze:

– *Aktive Informationspolitik*: Nicht alle mittelständischen Unternehmer gewähren ihrer Bank heute einen vollen Einblick in das Zahlenwerk und in ihre Unternehmenspläne. Hier wird in Zukunft vor allem bei kleineren Betrieben ein Umdenken erforderlich sein. Für die Erstellung eines Ratings werden von einem Betrieb umfassende Dokumentationen über die aktuelle wirtschaftliche Situation sowie Informationen über strategische Pläne benötigt. Mehr als bisher werden daher mittelständische Unternehmer auf ein „aktives Kreditbeschaffungsmarketing" sowie auf eine positive Außendarstellung ihres Unternehmens achten müssen.

– *Aktuelle Unterlagen*: In einer dynamischen Zeit können sich wirtschaftliche Sachverhalte manchmal rasch ändern. Daher müssen die für das Rating benötigten Dokumentationen stets auf aktuellem Stand sein. Zeitnahe Unterlagen spielen für den Ratingprozess eine wichtige Rolle.

– *Kontoführung*: Die Umsätze am Konto lassen bereits erste Rückschlüsse auf die wirtschaftliche Situation eines Unternehmens zu. Daher sollte der Unternehmer auf ein entsprechendes Verhältnis zwischen Firmenumsatz und Habenumsatz bei der Bank achten.

III. Neue Möglichkeiten bei der Eigenkapitalbeschaffung in Österreich

Eine der Handlungsalternativen für KMU, den neuen Herausforderungen, welche aus Basel II resultieren, gerecht zu werden, ist die Erhöhung des Eigenkapitalanteils. In diesem Zusammenhang sind aus österreichischer Sicht zwei aktuelle Entwicklungen erwähnenswert: Zum einen wurde eine eigene Börse für KMU geschaffen, zum anderen werden die rechtlichen Rahmenbedingungen für die Mittelstandsfinanzierungsgesellschaften neu überdacht.

1. Bestandsaufnahme der „neuen" KMU-Börse

Mitte Juni 2007 startete die Wiener Börse mit dem so genannten *„mid market"*, einem neuen Segment vor allem für kleinere und mittlere Unternehmen mit einem geringeren Kapitalbedarf. Primäres Ziel der KMU-Börse ist es, die Unternehmen an den Kapitalmarkt heranzuführen. Die Unternehmen sollen mittelfristig in den prime market aufsteigen. Innerhalb des neuen Segments können sich die Unternehmen zwischen einem Listing im geregelten oder im ungeregelten Markt entscheiden. Jedes Unternehmen, das sich in den mid market aufnehmen lassen will, ist verpflichtet, einen Capital Market Coach (in der Folge mit „CMC" abgekürzt) zu ernennen. Der CMC stellt die grundsätzliche Eignung des Unternehmens für den mid market fest und steht dem Unternehmen unterstützend zur Seite.

Die *CMCs* an der Wiener Börse müssen über vertiefte Branchenkenntnis und Erfahrungen im Bereich der Kapitalmarkt-, Börsen- und Unternehmensbewertung verfügen, Referenzen über bereits erfolgreich durchgeführte IPOs aufweisen und auch die Fähigkeit und Absicht zur Nachbetreuung haben. Ihre Kernaufgaben sind:

- die Feststellung der grundsätzlichen Börsefähigkeit,
- die Beratung des Unternehmens im IPO-Prozess,
- die Unterstützung beim Zulassungsverfahren,
- die Beratung des Unternehmens und die Unterstützung in der Umsetzung bei der Veröffentlichung der vorgeschriebenen Folgepflichten,
- ein jährliches Feedback-Gespräch im Bezug auf die Kapitalmarktentwicklung und
- die Betreuung in der Auktion (Lininger/Dorfmeister, 2007; Wiener Börse online, 2007b; 2007c).

Die *Kriterien für die Aufnahme* in den mid market tragen der Vielfalt der Unternehmen mit einem geringeren Finanzierungsbedarf Rechnung und verzichten daher auf die Vorschreibung bestimmter Größenkriterien. Konkret wird keine Mindestbestimmung hinsichtlich des Emissionsvolumens oder der Mindestkapitalisierung im Streubesitz festgelegt. Das Unternehmen muss seinen Jahresabschluss, Halbjahresberichte und seinen Unternehmenskalender veröffentlichen. Bei einer Notiz im ungeregelten dritten Markt steht es dem Unternehmen offen, weiterhin nach nationalen Rechnungslegungsvorschriften zu bilanzieren und durch den Verzicht auf die Umstellung der Rechnungslegung auf IFRS Zeit und Kosten zu sparen.

Bei den Zulassungsvoraussetzungen hat die Wiener Börse bewusst keine Einschränkungen vorgenommen. In jedem Fall gelten die rechtlichen Voraussetzungen hinsichtlich der Zulassung und Folgepflichten gemäß Börsegesetz. Als Zulassungsdokument muss im geregelten Markt und bei einem öffentlichen Angebot im ungeregelten Markt ein von der Finanzmarktaufsicht gebilligter Prospekt eingereicht werden. Die nachfolgende Tabelle soll die Kriterien für die Aufnahme in den mid market und die Folgepflichten darstellen.

Aus betriebswirtschaftlicher Sicht dürfte die Eignung der KMU-Börse als Kapitalbeschaffungsmarkt aufgrund der zu erfüllenden Aufnahmekriterien und der Folgeverpflichtungen dennoch wohl eher für Mittel- und weniger für Kleinunternehmen gegeben sein. Dies spiegelt sich auch in der Anzahl der im mid-market der Wiener Börse notierenden Gesellschaften wieder. Zum 10.10.2007 waren dies nur 3 Gesellschaften (Wiener Börse online, 2007a). Insgesamt stellt die Einrichtung der KMU-Börse dennoch eine positive Ergänzung des österreichischen Kapitalmarktes dar.

Tabelle 2: Kriterien für die Aufnahme in den mid market sowie Folgepflichten

	Geregelter Markt (Amtlicher Handel, Geregelter Freiverkehr)	**Ungeregelter Markt (Dritter Markt)**
Mindestkapitalisierung des Streubesitzes	Kein Mindesterfordernis	Kein Mindesterfordernis
Aktiengattung	Nur Stammaktien	Nur Stammaktien
Mindestdauer des Bestehens des Unternehmens	Amtlicher Handel: 3 Jahre Geregelter Freiverk.: 1 Jahr	1 Jahr
Emissionsbegleiter	Capital Market Coach (CMC)	Capital Market Coach (CMC)
Jahresabschluss	Veröffentlichung innerhalb von vier Monaten nach Ablauf des Berichtszeitraumes	Veröffentlichung innerhalb von fünf Monaten nach Ablauf des Berichtszeitraumes
Halbjahresberichte	Veröffentlichung innerhalb von zwei Monaten nach Ende des ersten Halbjahres	Veröffentlichung innerhalb von drei Monaten nach Ende des ersten Halbjahres
Zwischenmitteilungen (für das 1. und 3. Quartal)	Ja	Nein
Unternehmenskalender	Veröffentlichung eines Unternehmenskalenders	Veröffentlichung eines Unternehmenskalenders
Rechnungslegungsstandard	IFRS	Nationale Rechnungslegungsstandards oder IFRS
Sprache	Deutsch	Deutsch oder Englisch
Pflicht zur Bekanntgabe von kursrelevanten Informationen	Ja	Ja

Quelle: Wiener Börse online, 2007d

2. Förderung durch steuerliche Begünstigung von Mittelstandsfinanzierungsgesellschaften

Die *Mittelstandsfinanzierungsgesellschaften* stellen eine Form der steuerbegünstigten Beteiligungsfinanzierung dar, die in erster Linie jene Unternehmen mit Kapital versorgen sollen, die von der Kapitalaufbringung im Wege der Börse praktisch ausgeschlossen sind. Die Mittelstandsfinanzierungsgesellschaft nach derzeitiger Rechtslage ist in einer 6-jährigen Anlaufphase (Gründungsjahr und 5 weitere Jahre) zur Gänze und in der Folge hinsichtlich des auf den Finanzierungsbereich (das eigentliche Beteiligungsgeschäft) entfallenden Einkommensteiles von der unbeschränkten Steuerpflicht ausgenommen, solange sie die Voraussetzungen des § 6b KStG 1988 erfüllt. Gemäß § 21 Abs. 2 Z 3 KStG 1988 besteht im 5-jährigen Anlaufzeitraum auch eine Befreiung von der beschränkten Steuerpflicht hinsichtlich der im Veranlagungsbereich aus Geldeinlagen und sonstigen Forderungen gegenüber Kreditinstituten sowie aus Forderungswertpapieren erzielten Einkünfte. Die Ausschüttungen der Mittelstandsfinanzierungsgesellschaft an ihre Gesellschafter (Aktionäre und Substanzgenussberechtigte) sind bei natürlichen Personen von der Einkommensteuer nach Maßgabe des § 27 EStG im Wege der Steuererstattung bis zu einem Beteiligungsnennwert von € 25.000 freigestellt. Bei Körperschaften fallen sie unter die Beteiligungsertragsbefreiung des § 10 KStG 1988. Daneben bestehen Sonderregelungen für Verkehrsteuern in der Form, dass die Ausgabe von Aktien und Genussrechten durch Mittelstandsfinanzierungsgesellschaften selbst von der Gesellschaftsteuer und der Erwerb von Beteiligungen im Finanzierungsbereich durch die Gesellschaft von Stempel- und Rechtsgebühren und der Kapitalertragsteuer befreit sind.

Aufgrund europarechtlicher Bedenken wurde im Budgetbegleitgesetz 2007 normiert, dass die Befreiungsbestimmung des § 6b KStG 1988 auf ab 31. Dezember 2007 neu gegründete Mittelstandsfinanzierungsgesellschaften nicht mehr angewendet werden darf. Mangels des Zugangs zu Börsekapital besteht für Österreichs kleine und mittlere Unternehmen aber nach wie vor eine „Finanzierungslücke“. Die niedrigen Eigenkapitalquoten kleiner und mittlerer Unternehmen spiegeln das Marktversagen in diesem Bereich wider. Durch eine europarechtskonforme Neuregelung des § 6b KStG 1988 soll diesem Umstand Rechnung getragen werden. Die Neuregelungen und die Erläuterungen beziehen sich im Wesentlichen auf die Anpassung an die Leitlinien für staatliche Beihilfen zur Förderung für Risikokapitalinvestitionen in KMU der Kommission. Der nunmehr vorgelegte *Entwurf für die Änderungen* im EStG 1988 und im KStG 1988 enthält folgende Vorschläge:

- Die Steuerfreiheit der Mittelstandsfinanzierungsgesellschaften soll generell auf den Finanzierungsbereich i. S. d. § 6b KStG eingeschränkt werden. Damit soll das Ziel der Leitlinie, die Überförderung zu vermeiden, erreicht werden.
- Das bisherige Erfordernis der Gründerschaft durch Kreditunternehmen soll wegfallen, was eine wesentliche Erleichterung darstellt.
- Mittelstandsfinanzierungsgesellschaften sollen sowohl in der Rechtsform der Aktiengesellschaft als auch in der kostengünstigeren Rechtsform der Gesellschaft mbH gegründet werden können.

- Die Beschränkung auf inländische Beteiligungen soll wegfallen, da dies aus gemeinschaftsrechtlichen Gründen nicht zulässig ist. Die Mindestbeteiligung privater Investoren von 50 % des Gesellschaftskapitals soll durch eine Beschränkung des Anteils der öffentlichen Hand auf 50 % erreicht werden.

Die volkswirtschaftlichen *Auswirkungen* der Neufassung des Mittelstandsfinanzierungsgesellschaften-Gesetzes 2007 bestehen darin, dass durch die Schaffung einer EU-konformen Regelung Österreich seine Attraktivität als Standort für KMU bzw. für deren Finanzierungsgesellschaften verbessern kann, wovon man sich Wirtschaftswachstum und Förderung der Beschäftigung erwartet. Es werden per Saldo durch die vorgeschlagenen Maßnahmen in den einzelnen Abgabengesetzen keine finanziellen Folgekosten erwartet, auch sollte durch die Neuregelung kein zusätzliches Abgabenaufkommen entstehen.

Aus betriebswirtschaftlicher Sicht der betroffenen Unternehmen ist zu begrüßen, dass zumindest gemäß dem vorgelegten Entwurf der Neufassung des Mittelstandfinanzierungs-Gesetzes 2007

- die Begünstigungen für Mittelstandsfinanzierungsgesellschaften im Wesentlichen bestehen bleiben,
- die frühere Diskriminierung von ausländischen Beteiligungen entfällt,
- eine akzeptable Übergangsregelung für vor dem 31.12.2007 gegründete Mittelstandsfinanzierungsgesellschaften geschaffen wurde,
- zumindest keine zusätzlichen Auswirkungen auf die Informationsverpflichtungen der Unternehmen entstehen.

Als Kritikpunkt ist nach Meinung der Autoren die betragsmäßige Beschränkung für einzelne Investments zu sehen, die sich sowohl in der Gründungs- als auch in Wachstumsphasen hemmend auswirken wird. Dennoch stellen die Mittelstandsfinanzierungsgesellschaften nach wie vor eine attraktive Variante für die Erlangung von Venture Capital dar, deren Stellenwert durch die Verteidigung gegenüber europarechtlicher Bedenken weiter gestiegen ist. Derzeit gibt es mehr als 30 Mittelstandsfinanzierungsgesellschaften in Österreich (BMF online, 2007).

IV. Schlussfolgerungen

Durch Basel II wurde die Rolle der *Banken als Berater der KMU* verstärkt. Die Banken übernehmen im ohnehin häufig kritisierten Informationssystem der KMU eine wichtigere Rolle als zuvor. Die Nutzung einer betriebswirtschaftlichen Standortbestimmung sowie des durch den Ratingdialog gegebenen Einsparungspotentials von Fremdkapitalkosten ermöglicht eine Steigerung der Wettbewerbsfähigkeit von KMU.

Die neue *KMU-Börse* stellt eine Bereicherung für den österreichischen Kapitalmarkt dar. Ihre Attraktivität besteht in Erleichterungen beim Marktzugang und bei den laufenden Folgepflichten. Sie schließt eine Lücke insbesondere im Bereich der mittleren Unternehmensgrößen.

Die Einrichtung der *Mittelstandsfinanzierungsgesellschaften* dient der Bereitstellung von Venture Capital insbesondere dort, wo Wachstumschancen bestehen, jedoch der Zugang zum Börsekapital praktisch nicht möglich ist. Mittelstandsfinanzierungsgesellschaften stellen aufgrund von steuerlichen Begünstigungen für den Erwerber einer Beteiligung an einem KMU nach wie vor eine attraktive Möglichkeit für die Bereitstellung von Venture Capital dar. Ein zum Zeitpunkt der Finalisierung der Publikation vorliegender Entwurf für eine Neufassung ab 1.2.2008, die aufgrund von europarechtlichen Bedenken erforderlich ist, behält die steuerlichen Begünstigungen im Wesentlichen bei, bringt administrative Erleichterungen der Gründungen und beendet die Diskriminierung von Auslandsbeteiligungen. Kritisch anzumerken sind betragsmäßige Einschränkungen für einzelne Investments, die sowohl bei Gründungs- als auch bei Wachstumsfinanzierungen unpraktikabel sind.

Literatur

BMF online (2007): http:/www.bmf.gv.at/steuern/fachinformationen/krperschaftsteuer/mittelstandsfinanzierung, 27.09.2007.

Bruckner, B. / *Schmoll*, A. / *Stickler*, R. (Hrsg.) (2003): Basel II. Konsequenzen für das Kreditrisikomanagement, Wien.

Bundesgesetz, mit dem das Einkommensteuergesetz 1988 und das Körperschaftsteuergesetz 1988 geändert werden – Mittelstandsfinanzierungsgesellschaften-Gesetz 2007 (Entwurf, da zum Zeitpunkt der Erstellung des Beitrages noch nicht beschlossen)

Europäische Kommission (ed.) (2001): The European Observatory for SMEs, 6th Report.

KMU Forschung Austria (2006): Bilanzdatenbank.

Lininger, H. / *Dorfmeister*, B. (2007): Wiener Börse startet mit neuem mid market für Klein- und Mittelbetriebe, Statement der Marketingabteilung der Wiener Börse.

Wiener Börse online (2007a): http://www.wienerborse.at/stocks/atx, 10.10.2007.

– (2007b): http://www.wienerborse.at/static/cms/sites/wbag/media/de/pdf/service/publikationen/midmarket.pdf, 05.09.2007.

– (2007c): http://www.wienerborse.at/static/cms/sites/wbag/media/de/pdf/service/publikationen/midmarket.pdf, 05.09.2007.

– (2007d): http://www.wienerborse.at/marketplaceproducts/segmentation/equitymarket/mid_market.html, 10.10.2007.

Autorenverzeichnis

Badelt, Christoph, o.Univ.-Prof. Dr, Wirtschaftsuniversität Wien; seit 2002 Rektor der Wirtschaftsuniversität Wien, seit 2005 Präsident der Österreichischen Rektorenkonferenz, seit 1997 ordentlicher Universitätsprofessor für Wirtschafts- und Sozialpolitik an der WU Wien, davor Gastprofessor an der University of Wisconsin, Madison; Studium, Promotion und Habilitation an der WU Wien. Kontakt: christoph.badelt@wu-wien.ac.at.

Belak, Janko, Univ.-Prof. Dr. Mag. Sc., University of Maribor; Full Professor of management and head of the Institut for Management and Development at the MER Eurocentre; research focus on start-up and developmental solutions for enterprises. Contact: janko.belak@mer-evrocenter.si.

Berger, Gerda, Mag., Wirtschaftsuniversität Wien; Wissenschaftliche Mitarbeiterin und Doktorandin am Forschungsinstitut für Kooperationen und Genossenschaften; Studium der Wirtschaftspädagogik und der Betriebswirtschaft an der WU Wien. Kontakt: gerda.berger@wu-wien.ac.at.

Bornett, Walter, Dr. Mag., KMU Forschung Austria; Direktor seit 2002; langjähriger geschäftsführender Gesellschafter eines Handwerksbetriebes, selbstständiger Managementtrainer und Berater, Vorstandsmitglied der ACR (Austrian Cooperative Research), wissenschaftlicher Leiter der Harreither-Akademie. Kontakt: w.bornett@kmuforschung.ac.at.

Chini, Leo W., Hon.-Prof. Dr., Wirtschaftsuniversität Wien; Honorarprofessor am Institut für BWL der Klein- und Mittelbetriebe, Unternehmer, Herausgeber der Zeitschrift „Aufsichtsrat aktuell“; Studium der Betriebswirtschaft und Promotion an der WU Wien. Kontakt: leo.chini@wu-wien.ac.at.

Dömötör, Rudolf, Mag., Wirtschaftsuniversität Wien; Assistent und Doktorand am Institut für Entrepreneurship und Innovation; Studium der Betriebswirtschaft an der WU Wien. Kontakt: rudolf.doemoetoer@wu-wien.ac.at.

Duh, Mojca, Ass.-Prof. Dr., University of Maribor; Assistant Professor of strategic management, business policy and planning, head of the Department of Strategic Management and Business Policy, member of the research group Global Entrepreneurship Monitor Slovenia and Slovenian Entrepreneurship Observatory; research interests: strategic management, business planning, and particularities of development and management of family businesses. Contact: mojca.duh@uni-mb.si.

Fink, Matthias, Univ.-Ass. Dr., Wirtschaftsuniversität Wien; Universitätsassistent am Institut für BWL der Klein- und Mittelbetriebe, Habilitationsstipendium der Österreichischen Akademie der Wissenschaften (APART-CEE), Vorstand des IMFK – Institut für Managementforschung Köln e.V.; Promotion im Fach Betriebswirtschaftslehre. Kontakt: matthias.fink@wu-wien.ac.at.

Frank, Hermann, a.Univ.-Prof. Dr., Wirtschaftsuniversität Wien; außerordentlicher Universitätsprofessor und stellvertretender Vorstand des Instituts für BWL der Klein- und Mittelbetriebe, Gastprofessuren an den Universitäten Halmstad/Schweden sowie Udine/Italien, Ruf an die Universität Dortmund, erster Listenplatz Universität für Bodenkultur Wien, Mitglied des editorial board von „Entrepreneurship and Regional Development" und „Journal of Small Business and Enterprise Development"; Studium der Betriebswirtschaft, Promotion und Habilitation für das Fach Betriebswirtschaftslehre an der WU Wien. Kontakt: hermann.frank@wu-wien.ac.at.

Franke, Nikolaus, Univ.-Prof. Dr., Wirtschaftsuniversität Wien; Vorstand des Instituts für Entrepreneurship und Innovation, Direktor des TU/WU Entrepreneurship Centers, Akademischer Direktor des MBA in Entrepreneurship and Innovation (Schumpeter Programm), Leiter der User Innovation Research Initiative Vienna und wissenschaftlicher Leiter des jährlichen Wettbewerbs „Top 100 – die 100 innovativsten Unternehmen im Mittelstand"; Studium der Betriebswirtschaft, Promotion und Habilitation für das Fach Betriebswirtschaftslehre an der Ludwig-Maximilians-Universität München. Kontakt: nikolaus.franke@wu-wien.ac.at.

Fueglistaller, Urs, Univ.-Prof. Dr., Universität St. Gallen; außerordentlicher Universitätsprofessor für Unternehmensführung mit besonderer Berücksichtigung der kleinen dynamischen Unternehmen, Geschäftsführender Direktor des Schweizerischen Instituts für Klein- und Mittelunternehmen (KMU-HSG), Academic Director des Center for Family Business der Universität St. Gallen, Co-Editor der Zeitschrift für KMU und Entrepreneurship; Studium der Betriebswirtschaft an der Universität St. Gallen, Promotion an der Technischen Universität Cottbus und Habilitation an der Universität St. Gallen. Kontakt: urs.fueglistaller@unisg.ch.

Gasda, Jörg-Michael, Dipl.-Kfm. (WFI), Universität St. Gallen; Projektleiter und Wissenschaftlicher Mitarbeiter am Schweizerischen Institut für Klein- und Mittelunternehmen (KMU-HSG). Kontakt: joerg-michael.gasda@unisg.ch.

Johannisson, Bengt, Univ.-Prof. Dr., Växjö University; editor of Entrepreneurship & Regional Development, co-organiser of the European Doctoral Programme in Entrepreneurship and Small Business Management; research into different images of entrepreneurship and into the spatial dimension of small business. Contact: bengt.johannisson@vxu.se.

Kailer, Norbert, Univ.-Prof. Dr., Johannes Kepler Universität Linz; Vorstand des Institutes für Unternehmensgründung und Unternehmensentwicklung; Studium der Betriebswirtschaft und Wirtschaftspädagogik, 15 Jahre Berufstätigkeit im Bereich betriebliche Erwachsenenbildung, Unternehmensentwicklung und Berufsbildungsforschung, berufsbegleitende Habilitation für das Fach Betriebswirtschaftslehre, 1994–2003 Universitätsprofessor für Personal und Qualifikation am Institut für Arbeitswissenschaft an der Ruhr-Universität Bochum. Kontakt: norbert.kailer@jku.at.

Kajzer, Stefan, Univ.-Prof. Dr., University of Maribor; Professor Emeritus of organization and management; for many years head of the Departement for Organization and Informatics, member of a senate and other boards and commitees of the Faculty, research focus on business cybernetics, organization, synergy, business processes, culture and ethics of enterprises. Contact: stefan.kajzer@uni-mb.si.

Keßler, Alexander, Univ.-Ass. Dr., Wirtschaftsuniversität Wien; Universitätsassistent am Institut für BWL der Klein- und Mittelbetriebe; Studium der Betriebswirtschaft, Promotion für das Fach Betriebswirtschaftslehre an der WU Wien. Kontakt: alexander.kessler@wu-wien.ac.at.

Leitl, Christoph, Dr., Wirtschaftskammer Österreich; seit 1999 Präsident des Österreichischen Wirtschaftsbundes, seit 2000 Präsident der Wirtschaftskammer Österreich und Mitglied des ÖVP-Bundesparteivorstandes, 2001–2005 Präsident der Europäischen Wirtschaftskammern (Eurochambres), 2005 wiedergewählt als Präsident der WKÖ und gewählt zum Präsident des Europäischen Wirtschaftsbundes (SME-Union), Präsident des österreichischen Wirtschaftsforschungsinstitutes (WIFO) und Obmann der Sozialversicherungsanstalt der gewerblichen Wirtschaft, Ehrensenator der Wirtschaftsuniversität Wien und der Johannes Kepler Universität Linz, seit 2006 Gastprofessor an der Wirtschaftsuniversität Wien im Department für Welthandel; 1977–1990 Geschäftsleitung des Familienunternehmens Bauhütte Leitl-Werke, 1985–1990 Abgeordneter zum oberösterreichischen Landtag, 1990–2000 Mitglied der oberösterreichischen Landesregierung mit den Agenden Wirtschaft, Tourismus, Technologie, Energie, Fachhochschulen, Raumordnung und Europa, 1995–2000 Landeshauptmann-Stellvertreter in Oberösterreich mit dem zusätzlichen Ressort Finanzen. Kontakt: christoph.leitl@wko.at.

Mazanec, Josef A., o.Univ.-Prof. Dr., Wirtschaftsuniversität Wien; Vorstand des Instituts für Tourismus und Freizeitwirtschaft; 1972–1980 Universitätsassistent am Institut für Werbewissenschaft und Marktforschung, Promotion und Habilitation an der WU Wien, 1992 Visiting Scholar an der Sloan School of Management des MIT, 1997–2000 Sprecher des Spezialforschungsbereichs SFB010 über „Adaptive Systems and Modelling in Economics and Management Science", 1997–2002 Vizerektor für Forschung der WU Wien. Kontakt: josef.mazanec@wu-wien.ac.at.

Moser, Reinhard, o.Univ.-Prof. Mag.iur. Dr.rer.soc.oec., Wirtschaftsuniversität Wien; Vorstand des Departments für Welthandel und ordentlicher Universitätsprofessor am Institut für Betriebswirtschaftslehre des Außenhandels, Vorsitzender der Wissenschaftlichen Kommission „Internationales Management" im Verband der Hochschullehrer für Betriebswirtschaft; Doppelstudium der Betriebswirtschaft (Promotion an der Wirtschaftsuniversität Wien) und der Rechtswissenschaften (Studienabschluss an der Universität Wien), Habilitation für das Fach Betriebswirtschaftslehre an der WU Wien. Kontakt: reinhard.moser@wu-wien.ac.at.

Neubauer, Herbert, a.Univ.-Prof. Dr., Wirtschaftsuniversität Wien; außerordentlicher Universitätsprofessor und stellvertretender Vorstand des Instituts für BWL der Klein- und Mittelbetriebe, Gastprofessor an der Universität Osnabrück; Studium der Betriebswirtschaft, Promotion und Habilitation für das Fach Betriebswirtschaftslehre an der WU Wien. Kontakt: herbert.neubauer@wu-wien.ac.at.

Pichler, J. Hanns, em.o.Univ.-Prof. Dkfm. Dr. Dr.h.c. M.Sc., Wirtschaftsuniversität Wien, Department Volkswirtschaft (Politische Ökonomie, Internationale Wirtschaft und Entwicklung); Vorstand, Gesellschaft für Ganzheitsforschung; Past President, International Council for Small Business; Präsident, KMU-Forschung Austria. Kontakt: j.hanns.pichler@wu-wien.ac.at.

Pleitner, Hans Jobst, Univ.-Prof. Dr. habil., Universität St. Gallen; Ordinarius Emeritus; hauptberuflicher Professor an der Steinbeis-Hochschule Berlin, bis 2002 Direktor des Schweizerischen Instituts für gewerbliche Wirtschaft (heute KMU-HSG), 1976–2002 Leiter der Forschungskonferenz „Rencontres de St-Gall", 1978–2004 Schriftleiter IGA – Zeitschrift für Klein- und Mittelunternehmen. Kontakt: HansJobst.Pleitner@unisg.ch.

Rößl, Dietmar, a.Univ.-Prof. Dr., Wirtschaftsuniversität Wien; Vorstand des Forschungsinstituts für Kooperationen und Genossenschaften und außerordentlicher Universitätsprofessor am Institut für BWL der Klein- und Mittelbetriebe, Gastprofessuren an den Universitäten Cheb/Pilsen und Bozen, erster Listenplatz und Ruf an die Universität Dortmund; Studium der Betriebswirtschaft, Promotion und Habilitation für das Fach Betriebswirtschaftslehre an der WU Wien. Kontakt: dietmar.roessl@wu-wien.ac.at.

Schmidt, Karl-Heinz, Univ.-Prof. Dr., Universität Paderborn; Professor Emeritus; Studium der Volkswirtschaft in Hannover und Göttingen, Promotion und Habilitation für das Fach Volkswirtschaftslehre, 1975 Berufung an die Universität–Gesamthochschule Paderborn, Mitgliedschaft in diversen Forschungsorganisationen, mehrere Forschungsaufenthalte an ausländischen Universitäten, Forschungsschwerpunkte: Wirtschafts- und Sozialpolitik, KMU-Ökonomik sowie ökonomischen Dogmengeschichte. Kontakt: Karl-Heinz_Schmidt@notes.uni-paderborn.de.

Schmoll, Anton, Dr. Mag., Erste Bank; Geschäftsführer des Kreditvereins; Studium an der WU Wien, Universitätsassistent am Institut für BWL des Gewerbes und der Klein- und Mittelbetriebe, seit 1978 Aufgaben in der Erste Bank im Bereich Zielgruppen- und Kreditmanagement, parallel dazu insgesamt 25 Jahre Universitätslektor an der WU Wien. Kontakt: anton.schmoll@aon.at.

Veciana, José Mª, Univ.-Prof. DDr., Universitat Autònoma de Barcelona; Direktor des „European Doctoral Programme in Entrepreneurship and Small Business Management"; Studium der Betriebswirtschaft in Barcelona, Promotion (Dr.rer.pol.) an der Universitat Frankfurt/Main und für das Fach Betriebswirtschaftlehre an der Universitat Autònoma de Barcelona, Forschungsfokus: Unternehmensgründung. Kontakt: jose.veciana@uab.es.

Volery, Thierry, Univ.-Prof. Dr., Universität St. Gallen; außerordentlicher Universitätsprofessor für Unternehmensführung mit Schwerpunkt Entrepreneurship, Direktor des Schweizerischen Instituts für Klein- und Mittelunternehmen (KMU-HSG); Studium und Promotion in Fribourg (CH), Habilitation an der Universität Lyon (FR). Kontakt: thierry.volery@unisg.ch.

Wanzenböck, Herta, Dr., Deloitte Österreich GmbH; seit 2004 Wirtschaftsprüferin und Steuerberaterin bei Deloitte Österreich im Arbeitsbereich Steuerplanung; Studium an der WU Wien, wissenschaftliche Mitarbeiterin und Universitätsassistentin am Institut für BWL der Klein- und Mittelbetriebe. Kontakt: hwanzenboeck@deloitte.at.

Weber, Walter, lic. oec., Universität St. Gallen; Verlagsleiter KMU Verlag HSG, Projektleiter „Rencontres de St-Gall"; Studium in St. Gallen. Kontakt: walter.weber@unisg.ch.